JN281290

ヨウチエン

日本の幼児教育、その多様性と変化

S.D. ハロウェイ 著　　高橋 登・南 雅彦・砂上史子 訳

北大路書房

Contested Childhood
Diversity and Change in Japanese Preschools
by
Susan D. Holloway

Copyright © 2000 by Routledge
All Rights Reserved. Authorised translation from English language edition published by
Routledge, part of Taylor & Francis Books, Inc

Japanese translation published by arrangement with Taylor & Francis
Books Inc. through The English Agency (Japan) Ltd.

日本語版によせて

　本書のもとになるデータの収集は，1994年にフルブライト基金による援助を受けることによって可能になりました。ここに深く感謝いたします。1981年に初めて日本を訪問して以来，東洋先生（東京大学名誉教授，現清泉女子大学教授）と柏木惠子先生（東京女子大学名誉教授，現文京学院大学教授）には，指導教官であった故ロバート・D・ヘス教授（スタンフォード大学）から受けたものと変わらぬご支援と助言をいただきました。先生方の深い知恵と優しさは私にとって何物にも代え難い宝です。

　サンフランシスコ州立大学南雅彦先生にはフルブライト基金への申請の段階から相談に乗っていただきました。南先生と夫人の南ひとみ氏は，私が日本に関心を持つことを応援し続けて下さいました。お二人には私の帰国後もインタビューの大部分を翻訳していただき，また，ブルース・ジョンソン-ベイコント氏とともにデータのコーディング作業をしていただきました。本書の翻訳にあたっては南氏だけでなく指導学生の藤田砂織さん，佐野由布子さん，長井江奈さん，伊藤（澤邉）佳奈さんにもお手伝いいただきました。

　関西外国語大学の植田都先生には幼稚園でのインタビューの多くに同席していただき，通訳としてだけでなく情報提供者として重要な役割を担っていただきました。二人でインタビューの内容を議論し，それが持つ意味について考え，そしてそれを次のインタビューに生かしていきました。その意味で本書の中心的な部分は植田先生との共同作業によってできあがったものです。成井和子氏にもたくさんの幼稚園への訪問に同行していただきました。成井氏の協力はインタビューを理解するだけではなく，日本の家族と学校のことをより広く理解する上で大きな助けとなりました。植田氏と成井氏のお二人からは研究上の支援だけでなく，食事や住居から引越の問題にいたるまで私たち家族の日本での生活を助けていただきました。

日本語版によせて

　大阪教育大学の高橋登先生には大阪で訪問した幼稚園の多くを紹介していただき，本書で展開したアイデアについてもご助言いただきました。また，氏の指導学生である古川円さんと植本真理子さんにはインタビューでお手伝いいただきました。さらに，高橋氏には藤川益男先生をご紹介いただきました。藤川先生のご協力で大阪の幼稚園の訪問が可能になりました。高橋氏はまた本書の翻訳に当たってもご尽力いただきました。氏がねばり強く翻訳者間の調整や北大路書房との連絡調整を行って下さったことによって本書の日本での出版が可能になりました。さらに，当時の大阪教育大学長木下繁彌先生には1994年秋の大阪教育大学での滞在にあたってご援助いただきました。

　日本滞在中は聖和大学にもお世話になりました。故黒田実郎先生と当時の西垣二一学長のご親切に感謝します。また同大学の石垣美恵子先生と日浦直美先生には幼稚園を紹介していただきました。お二人のご援助はそれだけにとどまりません。先生方やその指導学生と話をすることで研究について多くの示唆を得ることができました。

　カリフォルニア大学バークレー校では和子・ベアレンズさんに手伝っていただきました。彼女には幼稚園関連の統計データを探し出していただいただけでなく，本書の草稿に目を通していただき，さらに私の日本語の先生にもなっていただきました。山本洋子さんと小野田恭子さんはインタビューデータの翻訳作業に加わって下さいました。ここバークレーで，鈴木佐和子さんと山本洋子さんと仕事をする中で，私は日本について多くのことを学びました。

　日本の幼稚園について多くのことを次の方々から学びました。伊藤恭一先生，平岡公仲先生，秋田光茂先生。また，弘前大学の砂上史子先生には本書の翻訳の労を執っていただきました。本書の日本での出版にご尽力いただいたことについて，北大路書房の関一明氏に深く感謝します。

　夫であるカリフォルニア大学バークレー校教授のブルース・フラーは20年以上にわたって日本についての私の仕事を支援し続けてくれました。1994年の日本滞在では，当時の研究対象がアフリカ南部地域であったにもかかわらず，ブルースも日本で研究休暇を過ごすことに同意してくれました。ブルースは日本の幼稚園についての限りない議論につきあってくれただけでなく，文化的な事象について深い理論的な知識を私に与えてくれました。ブルースと私の子ど

日本語版によせて

　も，ケイトリンとディランも1994年の日本滞在につきあってくれました。2人は寺社巡りにもつきあってくれましたし，私のおだてに乗って海藻もたくさん食べてくれました。日本の旅につきあってくれたことに深く感謝します。
　プライバシーの問題から，私が訪問した幼稚園の先生のお名前をここにあげることはできませんが，先生方のご親切に深く感謝いたします。先生方の子どもへの深い愛情と優れた教育を目指す姿勢は本当に印象深いものでした。

　本書を現場の先生方や研究者，教育行政に携わっていらっしゃる方々にお読みいただき，ご意見をいただきたいと思っております。本書で展開している考えは日本の研究者との緊密なやりとりを通じて練り上げられたものですが，最終的にはひとりのアメリカ人の見方に過ぎません。もちろんそこには利点もあります。日本人にとっては気づきにくいことが，日本の社会的な背景をよく知らないアメリカ人の目を通してであれば見えることがあるかもしれないからです。日本の読者は私が見いだしたことに異なるご意見をお持ちになることもあるかと思います。けれども本書が目指したのは，日本の幼稚園に関する完成され固定化された肖像画を描くことではなく，問題を提起し，議論を喚起し，将来の研究の方向を示すことなのです。今日の日本の幼稚園には多様で豊かな信念と実践があります。本書が幼稚園のそうした多様性と豊かさの持つ意味についての議論を喚起することになれば幸いです。

　2004年3月9日

カリフォルニア州バークレーにて
スーザン・D・ハロウェイ

訳者による序文

　本書はスーザン・ハロウェイ（Susan D. Holloway）著『Contested Childhood: Diversity and Change in Japanese Preschool』（2001, Routledge）の全訳である。著者は1976年にカリフォルニア大学サンタクルーズ校で学士号を取得した後，1983年にスタンフォード大学で博士号を取得し，現在はカリフォルニア大学バークレー校教育学部で準教授として活躍中である。専門は発達心理学・幼児教育であり，特に親の養育と文化の関係について研究を行っている。大学院時代の指導教官は親の養育態度に関する日米比較研究で有名な故ロバート・ヘス教授であり，ハロウェイ氏もアメリカ側のメンバーとしてプロジェクトに参加している。このプロジェクトの成果は東洋・柏木惠子・R. D. Hess著『母親の態度・行動と子どもの知的発達：日米比較研究』（東京大学出版会）としてまとめられ，出版から20年以上たった今も読み継がれている。

　本書については2003年にThe Journal of Asian Studies誌とContemporary Psychology誌に書評で取り上げられている。一方は好意的な，もう一方はかなり手厳しい評価であった。訳者がこうして序文を書くのも，まさに本書について評価の分かれる部分を整理しておく必要があると考えるからである。
　1980年代から90年代を通じ，日本の幼児教育は欧米の研究者によってある種バラ色のイメージで語られてきた。日本の幼稚園は自由遊びが中心であり，教科学習的な内容がカリキュラムに組み込まれることは少ない。教師はやさしく，子どもたちの逸脱行動について厳しくしかることもない。子どもたちは楽しくのびのびとした幼児期を過ごし，小学校入学後は一転して高い学力を達成する。本書の目的は，このような単純化された図式を乗り超え，日本の幼稚園で行われている実践がもっと多様であり，しかもその多様性が日本に存在する複数の，場合によっては相互に矛盾することもある，子どもの発達と教育，子

訳者による序文

育てについてのさまざまな文化的信念（文化モデル）を反映したものであることを示すことであった。

1994年に関西地方を中心として行った32か所の幼稚園・保育園でのフィールドワークに基づき，著者は日本（関西地方）の幼稚園を関係重視型，役割重視型，子ども重視型の3タイプに類型化する。関係重視型の幼稚園では、友人とよい人間関係を築くことや生活の決まった手順を学ぶこと等、子どもを集団生活に馴染ませることが全般的な目標となっている。教師は親切でおだやかだが，子ども同士の関係を重視し，みずからが子どもと積極的に関わることは多くない。2番目の役割重視型幼稚園では、子どもたちは読み書きや計算ばかりでなく、英語や漢字など，盛りだくさんの学習活動に参加する。そして時には幼稚園としては少々過激とも思えるくらいの激しい運動に取り組む。こうした幼稚園が目標とするのは、甘やかしを排し、まずは大人によって与えられた役割を十全に引き受け、身につけることを通じて強い個人を育てるということであった。第3のタイプである子ども重視型幼稚園では豊富な教材が準備され、それを用いて子どもたちは自由に遊ぶことができる。また，教師は役割重視型幼稚園と比べると積極的に子ども一人ひとりと関わろうとする。このタイプの幼稚園が重視するのは、子どもたちの自発的な活動と，それを援助する教師の積極的な関与であり、また，それを基盤とした集団の育成である。本書第3章・第4章・第5章では、これら3タイプの幼稚園のそれぞれについて詳述されている。

第6章以降では，3つの章をさいて幼稚園の多様性を生み出す要因が分析される。ここで取り上げられるのは経済階層（第7章），経営母体（公・私立）（第8章）という3つの要因である。まず第6章では、階層社会で幼児が経験することを述べる。経済的に比較的余裕のある階層の子どもたちが多く通う幼稚園は、ゆったりとした敷地に十分な教材が準備され、教師も他の仕事に忙殺されることなく子どもたちと関わる時間的余裕がある。一方勤労者階級の子どもたちが通う幼稚園は、財政上の制約から十分な資源を確保することが難しく、また，教師も雑事に追われて子どもたちと関わる時間を充分にとることが難しい。こうした物質的な条件の影響を受けることで、子どもたちの幼稚園での生活はずいぶん異なり、また，園のプログラムも異なったもの

となる。続く第7章では，キリスト教，神道，仏教という3つの宗教を取り上げる。そして，これらの宗教が持つ教義の特徴と，日本社会の中で占めてきた歴史・社会的な位置から，どのようにしてそれぞれの宗教系列の幼稚園の特徴が生まれるのかが分析される。キリスト教系幼稚園では，教義の中にある個人を強調する傾向と，日本社会の中で一貫して少数派に属してきたことが原因となり，園の実践は個人の自立とその尊重を強調する方向へと向かう傾向がある。また，神道系幼稚園では，自然との調和やふれあい，伝統的な行事の尊重といった，日本の伝統的な生活信条の重視に強調点がおかれる。さらに仏教系幼稚園では，他者，あるいは生きるものすべてへの慈悲の心と，それを実現するための内面的な強さの育成が強調される。こうして各宗教の持つ志向性の違いが，その宗教が歴史的におかれてきた状況と相まって，それぞれの系列の幼稚園を特徴づけることになる。第8章では公立・私立幼稚園が対比的に描かれる。公立幼稚園は文部省（現文部科学省）の意向が直接カリキュラムに反映されやすいものの，自分たちのプログラムの魅力をうまく伝えることも含め，市場の要請に対して迅速に対応できないでいる。一方私立幼稚園は文部省のコントロールから相対的に自由であり，また生き残りをかけて親にアピールし続ける。少子化によって縮小した市場で子どもを奪い合う結果，魅力あるプログラムを提供し，またそのための努力を惜しまないにもかかわらず，公立幼稚園はゆるやかに縮小しつつある。これらの章を通じてハロウェイは，幼稚園が置かれている経済的な状況や宗教的な信念，文部省との関係や市場の要請といった複数の要因が絡み合って幼稚園の経営が方向付けられることを示してきた。そしてそれが，日本社会で歴史的に形成されてきた，互いに異なる方向性を持つさまざまな文化モデルの中からどれを選び取るのか，その選択の幅を制限する。その結果，それぞれの幼稚園の教育プログラムは，それぞれの仕方で整合性と特徴を持ちながら，比較的安定し，まとまりをもった幼稚園のタイプとして分類可能な形で実現されるのである。

　ハロウェイは幼稚園園長へのインタビューの切り口として，1989年改定の幼稚園教育要領で打ち出された「個性化」概念に注目する。「個性化」を実現するために園長たちがどのような取り組みを行っているのか，また，子どもの「個性」とはそもそも何かを問うことにより，各幼稚園の実践の背後にある文

訳者による序文

化モデルに焦点を当てていく。日本人は一般的に集団主義的であるといわれるが，実際は欧米とは異なる「個性」を持った個人を志向している。そして，そうした個人であるが故に，その個人よって形成され維持される集団の質も欧米とは異なる。従来の比較文化心理学研究では，さまざまな社会の外面的な特徴を比較し，一方の極に個人主義を，他方の極に集団主義を割り振ってきた。日本や東アジアの国々は，欧米的な概念における個人主義には当てはまらず，その基準に基づき集団主義的であるとされてきたのである。一方，それぞれの社会に内在する関係や論理を記述し，概念化することを目指すのが文化心理学である。ハロウェイが目指したのは，こうした文化心理学的な観点から日本の幼児教育の姿を取り出し，明らかにすることであった。

著者のこの本は，従来のバラ色で単色な日本の幼稚園のイメージを，明るいバラ色もあれば暗い色もある，様々な色のモザイクとして描き出す。あるいは彼女の表現（第9章）によれば，それは一本のしめ縄である。遠くから見れば一本の縄でありながら，近寄ってみればそれは別々の藁束から編み上げられたものであることがわかる。しかも全体としては強い安定感を保ちながら，じっと目をこらして要素となっている一本一本の縄をたどると，そこにはダイナミックな動きが見て取れる。そして，それらがいずれも日本の幼児教育についての文化モデルを反映したものなのである。

著者による幼稚園の3類型は，フィールドワーク後に行われた関西地方の幼稚園に対するアンケート調査の結果（第8章）からも一定の妥当性があることが確かめられている。訳者を含め，幼児期に関心を持つ発達心理学者は，どちらかといえば自由遊びを重視するような保育形態を暗黙のうちに好ましいものと考えがちである。そして，そうした価値観に基づくフィルターを通して幼稚園を見るため，結果として幼稚園の多様性であるとか，その多様性を生み出す要因には目が向きにくい。ハロウェイはそうした先入観に捕われることなく，外部の視点からあるがままに日本の幼稚園の姿を見ようとすることで，多様性へと視野を開くことになった。また，幼稚園の経営に影響する要因として彼女が取り上げた経済階層，宗教，経営母体の問題も，これまで正面から取り上げられることが少なく，これも外側から目を凝らして幼稚園を見，理解しようとするハロウェイだからこそ着目することができたものだと言えるだろう。

ただし書評でも指摘され，訳者も違和感がある部分なのだが，日本の幼児教育の常識に切り込み，思い切った主張を行うわりには裏付けが弱いと思われる部分があることは指摘しておく必要があるだろう。特に訳者が違和感を持つのは，体罰といわゆる「厳しい」しつけ，またそれを行う役割重視型幼稚園と仏教との関わり，経済階層の問題の3点である。教育や保育，あるいは子育てにおける体罰は，一般に考えられているほどタブーではなく，それを肯定する（あるいは少なくとも否定しない）文化モデルが存在し，実際にある種の幼稚園ではこうした文化モデルが取り入れられているというのがハロウェイの主張のポイントである。一般には親も教師も体罰に否定的であることはハロウェイも認めており，したがって彼女の主張はそうした常識への挑戦という側面を持っている。けれどもこの点についてのハロウェイの論述はずいぶん粗雑である。彼女は体罰を容認しているように思われる保育場面に出会い，そこにひとつの文化モデルの表れを見る。けれども，そうした厳しいしつけに内在するであろう論理に十分踏み込むことはない。何か不思議なもの（体罰の光景）を目にし，とりあえず身近で了解可能な説明（体罰を容認する文化モデルの存在）に飛びつき，それに都合のいい資料を集めて補強する。そこにあるのは，彼女自身が目指した幼稚園に内在する論理を理解し，了解しようとするまなざしではなく，エキゾチックに何か珍しいものでも見るようなまなざしであると言ったら言い過ぎだろうか。2つめの違和感は仏教と役割重視型幼稚園との関係についてである。ハロウェイによれば，仏教系の幼稚園には役割重視型が多く，そこには仏教の教義が反映されているという。訳者にとって問題が大きいと思われるのは，教義との結びつきの部分である。日本の仏教の多様性を考えるとき，ハロウェイが果たしてどの程度バランスのとれた理解の上に立って論述を行っているのか，訳者には疑問である。3番目の問題は経済階層と幼稚園の関係についてである。ハロウェイは経済階層によって子どもが経験する幼稚園での教育の質に違いがあることを指摘しており，訳者自身はこれを非常に重要な問題提起であると考えている。学力低下論争との関係で，子どもの教育と経済階層の問題については目が向けられるようになってきたが，幼児教育の分野では，これまでこの問題に触れることは避けられてきた。私たちは理念としての平等性を重視するあまり，安易な平等幻想にすがって現にそこにある不平等から目をそ

訳者による序文

らせてきた可能性がある。けれども微妙な問題である分，扱いもそれだけ慎重でなければならないだろう。そうした点から考えると，ハロウェイの分析は表面的な記述のレベルにとどまっていると言わざるを得ない。これらの問題に共通するのは，主張の大胆さと，それに比べた論述の弱さの落差である。こうした問題が生じるのは，ハロウェイが本書で目指した目標，すなわち日本の幼稚園の包括的な理解という目標の大きさに比べ，彼女の手持ちのデータ（観察の記録や園長・教師へのインタビュー）や資料が質量ともに必ずしも十分ではないということなのだろう。そのため，大枠としては十分説得力を持つ内容でありながら，重要な部分で説得力を失うことになっている。

それでは，これらの問題は本書の意義を失わせる決定的なものなのだろうか。それとも本書の価値に実質的には関わらない小さな傷に過ぎないのだろうか。研究書として議論の包括性や論述の緻密さ，妥当性という点から評価するならば，本書は様々な弱点を抱えていると言わざるを得ないだろう。けれどもそうした弱点を持ちつつも，本書は日本の幼稚園について，日本で暮らす私たちが正面から取り上げ，議論し，考えることをしてこなかった問題を提起し，そこに私たちが考えなければならない問題があることを指し示している。まさにこの点にこそ本書が日本で読まれる意義があると訳者は考えている。本書は，私たち日本に暮らす者が，とりわけ子どもの発達と教育に関心を持つ者が，現代社会に生きる日本の子どもたちが幼稚園で何を学んでいるのか，またどのように育っているのかを問い直すためのきっかけとして，私たちに考える素材を与えるものとして読まれるべきであろう。

なお，本書の表記について一点だけ補足しておく。原著では，強調する部分をイタリックで表記しているが，本書では「yōchien」のように日本語をそのままアルファベット表記している場合は太字で「**幼稚園**」のように表記し，それ以外の強調については傍点をつけることで区別するようにした。

本書の翻訳はサンフランシスコ州立大学／南雅彦，弘前大学／砂上史子，および大阪教育大学／高橋登の共同作業で行われた。第1・8・9章を南が，第

3・4・5章を砂上が，第2・6・7章を高橋が担当したが，訳稿は3名全員で読み，修正作業を行った。修正修正で真っ赤になった原稿が返送されてきたときには大いにプライドが傷ついたが（3名で互いのプライドを傷つけ合っていたのかもしれないが），それだけ真剣に翻訳作業に取り組んだ証拠であると考えている。ただし，訳語の選択等で議論が分かれた場合には最終的に高橋が判断した。したがって，訳文の不適切さなどに関しては，最終的に高橋が責任を負うものである。

 また，翻訳作業に当たっては，ハロウェイ氏の謝辞にもあるとおり，南氏とハロウェイ氏の大学院指導学生からも多大な協力を得た。心から感謝したい。また，写真の掲載をお許しいただいた幼稚園のみなさまにお礼申し上げます。最後に，北大路書房編集部の関一明氏には出版にいたるまでのさまざまな局面で適切な助言をいただいた。深く感謝します。

2004年3月

訳者を代表して　　高橋　登

Contents

日本語版によせて　i
訳者による序文　v

第1章　学校教育に関する文化モデルについての論争 ……………………1
日本社会に対する一面的なイメージを超えて　3
日本の教育についての研究からアメリカ人が学ぶべきこと　12
幼児教育に関する3つの基本的なアプローチ　17
社会構造と文化──「平均人」を超えて　22

第2章　日本の幼児教育 ……………………………………………………27
クーパー家と野村家：2つの文化における仕事と家庭のスナップ写真　27
多様性の発見　30
幼稚園のイメージの把握：研究方法について　33

第3章　関係重視型の幼稚園──楽しさと友だち── ………………………39
さくらんぼ幼稚園の肖像　39
結　論：集団主義の多様な様相　53

第4章　役割重視型の幼稚園──アメとムチ── ……………………………57
たけのこ幼稚園の典型的な一日　58
たけのこ幼稚園の教育哲学　59
教育理論　62
統制のモデル　69
勉強を重視する幼稚園における緊張，葛藤，反抗　78
結　論　85

Contents

第5章 子ども重視型の幼稚園──強い個人，よい集団── 89
　強い個人と効果的な集団の育成　91
　「内」と「外」：家庭と幼稚園で要求されることを区別する　103
　3つのタイプの幼稚園に関する最後のコメント　106

第6章 幼稚園と社会階層──階層社会で幼児が経験すること── 109
　日本の社会階層についての歴史的背景　110
　現代日本における社会階層　111
　弘子の一日：さくら幼稚園　113
　友子の一日：ひまわり幼稚園　120
　結　論　124

第7章 神道・仏教・キリスト教系の幼稚園 129
　歴史的視点から見た幼稚園と宗教の関係　130
　神戸の長老派教会系幼稚園　133
　幼児教育について西洋の理論から学ぶこと　137
　神道系の幼稚園　140
　仏教系の幼稚園　149

第8章 崩壊しつつある公立幼稚園 163
　文部省による教育管理体制の歴史　164
　オリンピックサイズのプールで有名なあおば幼稚園　166
　公立ふじの森幼稚園　169
　過渡期にある幼稚園　174
　公立か私立か：親の選択　176
　私立・公立幼稚園についてのアンケート調査　178
　まとめ　182

第9章 自分なりの道を探して 185
　「集団主義的な」社会における社会関係の多様性　189
　文化モデルをコントロールするのは誰か　194
　「優れた幼稚園とは何か」についてのさまざまな考え方　199
　日本の幼稚園の変貌と多様性を概念化する　207

引用文献　211
索　引　225

第1章
学校教育に関する文化モデルについての論争

　たけのこ幼稚園の保育室では4歳の園児たち40名がにぎやかに昼食の準備をしている。子どもたちは，みな楽しそうに話をしながら絵本をかたづけ，手を洗う。特に先生からの指示がなくても机をごしごしと拭いて4人ずつの班になる。園の職員が食べ物で一杯のプラスチックの箱を重そうに運んでくると，子どもたちから歓声があがる。「やった！　マクドナルドだ！」。先生がピアノで和音を弾くと，子どもたちはわれ先にと自分の席に着く。各班の班長はハンバーガーの入った紙袋を取りに行く。子どもたちはそれぞれ家から持ってきた布のナプキンをランチョンマット代わりにして机の上に広げ，ハンバーガーは真ん中に，飲み物は右上の端に，と丁寧に置く。班長は班の机の端にフライドポテトの袋を2つ並べる。先生がいつもの曲を弾き始めると，子どもたちは食べ物には目もくれずに歌い出す。1曲目が終わり，2曲目は手遊びの歌だ。次の和音で子どもたちは目を閉じ，手を合わせ，声を合わせて言う。「足をそろえて，きちんと座って，残さず食べます。いただきます」。続く和音で食事が始まり，子どもたちは余計なおしゃべりもせず，班のメンバーに行儀よくフライドポテトをまわして分ける。

　こうした光景は，日本の幼稚園における文化的規律について何を伝えているのだろうか。まずは「まさに日本的」と映るだろう。子どもたちは自ら責任を持って教室を掃除し，食事を配る。特に先生の指示がなくても，大きな集団の中で適切な行動をとる。本当は食べ物にとびつきたい衝動をおさえ，行儀よく友だちと分け合う。こうした光景の中で西洋的なものといえばマクドナルドぐらいだろうか。しかし実際のところは，日本の幼稚園のプログラムの大半は，欧米の幼稚園から取り入れられたものだ。大人数クラスも，日本における「集団主義」の典型のように思えるが，実は戦後のアメリカによる教育改革によってもたらされたものである。戦前は，子どもたちは1人の先生のもとで小人数

の教育を受けていた。そこでは教師がクラス全体を指導するというよりもむしろ，子どもたちが大切な文章を暗記したり，それについて話し合ったりする様子を監督していた（Sato, 1998）。また今や日本では，幼稚園に通うということ自体ごくあたりまえのように思われているが（アメリカにおける就園率よりはるかに高い），小さな子どもを正規の学校に通わせるという考え方は，1800年代後半にヨーロッパやアメリカで視察旅行を行った日本の教育関係者や，アメリカ人宣教師によって広められたものだ。日本で初めての幼稚園も，こうした人々によって設立された。日本人は先のマクドナルドを含め，欧米の幼稚園のさまざまな特色を取り入れ，それを日本文化独自の価値観や各園長の教育目標などに合わせてきたのだった。

　日本では幼稚園は非常に重要な施設である。子どもは幼稚園でのさまざまな経験を通して，社会生活に必要な社会的，知的能力を身につけることができると考えられている。こうした意味で幼稚園は，社会の価値を保持し，次世代に伝えるといった，文化保存の役割を果たしているといえよう。しかしながら，たけのこ幼稚園での昼食の光景に見られるように，幼稚園はけっして変化のない場所ではない。型通りの文化が単に再生産される場所ではないのだ。それどころか幼稚園は活気に満ちたダイナミックな組織である。そこに関わる人々は，自らの文化における信念や習慣を積極的に理解し，解釈し，自分たちなりにまとめ上げようとしている。日本の幼稚園の土台が欧米の幼稚園にあるとはいえ，欧米のやり方は日本で新しい意味を持つようになり，さらに日本文化の要素も加わり，今ではもう原型をとどめないほどになっている。

　物事に意味を見出そうとするこうしたダイナミックなはたらきのため，日本古来の価値観や習慣にも変化が起きている。日本で何が「伝統的」なのかは，日本人自身にとってもはっきりとしない。多くの日本人が過去に対して深い郷愁の念を抱いているにもかかわらず，何が「昔の日本」の独自性なのか，という点に関しては意見が分かれる。人々は「本来の日本」の再現を目指して自分たちなりに信念や習慣を解釈し直し，新たな「伝統的」文化モデルを作り上げているのだ（Tobin, 1992a）。こうした試みは，特に日本の保守主義者たちによって急速に進められており，彼らはいずれ日本古来の文化様式が復活し，人々の間に広まっていくと考えている。

さまざまなシンボルや思想，行動様式を欧米から大胆に取り入れることにより，歴史的な変化が起きるだけでなく，諸制度も時代ごとに多様である。たけのこ幼稚園に見られるような，細部まで構造化されたカリキュラムや厳しいしつけは，従来の日本研究の中で描かれてきた幼稚園とは明らかに異なっている。過去の研究では，日本の幼稚園ではスケジュールの大半が自由時間で，教師は非常に受容的で子どもが乱暴したり騒いだりしてもそれを大目に見ると書かれている（Lewis, 1995; Peak, 1991）。しかしいずれの研究も，現代日本社会のごく一部の人々が持つ文化的価値を反映しているに過ぎない。たけのこ幼稚園園長の高田先生によれば，同園のカリキュラムは，勤勉や自己犠牲といった日本の伝統的な価値観を養うことを目標としているという。園長は「今の日本では自由行動を重視した幼稚園が『典型的』だが，個人主義や物質主義といった欧米の価値観を取り入れるのは早すぎた」と話していた。

日本社会に対する一面的なイメージを超えて

　日本における教育や子育てに関するこれまでの研究では，教育の多様性や，それに伴う緊張や論争に関してはあまり注目されてこなかった。しかしながら，そうしたことがらこそが実は日本社会の特徴なのだ。過去の研究では，大多数の人々が正しいと考え，実行している規範的な信念や習慣を確認することに重点が置かれてきた。そのため，そうした標準からはずれる人々については関心が向けられてこなかった。本書ではこれまでとは違った方法を取ってみたいと思う。1981年に大学院生として初めて日本を訪れて以来，筆者は日本とアメリカとの単なる一般的な比較ではなく，日本国内で受け入れられている行動様式の多様性に興味を持つようになった。最初の訪問では，それまで筆者が日本に対し抱いていたイメージを払拭する出来事にたびたび出くわした。「典型的」な日本人らしいふるまいをする人に1人会ったと思えば，そうした典型的な文化の流れからはかけ離れた人に2人出会った。たしかに，タイム誌に載った日本の労働倫理に関する有名な記事に描かれていたように，地下鉄のホームを走

るサラリーマンの姿もあったが，のんびり暮らす人々も大勢いた。たとえば，東京のある民宿の女主人は「散らかった部屋を掃除することよりも畳の上に寝転がって昼メロを見る方が好きだ」などと話していた。また日本の親は常に子どもに甘く，子どもに手間ひまをかけるという記述が多い中，傘で小さい息子の頭を激しくたたいている父親と，それを傍らでただ傍観している母親を見かけた。こうした出来事は一体どのように解釈すべきなのだろうか。単に例外だったのか，それとも筆者が日本に対してもともと抱いていたイメージが，この複雑な日本社会の深層にある微妙なニュアンスを表現するにはあまりにも単純すぎたのだろうか。

　それから10年，筆者は引き続き日本を訪問したり日本文化について研究論文を書いたりしてきたが，過去のさまざまな研究文献の中で描かれている日本と現実の日本とのこうした落差について本格的に考える機会がなかった。しかし1994年に半年間，関西地方に滞在して幼稚園や保育園の調査を行うことができ，ようやくその機会がやってきた。この時の調査の目的は，個別のケースにしか当てはまらない細部にはまり込んでしまわないように注意しながら，日本の幼児教育における多様性を見つけ出していくことだった。日本滞在中，筆者は32か所の幼稚園および保育園（27か所の幼稚園と5か所の保育園）で長い時間を過ごし，保育室で観察を行い，教育哲学や現場の実践について園長や教師にインタビューを行った。各施設を丸一日訪問しながら，3つの都市にそれぞれ1週間ずつ滞在した。本書の主要部分はその時の調査で得たデータによって構成されている。

　今回，日本の幼児教育における多様性や変化，またそれに伴う論争について分析するにあたり，理論的な枠組は最近の文化心理学研究を参考にしている。近年研究が進む文化心理学では，文化人類学や認知科学，社会心理学や発達心理学の知見が基礎となっている。文化心理学者は，それぞれの特定の環境がさまざまな行動様式や文化モデルを作り出すと考えている。文化モデルとは，人々の信念（物事がどうなっているのか，あるいはどうあるべきかという考え等），および人々が日常の決まった状況に対応するために用いている行動のパターンやその系列のことである（D'Andrade, 1992; Geertz, 1983; Holland et al., 1998; Holloway et al., 1997; Quinn & Holland, 1987; Shore, 1996参照）。文化モ

デルは，国，性別，社会階層など，社会を大きく分類した場合に，そこに所属する全員が共有している場合もあれば，たとえば近所や職場などのようにもっと狭い社会的場面の中で形成されている場合もある。

　教育や子育てに関しては，どの地域社会でも一般にそれぞれ複数の文化モデルが受け入れられている。しかしながら，さまざまな思想や習慣が入り混じったこうした文化の集合体の中には，おそらく相互にかみ合わない考え方や根本から衝突しあう考え方も存在するだろう（Kojima, 1986b, 1988）。地域社会の中の一個人が，自らの経験，社会的地位，性格に基づいてある特定の文化要素を取り入れ，それを統合しようとすることにより，同じ地域社会の別の人々からの反発を招くといったことも起こりうるだろう。幼児教育においては，幼稚園の教師や園長は，さまざまな理論や一般的ではない方法論も心得ており，あまり深くは考えずになんとなく子育ての文化モデルを取り入れている大抵の親たちとは異なっている。

　思慮深い教育者にとって，幼児教育とは，「こういう人間に育てたい」とか「育てる手助けとなりたい」と思うような「人間」とは一体どんな人間なのかを探ることである。教育者の目標や見解は，その人が生活している社会に存在する文化モデルによって形成されている。ショア（Shore, 1996）の指摘通り，文化モデルはこうした根本的な疑問を概念化し，解明する糸口となる。以下はショアの記述からの引用である。

> われわれは文化を通して，（倫理的な）選択をする際に修辞的な方法を用いている。修辞的な方法とは，陳腐な決まり文句やことわざであったり，神話の中のヒーローやその他，そうした類の文化的情報源である。こうした方法を用いることにより，完全には解決不可能な問題でも，部分的に，また一時的に解決しうるのだ。この観点からすれば，文化体系は修辞的な方法を用いなければ価値を生み出すことはない。というのも，修辞的な方法は，価値に関わる状況と，標準的で文化的に認められていることがら（いわゆる文化モデル）とをうまく結びつけることができるからだ（p. 304）。

　こうした多彩でダイナミックな文化モデルは，日本社会や教育施設の特徴でもある。それにも関わらず，アメリカの学者やジャーナリストは，日本の教育や子育てに関する記述の中で，こうした多様性を扱ってはこなかった。これは日本が道徳感情の上でも言語の上でも均質であり，社会階層について欧米諸国

の多くほどはっきり語られることがないことなどが原因であると思われる。さらに，多くのアメリカ人や一部の日本人は，日本のことを「知られざる，そして理解し得ない」ものと決めつけてきたようにも思われる。人は，ある社会が自分自身の属する社会と異なっていると，その違いを本質的なものと考え，エキゾチックなものとしてしまう傾向がある。そしてその社会を，独特で変化することのない特徴を持つものであると決めつける。欧米の記述は日本を簡単にひとまとめにしているだけでなく，そうやって自分たちが描いたイメージに対して道徳的な評価まで行っている。その内容が否定的であるか肯定的であるかは，著者の目的やその時の政治的，経済的動向によって変化する。たとえば第二次世界大戦後，大半のメディアは日本に対し否定的であった（Zipangu, 1998）。しかし日本が経済力をつけ始めると今度は，日本の労働倫理や協調性，自己抑制などをこぞって評価するようになった。経済状況が低迷しだすと再び風向きが変わり，集団主義のような文化に基礎を置く概念は否定的に描かれるようになっている（Sayle, 1998参照）。

　以下に挙げるステレオタイプは，一般的な文献や学術文献に何十年にもわたって記述されてきたものだ。それぞれたしかにいくらかの真実を含んではいるが，日本の子どもたちの生活の複雑さを伝えているものは皆無である。

ステレオタイプ1：日本の子どもたちは毎日机に縛りつけられ受験勉強をしているだけのオタクである

　漫画家ゲーリー・トゥルードー（Gary Trudeau, 1992）は，勤勉な日本の学生と自由奔放なアメリカの学生とを比較し，風刺してきた。架空の人物ユキオ（中学3年生。短い夏休みを，古典の詩を書いたり塾に通ったり，職場の机上で過労死した親戚のお葬式に列席したりして過ごしている）とジョニー（アメリカ人の青年。休み中はヘビーメタルのロックバンドを結成している）とを比較している。また主流のメディアでは，日本の子どもがよい成績を取るために奴隷のように勉強させられているというイメージが，皮肉ではなく大まじめに取りざたされている。たとえば，サンフランシスコの新聞であるサンフランシスコ・クロニクル紙は「東京では受験戦争が2歳ですでに始まっている」という大げさな見出し付きの記事を載せている（Efron, 1997）。その記事では，か

わいそうな男の子コウくんが「クレヨンとお弁当とオムツの入った小さいリュックサックを背負って」塾に行く様子を伝えている。こうした類の大げさな記事に対して憤慨したロイス・ピーク (Lois Peak, 1991) らは，塾を注意深く分析し，その結果，日本で小学校を受験する子どもは1％以下であり，その中でも塾に通う子どもはごくわずかであることを明らかにした。さらにピークは，小学校入学前の子どもが通う塾のほとんどは週に1，2回，1時間程度で，受験のためのドリル式の勉強というよりもむしろ，子どもが試験の形式に慣れることを重視しているということも見出している。

しかし他の多くのステレオタイプと同様，このステレオタイプにも核心をついている部分がある。たとえば，日本の著名な教育者の多くが，幼稚園に通う年齢の子どもに対し勉強へのプレッシャーを与えることは不適切であると主張してきた。また文部省（注：現在は文部科学省。本書が執筆された当時は省庁再編の前だったので文中では「文部省」としている）が1989年に発表した幼稚園教育要領にも，幼稚園は主に自由に遊ぶことを目的とすべきであり，読み書きや算数の指導は行うべきではないと記されている (Ishigaki, 1991, 1992)。けれどもこれに対して，幼稚園の側はどのような反応を示しているのだろうか。筆者の研究で明らかなように，多くの大規模幼稚園では，主に教師主体の学習指導に重点が置かれていた。こうした勉強重視型の幼稚園の園長は，文部省による幼稚園教育要領を知りつつも，子どもに早くから文字，数学，英語などを学ばせることを望む保護者に対し，自分たちの幼稚園が魅力的なものであることを選択したのだ。

その一方で，文部省の幼稚園教育要領に合わせてプログラムをゆるやかなものにし，自己表現や創造性を大切にした，より個人重視のカリキュラムに移行したと話す園長も数人いた。事実，訪問したいくつかの幼稚園ではすべての規制をなくし，子どもに一日中園内の好きな場所で好きな遊びをして過ごさせていた。最近ではこうしたゆるやかな規制しかない幼稚園で子どもを自由にさせすぎたことが，近年の**学級崩壊**の原因になっているといわれることもある。**学級崩壊**とは，小学生による乱暴で反抗的な行動のことを指し，これが原因で，予想を上回る数の教師が早期退職に追い込まれているというのだ ("Nation of 'little emperors'", 1999)。このステレオタイプはあまりにも単純すぎるとい

えるだろう。実際には各幼稚園はそれぞれ異なるアプローチを用い、それぞれ違った特徴を持っている。子どもを非常に厳しくコントロールする幼稚園もあれば、非常に自由で開放的な幼稚園もあるのだ。

ステレオタイプ2：日本の子どもは非常に集団主義的である

この15年間、アメリカのメディアは日本における**いじめ**問題を取り上げてきた。いじめは通常中学校段階で起きているが、この問題は幼稚園の園長とのインタビューでもたびたび話題に上った。最悪のケースでは**いじめ**によって殺されたり、自殺にまで至っている（Lanham & Garrick, 1996）。アメリカのメディアは、いじめの原因が集団主義社会における圧力にあると考える傾向がある。つまり、「出る杭は打たれる」という、アメリカのジャーナリストが知っていると思われる唯一の日本のことわざによって説明のつく圧力が原因だというのだ（アメリカのメディアによるこれらの報道に対する批評についてはZipangu, 1998 参照）。

たしかに**いじめ**はアメリカでも日本でも深刻な問題として認識されている。しかしアメリカでの報道は、**いじめ**の現象そのものというよりも、日本に対してわれわれアメリカ人が抱いているステレオタイプを報じているに過ぎない。たとえば、アメリカの**いじめ**に関するデータと比較している記事などごくまれだし、思春期の子どもの自殺率が実はアメリカでは日本の2倍であるといった重要な点についての議論もほとんど聞かれない（Feiler, 1991）。つまりそうしたステレオタイプな記事が、日本を個人の権利などほとんど認めない集団思考の国として大げさに仕立て上げているのだ。研究文献の中にも、アメリカは個人主義で日本は集団主義だとする一次元的な比較が行われることが多い（たとえばMarkus & Kitayama, 1991; Shweder et al., 1998）。このような文献を読んだ欧米の読者は容易に、日本の子どもが学校に通ううちに個性を失い、自分の意見を持たず、人に頼った行動しかできなくなるのだという印象を持ってしまうに違いない。

今回の調査では、園長が「自己」という概念を定義することに非常に熱心であることが明らかになった。園長は、子どもの自己表現力を高めると同時に、集団における協調性も高めるため、双方のバランスをうまく保つよう努力して

いる。園長は欧米の日本に対する見方を考慮に入れつつ，自らの社会の基礎をなす文化的価値を自覚的に考え，欧米との共通点や相違点について（特に個人主義について）思考をめぐらせていた。そうした中で筆者が発見したのは，自己と集団とのバランスについて，各園長が多様な見解を持っていることであった。たとえば主に**いじめ**の問題について話した上で，個人の権利の主張や自己表現を重視する動向を擁護する園長もいれば，逆に個人主義の悪影響をより一層懸念し，子どもの集団主義強化を望む園長もいた。多くの園長はその中間で，自己表現を行えることの利点と，集団と強い結びつきを持つことによる利点とのバランスについて，自身の哲学を表明していた。こうした注意深い分析を行っていくことにより，画一的で一致を求める国というステレオタイプは速やかに打ち消されることだろう。

ステレオタイプ3：日本の子どもはまるで魔法にかかったように教師に操られ，高い学力と社交性を身につけていく

　一般大衆向けのメディアが，日本の子どもの生活について暗い面ばかり報じる一方，研究者が主によい面に着目してきたことは興味深い。たとえば，最近発表されたある中学校における研究調査では，次のような注目すべき結論が導かれている。「日本の子どもたちは学校生活を楽しんでいる。よく勉強もする。クラスメートと友だちになり，文化的に適切とされる方法で他人と関わることを学ぶ。学校で学ぶ勉強や社交術は卒業後の人生においても役立つものである。日本では学校での授業と社会生活との間には矛盾がなく，子どもたちは社会でも教室でもきわめて適切に行動している」（Benjamin, 1997, p. 222）。たった1校の研究調査から導かれたこの一般論が一体どのくらい正しいかという疑問はさておき，その評価が一様に肯定的であるというのは驚くべきことである。ベンジャミン（G. Benjamin）が関心の対象としているのは，日本がアメリカの教育改革を刺激する手本としてどのように貢献しうるかという点であり，この点に関しては日本の教育について書いている他の多数の研究者も高い関心を寄せている（たとえば，Stevenson & Stigler, 1992; White, 1987）。

　日本の教育システムがあまりに過酷なため，日本の学生たちは犠牲を強いられているという説があるが，そうした説を調査しようともしない研究者がいる。

日本を成功に導いたのは高い要求水準と絶え間ない自己分析によるとする考え方に批判的な日本の研究者もいるが，外国の研究者はまた，こうした見解も無視しがちである。教育改革に携わる日本の専門家と話したところ，外国の研究者による楽観的な分析に歯止めをかけなければならず，欲求不満を感じると語っていた。専門家によれば，こうした外国の研究者は日本では信望があり，文部官僚はこうした権威による楽観的な分析を理由にして少しも動こうとしない，というのだ。また日米両国の研究者による教育問題の議論の場でも，日本の研究者は大抵多くの時間を割いて，アメリカの研究文献の中に書かれているバラ色の日本のイメージに対し反論している（LeTendre, 1999参照）。

　筆者は日本の幼児教育に関して自分自身で調査を行ったので，バラ色のイメージを振りまくような文章には注意深くなった。たしかにアメリカの研究者が述べているように，ゆるやかなしつけによる指導法を採用している幼稚園も多数存在した。しかし1994年に筆者が初めて観察したある施設では，そんな生やさしい図式は当てはまらなかった。それどころか，そこでは子どもたちはたたかれたり，突き飛ばされたり，怒鳴られたり，侮辱されたり，押入れに閉じ込めると脅されたりしていた。最も驚いたのは，そうしたことがすべてこの筆者の目の前で行われていたということだった。アメリカから訪問して，せわしなくすべての出来事を記録している筆者の目の前でも，一部の教師たちは一向にためらったり気まずそうにしたりする素振りを見せなかった。

　日本のしつけに関する文化モデルについて話す場合，ゆるやかなしつけによるモデルと同時に，厳しいしつけによるモデルについても考慮する必要があるだろう。筆者が幼稚園の先生と話した際には，日本社会を取り巻く厳しい権威主義の糸（学術論文にあるような子どもたちの楽しい生活の様子を見ているだけでは気づきにくい糸）が見え隠れしていた。ある先生は「日本では**アメとムチ**を使って子どものしつけをします」と話してくれた。多摩大学学長のグレゴリー・クラーク（Gregory Clark）氏は，このしつけの文化モデルを政治的な文脈の中に位置づけて次のように説明している。「何か問題が起こると教師や親からさらに厳しいしつけを行うようにとの声があがる。これがいわゆる**心の教育**である。**アメとムチ**は昔も今も，保守的な教育のモットーである」（Japan's education dilemma, 1998）。

日本では，さまざまな厳しいしつけの中でも特に体罰については非常に詳しい調査が行われている。近年のあるデータによれば，多数の親や教師によって体罰が行われており，幼稚園以上の年齢の子どもが体罰の対象となっている。たとえば1996年には体罰を行ったとして処罰された教師の数は37％も増加し，1977年の調査開始以来最多となった（"Japan briefing"，1997）。神津（Kozu, 1999）はさまざまな文献を分析した結果，以下のような結論を導いている。「親，さらには教師による体罰は今日でもごく普通に行われている。親が持つ強大な権威と体罰に対する寛容さのために，しつけと虐待の差が曖昧になっている」（p. 52）★1。

ステレオタイプ4：最近の日本では，普通の子ども時代を過ごせる子どもなどほとんどいない

　これまでのステレオタイプは，主に日本以外の人々が日本に対して抱いているものであったが，次のステレオタイプは日本で共有されているものである。日本人の間では子どもたちは過保護であると同時に，恵まれない環境に置かれているという見方が強い。こうした人々の考えによれば，都市化によって環境や社会が変化し，そのために子どもたちがダメージを受けているという（Kojima, 1986a参照）。子どもたちは実質的にはまるで自宅にいる囚人のように描かれている。つまり高層アパートの小さな部屋に閉じ込められ，遊ぶ友だちもなく，テレビを見たりテレビゲームをしたりする以外は何もすることがないというのだ。また母親は自分のことしか考えないので，子どものことをかまってやらないとか，さらによくいわれるのは，子どもを心配しすぎるあまり過保護になっているということである。日本における児童期の歴史に関する最近の記述の中で，原と皆川（Hara & Minagawa, 1996）は日本の暗い児童期について「経験の剥奪」（p. 21）という表現を用い，現代日本の都会の成長過程にある子どもたちは，いろいろな体験をする機会が限られていると述べている。

　学術文献でも一般的な文献でも，世界中の文献で，日本の幼児期の現状を暗く，ひと昔前の家庭生活より好ましくない状態になっているというテーマが取り上げられている。多くの場合こうした比較は，現代のごく限られた逸話的イメージと，いつの時代のことかわからない出来事をロマンチックに合成したも

のとの間で行われる（Coontz, 1992）。筆者が話を聞いた園長は，ほぼ全員が近代日本における子どもたちの生活について悲観的な見解を口にしていた。園長は日常の家庭生活における父親の不在，子どもが望ましいふるまいができるようになるための適切なしつけや教育をすることができない母親，孫をかわいがり手助けする存在であるはずの祖父母の不在などについて深く懸念していた。園長はまた，都会の子どもたちはほとんど自然にふれ合う機会がなく，友だちとも自由に遊ぶこともままならず，家でずっと座ったままの生活をしていることを非常に残念に思っていると話していた。

　筆者の研究は子どもたちの家庭での生活に焦点をあてているわけでもなければ，情動の発達や交友関係も調査していない。しかし子どもたちの家庭生活についての認識と関心は園長のものの見方を構成する重要な要素であり，園長がどのようにプログラムを組み立てていくかに大きく影響している。ほとんどの園長は，幼稚園とは子どもたちがきちんとした大人に出会い，活気に満ちたさまざまな活動を通してたくましく成長し，仲間たちと自由で制約のない関係を築くことのできる場所だと考えているようだった。それぞれの園長が，彼らの認識する社会の病を「治す」ための独自の治療法を編み出していた。日本の子どもたちが直面している問題についての認識と，幼稚園の運営方法とが相互に作用し，最も文化的な施設（つまり幼稚園）の原動力が生まれる。

日本の教育についての研究からアメリカ人が学ぶべきこと

●日本の教育における子どもの側の利益と不利益の両方をよりよく理解する

　日本の教育について簡単にまとめたり，緊張や矛盾をおおざっぱに描写したり，あるいは長所や短所をとりあえず判断してみても何も見えてはこないだろう。かといって長所ばかりが誇張されれば子どもたちに迫る危険や犠牲を見過ごしてしまうことになる。完璧な教育システムなどというものは存在しないのだから，日本でも教育システムの選択には優先順位をつけ，価値の高いものから順に選択し，他のことがらは犠牲になっているに違いない。多くの日本人が，

日本の教育制度は，特に学年が上の段階では，協調性を重視しすぎるあまり個々のイニシアチブや自己表現がおさえられてしまっていると感じている。こうした問題は学問的観点から詳しく研究されるべきなのだが，残念ながらこれまでは注目されてこなかった。

●幼稚園の特性と学業成績との因果関係をより深く理解する

　日本の生徒が学校でよい成績を修める原因は，ごく一般的と考えられる幼稚園で就学の準備をしていたのが功を奏したからだ，といった考え方がアメリカ人の中にある。しかしこれは日本の幼稚園の多様性を見落としたために起こった誤解である。たしかに，日本の小学校1年生が算数のテストで高得点をあげる原因を遊び中心の幼稚園に通ったからだ，特にアメリカ人の理想とする「子どもの発達にふさわしい実践」（Lewis, 1995, p. 34参照）を進める幼稚園に通ったからだと推測するのは，一見すると魅力的かもしれない。しかしながら日本の幼稚園のすべてが遊び中心というわけではないし，ある特定の幼稚園のカリキュラムが以後の学業成績にどのような影響を与えるかについては，まだ実際に直接的な研究が行われたわけでもない。したがって1年生のテストで高得点をあげる子どもが遊び中心の幼稚園に通った子どもなのか，あるいは学習能力重視の教育を受けた子どもなのか，ということは一概には決められない。

●幼児教育への市場原理の長期的影響について新鮮な視点で考えてみる

　筆者は，日本の幼稚園について詳しく研究することは非常に意義深いと考えているが，それには他にも重要な理由がある。学校教育は今後地域が管理していくのか，それとも中央によって管理されるべきなのかという問題について，われわれアメリカ人は日本の教育制度から教訓を得ることができる。過去10年間，アメリカでは教育方針等の決定に関する連邦政府の役割を大幅に減少させてきた。たとえばK-12レベル（日本の幼稚園年長組から高校3年生までに相当）では，一般の公立校以外にも学校選択の幅が広がるように，さまざまなチャータースクール★[2]が設立されてきた。興味深い例として，ある州では保護者は州政府からクーポンを受け取り，子どもを好きな学校へ通わせることができる。またK-12レベルだけでなく幼稚園レベルにおいても同様の論争が起こ

っている。1960〜70年代にはある団体が，保育の機会増加と質の向上のため，政府（州あるいは連邦政府レベル）に対し保育への支援を要求した（Fuller & Holloway, 1996参照）。けれども保育システムを国家レベルで管理し，スウェーデン式やデンマーク式にすべきだという，こうした古いタイプの改善策は廃れていき，新しいスローガンとして「保護者の選択」が登場してきている。これは新たに保育施設を作るのではなく，K-12レベルと同様，両親にクーポンを提供するというもので，そのクーポンを利用すれば子どもを正式な幼稚園だけでなく，親戚や近所の人にも預かってもらうこともできる制度である。

日本の幼稚園制度は公立と私立が混在するという点で大変興味深い。公立幼稚園は文部省から財政支援を受けている。公立幼稚園も相当自由に独自のプログラムによる教育を進めているが，文部省は幼稚園のカリキュラムが現在の教育学の動向に沿うよう積極的に介入している。日本にはこの他に運営費を主に保育料に依存する多数の私立幼稚園が存在する。最近の幼稚園の市場は消費者，つまり家族のニーズに対応する傾向が強いが，それは，低出生率により幼稚園に通う子どもの数が減ってきたためである。出生率は1970年代半ばから減少し続けており，また1家族あたりの人数も減少している（Ishigaki, 1994; Shwalb et al., 1992）。そのため私立幼稚園では，競争力を維持するため，家庭の声に敏感に対応する必要がある。幼稚園の需要の減少とともに公立幼稚園の数も徐々に減少しており，その役割はしだいに私立幼稚園に委ねられている。たとえば横浜市などは幼稚園事業から完全撤退している。アメリカでもいずれ学校教育が連邦政府の管理を離れ，市場の影響を受ける日がくるかもしれない。市場の圧力を受けてできあがった幼稚園のプログラムと，文部省が推奨するプログラムとを比較することにより，アメリカが将来直面するかもしれない問題のいくらかは予測できるかもしれない。

● **文化モデルと幼稚園プログラムとの関係についてより明確な見解を持つ**

アメリカにおいて保育が保護者による選択あるいは地域による管理といった方向に向かうにあたり，その中心となっている考え方は「保育は社会や保護者の価値観に直接結びついた，あるいは少なくともそれを反映するものであるべきだ」というものである。こうした考えは，もともとは政治的右派の主張だっ

たが，今では最左翼の家庭や教育者，特に独自の文化モデルや育児方法を主体
としだ教育プログラムを求めている少数派の民族グループに特徴的な考え方と
なっている。しかしこうした意見は主流派の幼児教育関係者らの立場と対立し
ている。主流派が目指しているのは，保育の質に関する基準を設け，その基準
に従ってあらゆる教育環境を評価できるようにすることである（Holloway &
Fuller, 1999参照）。たとえば全米乳幼児教育協会（The National Association
for the Education of Young Children：NAEYC）は一連の「発達にふさわし
い」指標を示し，保育園を認可する際の基準とした（Bredekamp & Copple,
1997）。協会側は，幼稚園でのプログラム構成は子育てに関する文化的価値よ
りも，子どもの発達にあわせるべきだという立場をとっている。本書の主な目
的は，幼稚園のプログラムの基礎には文化モデルが不可避的に存在していると
主張することである。さらにはこうした文化モデルがいかに多様でダイナミッ
クで，ひとつの社会の中で競合し合うものであるのかということを証明するこ
とである。本書を通してアメリカの教育関係者にも，幼稚園が文化的機関であ
るということを理解してもらえると思う。

● 文化モデル・教育環境・マクロレベルでの社会構造という3つのことがらの
理論上の関連性について新しい認識を持つ

　今回の研究を進めていくにつれ，分析方法の枠組みとして複数の社会科学分
野における考え方を取り入れるようになっていった。つまり幼児教育に関する
一連の問題に取り組むために，人類学や心理学，社会学といったさまざまな理
論に結び付けていった。このようにひとつの研究を他のさまざまな学問分野と
関連づけながら進めていくのは，たしかに時にはやっかいで混乱を招く場合も
ある。しかしながら最終的には多様な見解を取り入れる機会となり，筆者自身
は満足している。今回のこうしたアプローチが今後「学際的な領域」に挑戦す
る人々にとって，何かしらの情報提供になればと願っている。今回の研究では
文化的事象が焦点となっているため，多数の人類学研究を参考にしたが，ロ
イ・ダンドレード（Roy D'Andrade）のような，認知の問題に関心の強い研究
が非常に役立った（D'Andrade, 1992参照）。とりわけ「文化モデル」という
概念は，幼児教育関係者の持つ信念や行動の方略を記述するのに非常に適して

いると思われる。文化モデルは集団が生み出すものだという人類学の考え方を理解した上で，心理学者としての筆者は，個人がどのように文化モデルを選択し，自らのものとして利用するのかという点にも関心がある。そこで個人（本研究では園長や教師）を分析の基本単位とし，園長や教師が認識上どのように数々の文化モデルと関わり，文化モデルを解釈し，評価し，改良し，合成しているのかを観察していった（Holloway & Minami, 1996）。

　人類学と同様，社会学も参考にした。現在の人類学研究では，文化とは外的な変数であり，文化が人々の行動の源であると考える傾向が強い。つまり文化要素それ自体がどれほど社会制度の影響を受けているかについては考慮されていない。クリフォード・ギアーツ（Clifford Geertz）など影響力を持つ人類学者は，「高度の文化」の諸要素の中に具体化されているシンボルの世界に関心を向けているが，そうしたシンボル世界が構成される際に歴史や生物学，経済学，政治学などが果たした役割を無視，あるいは矮小化してしまっている（Geertz, 1983参照）。これに対し社会学では，家庭や学校での子どもと大人との日常的な関わりには広範囲の社会構造が反映されていることに注目した研究があり，こうした研究は筆者にとって非常に価値が高いものであった。特にアネット・ラロウ（Annett Lareau, 1989）の論文では，「マイクロレベル」の相互作用に焦点をあて，「マクロレベル」での階層差が「マイクロレベル」の中に現れ，次世代にも部分的に再生産されていく様子を明らかにしている。

　幼児教育関係者が利用可能なアイデアや方法は，大規模な社会構造の影響を受けて作り出されるが，それは文化的にパターン化された様式に従っている。本書の主要な目的は，この文化によってパターン化された様式を見出すことである。ここでは3つのマクロレベルの構造を取り上げる。その3つとは，①幼稚園に通う子どもを持つ家庭の社会階層，②宗教団体と学校との関係，③公立校か私立校かという問題である。こうした教育制度と思想が，どのように幼児教育に対して文化モデルを供給しているのかを検討する。クーパー（Kuper, 1999）の研究から引用した下記の記述には，社会制度と文化モデルの双方に焦点をあてる必要性が適切に要約されている。

　客観的な経済利害や物質の影響力，選択の幅を狭めるような社会的関係，権力組織，武

力によって非武装の人々に自分たちの思想や行動を押しつける人々の力などを考慮に入れないような，変化についての価値ある理論などはあり得ない。同様にどんな歴史家も，行動を動機づけ，行動に理由を付与する思想を無視することはできない。斬新とは言えなくても賢明な結論とは，もちろん両極端を避けることである。文化はすべてにスクリプトを提供するわけではない。しかしすべての思想が，結果が出た後に考えられたものでもないのである（p. 199）。

幼児教育に関する3つの基本的なアプローチ

　本研究の当初の目的は，文部省による子どもの個別指導を重視した新しい幼稚園教育要領を幼稚園側がどのように実現しているのかを検証することであった。しかし目的の範囲はしだいに拡大し，園長が考える子どもの本質や人間関係の理想形態についての見解，また個人と集団とのバランスについてのさまざまな見解を，より一般的な見方で観察することも含むようになった。園長のこうした基本的信念が，個性化の問題を含め，園のプログラムを作成する際に，具体的にどのように影響しているのかを観察したいと考えた。

　この新たな目標の達成は比較的容易であった。というのは，子どもの本質や人間関係，個人と集団の問題について各園長はみな，それぞれ根底から異なる見解を示しており，多様なプログラムを観察することができたからだ。さらに，多くの園長が自分の園を他の園と比較してその違いについて述べ，自分の立場の正当性を主張したため，筆者の研究は一層順調に進んだ。ほとんどの幼稚園は，**厳しい**タイプと**優しい**タイプの2つに分類される。「スパルタ式」とも呼ばれる**厳しい**タイプでは，教師中心のカリキュラムが重視され，厳しいしつけが行われる。一方**優しい**タイプでは，遊び重視のカリキュラムや，教師と子どもとの楽しく温かい関係などが特色となっている。このように2つのタイプに分類する方法はたしかに啓発的ではあるが，結局，筆者はこの二分法の枠を超え，子どもの本質や自己と他者との関係に関するそれぞれの園長の独自の信念を基準にして，幼稚園を3つのタイプに分類することにした。各タイプの園長は子どもの本質についてそれぞれ独自のイメージや比喩を用いて語り，また活

動や教材，社会関係について特定の方法を擁護した。下記の表1－1ではこの対照的な3つのタイプを，教育方針とクラスの構造に関わる複数の項目ごとに比較している。各項目は保育の単位，発言の構造，日常生活の決まった手順の利用，行動をコントロールする方法，教師および友だちとの情緒関係を重視する程度，個人の欲求と集団の要求とのバランスに対する信念からなっている。

■表1－1　日本の幼稚園にみられる3つのタイプの教育方針と構造

	幼稚園の類型		
教育方針とクラスの構造	関係重視	役割重視	子ども重視
保育の単位	主に大きい集団	大きい集団	個人や小集団
発言の構造	教師から集団へ	教師から集団へ	教師から個人へ
日常生活の決まった手順の利用	相当に重視	相当に重視	やや重視
行動をコントロールする方法	放任主義的	権威主義的	放任主義的
教師・友だちとの情緒的な関係	重視	あまり重視しない	重視
自己と集団の概念	関係し合う	共存する	相互に強め合う

サンプルとなった幼稚園のうち，12の幼稚園（公立2校と私立10校）を第1のタイプの関係重視型として分類した。関係重視型の幼稚園では，友人とよい人間関係を築くことやクラスでの生活の決まった手順を学ぶことなど，子どもを集団生活に馴じませることが全般的な目標とされていた。教師は，家族による温かい保護のもとでの生活から子どもを徐々に外の世界に引き出し，より大きな集団の楽しさを経験させていく。

関係重視型幼稚園では，教師の指導によって構造化された活動と，比較的自由な活動が交互に行われていた。自由時間には子どもたちはひとりではなく，友だちといっしょに遊ぶよう指導されていた。またおもちゃ類は比較的少なく，物を使った遊びよりも子どもどうしの活動に子どもの注意が向かうよう意図されていた。美術教材等は，何か特別な活動をする時間に限り教師から与えられていた。一方教師は，子どもに集団生活に必要な日常の決まった手順を学ばせ

るために,多くの時間とエネルギーを費やしていた。それはたとえば,持ち物の整理(鞄の中身の出し入れや,保育室に入る前に靴を脱ぐ等),大人に正しく挨拶する,正しい食事のマナー,他の園児といっしょに発表会に参加する,などであった。教師は子どもたちとの温かい関係を築くため,親切でおだやかで,かつ非権威主義的であったが,個別の子どもと長く頻繁に関わろうとはしなかった。関係重視型幼稚園の特徴については第3章で詳しく説明する。

　第2のタイプの幼稚園は教育の原点を,仏教なども含む日本の保守的な伝統に置いている。この役割重視型幼稚園は調査対象となった全幼稚園のうち6施設(すべて私立)あり,プログラムは集団での学習指導で構成されていた。そうした活動と比べると,関係重視型幼稚園のように美術や音楽など,教師からのはたらきかけの少ない活動は多くなかった。役割重視型幼稚園ではまた**漢字**の学習も行われていた(文部省の幼稚園教育要領では小学校入学前に漢字の指導をすることは奨励していない)。このタイプの幼稚園では,他にも**ひらがな**学習,パターン認知や記憶力増進のための活動,楽器演奏,絵の描き方などの指導が行われていた。またその他にも英語,茶道,日本舞踊,合唱,体操などが週1回,専門の教師により指導されていた。このような役割重視型幼稚園は人気が高く,6つの幼稚園のうち4園でそれぞれ400名以上の園児が通っていた。

　こうしたタイプの幼稚園を役割重視型と名づけた理由は,このタイプの幼稚園では,子どもが与えられた状況下で自分自身に求められる役割を果たす能力を伸ばすことが目標とされているからである。遊びや集団生活の楽しさを重視する関係重視型幼稚園とは異なり,役割重視型幼稚園では,子どもが肉体的訓練や厳しいカリキュラムの学習を通じて自制心を養うことが目的とされていた。毎日のスケジュールはびっしりと詰まっており,個人的な選択の入る余地はなかった。幼稚園の規則に関しては厳しいしつけが行われており,教師が子どもを脅したり,問題児だと決めつけたり,人前で恥ずかしい思いをさせたりといったことも行われていた。このタイプの幼稚園については第4章で詳しく扱う。

　第3のタイプを筆者は子ども重視型幼稚園と呼ぶことにしたのだが,表面的にはこのタイプの幼稚園はアメリカにおける遊び重視型の幼稚園と類似してい

た。調査対象となった幼稚園のうち9つがこのタイプ（公立4校と私立5校）であったが，他のタイプの幼稚園に比べ規模が小さい傾向にあった。子ども重視型幼稚園では，一日のほとんどが自由遊びの時間で，集団活動や教師による授業はまったく行われなかった。関係重視型幼稚園では，子どもは特定の活動に限って教材を配布されたが，子ども重視型幼稚園では，大抵は教材のある活動コーナーが設置されていて，子どもがいつでも教材を使えるようになっていた。したがって子どもは，ごっこ遊びに使う道具だけでなく，さまざまな遊び道具や美術的教材を使っていた。子ども重視型幼稚園の教師は，関係重視型幼稚園の教師と同様おだやかで陽気だったが，子ども一人ひとりともっと個人的に関わりを持っていた。教師が子ども一人ひとりと長く話す様子は，そうした会話の少ない他のタイプの幼稚園とは対照的だった。

　子ども重視型幼稚園のある教師は**甘え**の気持ちを育てるよう心掛けていると話していた。**甘え**とは温かさ，依存性，うちとけた関係といった意味の言葉で，日本の母子関係の典型的な特徴とされている（Doi, 1986）。子ども重視型幼稚園では，家庭に見られる甘えの関係を集団でのプログラムでもつくり出し，適用しているようだった。子ども重視型幼稚園については第5章で議論する。

　このように幼稚園を3つのタイプに分けて研究するという方法を簡単に決めたわけではなかった。他の方法として，たとえば集団全体での一斉指導といった特定の教育学的次元に焦点をあて，各次元についてサンプルがどこに位置づけられるかを議論するといった方法も考えられた。しかし筆者は次に挙げる2つの理由から次元ごとの分析は行わなかった。1つ目の理由は，次元がそれぞれ独立していないということだ。たとえば，一斉指導を行った幼稚園では同時に学習も重視していたし，また自由時間はほとんどなく，遊び道具は少なく，カリキュラムの中には身体的な訓練が含まれていた。したがって各次元について別々に検討したならば，各園での子どもたちの様子はうまく伝わらなかったであろう。2つ目の理由は，各次元は背景と関連づけて初めて意味を持つと考えたからだ。親による子どものしつけに関して，初めて類型による分類という手法を用いたのはダイアナ・ボームリンド（Diana Baumrind）であった。ボームリンドによると，ふだんは温かくて子どもの支えになっている親による体罰と，冷淡で拒否的な親による体罰ではその意味が異なる（Baumrind, 1989）。

■表1-2　調査対象となった幼稚園のリスト

サンプル幼稚園の特徴			
幼稚園名	地域	公立・私立の区別	園児数 (資料収集当時)
関係重視型幼稚園			
ひまわり幼稚園	A市	私立：宗教に関係なし	114
杉の子幼稚園	B市郊外	私立：宗教に関係なし	135
わかば幼稚園	A市	私立：神道	281
のぞみ幼稚園	A市	私立：神道	228
どんぐり幼稚園	A市	公立	139
松の木幼稚園	A市	私立：宗教に関係なし	90
みどり幼稚園	A市	私立：宗教に関係なし	200
なかよし幼稚園	A市	私立：仏教	200
ふたば幼稚園	A市	私立：宗教に関係なし	250
松葉幼稚園	A市	私立：宗教に関係なし	93
さくらんぼ幼稚園	A市	私立：宗教に関係なし	200
あさひ幼稚園	A市	公立	58
役割重視型幼稚園			
風の子幼稚園	A市	私立：仏教	550
たけのこ幼稚園	B市郊外	私立：宗教に関係なし	411
あおば幼稚園	B市郊外	私立：仏教	600
たんぽぽ幼稚園	A市	私立：仏教	188
わかくさ幼稚園	A市	私立：宗教に関係なし	585
さつき幼稚園	A市	私立：宗教に関係なし	329
子ども重視型幼稚園			
かなりや幼稚園	B市郊外	私立：キリスト教	150
さくら幼稚園	C市	私立：宗教に関係なし	180
こばと幼稚園	B市郊外	私立：キリスト教	250
くるみ幼稚園	B市	私立：キリスト教	55
ゆりかご幼稚園	B市郊外	私立：キリスト教	125
ふじの森幼稚園	A市郊外	公立	41
ひばり幼稚園	C市	公立	42
いずみ幼稚園	A市	公立	170
たちばな幼稚園	B市郊外	公立	93

また人類学者のフレドリック・バース（Fredrik Barth）も文化モデルをグループ化して扱うことを支持する議論を展開している。バースは，文化的多元論は文化的伝統の「流れ」を描写することによって理解できると主張し，「そうした流れが表しているのは，時間を超えて持続する徴候の中で，いくつかの要素がまとまりをなしているということである」と述べている（Barth, 1989, p. 130）。筆者は幼稚園のプログラムにもこうした議論が当てはまり，今回の分析にも質的な分析の手法が適していると考えている。

表1-2は調査対象となった全幼稚園のリストで，それぞれ3つのタイプに分類してある[3]。各タイプにぴったり当てはまる幼稚園もあれば，そうでない幼稚園もあったが，全体的に見れば分類は容易であった。中に2, 3件分類困難なケースがあったが，それは園長が述べた目標を教師が実行に移しているようには思われないケース，また，教育方法を現在変更している最中といったケースであった。こうしたケースについては後に詳しく述べる。

社会構造と文化──「平均人」を超えて

この20年間，伝統的なエスノグラフィー[4]における「文化」概念は，非歴史的でかつ非政治的な「本質主義」であるという批判を受けてきた。しかし近年の人類学研究では，あるひとつの社会において相反する利益団体や政治関係者らによる「談話」やさまざまな方略に着目し始めている（Holland et al., 1998; Shore, 1996）。人類学の最近の発展についてブラッド・ショア（Brad Shore, 1996）は次のように述べている。「文化の担い手とは，もはや仮説的な，あるいは平均的な人々ではない。それは自分自身の歴史や特定の興味，具体的な方略を持った現実の個人である」（p. 55）。

しかしながら教育学や心理学の分野では，いまだに特定の支配的な文化モデルに執着したまま社会を描写しようとする研究文献が多い。そのような研究では，社会における多様性に着眼することなどはまずあり得ないし，ましてや社会に存在するあつれきには気づくこともない。そして，諸外国の研究者たち

（Azuma, 1996, p. 222参照）が強く異議を唱えているにも関わらず，子育てや教育等のテーマに関し，日本と中国といったまるで異なる国々を「アジア的」価値観といった具合にひとまとめにしてしまう。こうしたアプローチの代表的な例として，影響力を持つ学者らが最近になって個人主義と集団主義という二分法で世界を2分割するといった思想を復活させようとしていることが挙げられる。このような構想を進めている学者にはシュエーダーら（Shweder et al., 1998）がいるが，シュエーダーは定評のある『児童心理学ハンドブック』の中で次のように記述している。「自己の個人主義モデルは……ヨーロッパ系アメリカ人研究者にとっては明白でごく自然である……自己についてのもうひとつのモデルは個人主義とは対照的であり，日本，中国，韓国，東南アジア，南アメリカ，アフリカで一般的なものである。このモデルにおける自己は他者や周囲の社会的背景と切り離して考えることはできない。自己は周囲の社会的文脈と相互依存的な関係にある」（Shweder et al., 1998, p. 899）。さらに，こうした個人主義 対 集団主義という二分法は，アメリカの少数派民族の子どもの発達を理解する鍵として，また，「文化に敏感な」教育プログラムを開発する指針とみなされている場合がある。たとえば，グリーンフィールド（Greenfield, 1994）は次のように主張している。「相互依存を重視する価値志向は，少数派グループにおける社会化の実践や発達目標の文化的，比較文化的基盤をなしている。こうした少数派グループにはアメリカ先住民，アフリカ系アメリカ人，アフリカ系フランス人，メキシコ系アメリカ人，アジア系アメリカ人，アジア系カナダ人が含まれる」（p. 7）。

多様な世界をこのように定式化することに賛成する人々は，個人主義などの，ある文化では当然とされることがらが，別の社会ではその内容をめぐって論争を呼ぶことがあり，社会や集団が違えばその定義や実現方法がまったく異なる場合があるという事実を見過ごしている（Hermans & Kempen, 1998）。しかも大抵の場合は「文化」の違いだけに焦点をあて，文化モデルが社会制度によってどのように形成されているかについてはまったく考慮されていない。ある文化モデルが機能したり他の文化モデルを抑制したりするといった現象には政治や経済が大きく関与しているのだが，こうした政治や経済についても一切ふれられていない。

さまざまな幼稚園の園長と話すうちに，筆者は3つのタイプの幼稚園の背景には社会制度上の要因が影響力を持っていると考えるようになった。影響力を持つ要因としては，社会階層，信仰している宗教，公立か私立か，という3点を挙げることができる。これらの要因は，プログラムを作成する際の物質的資源や思想的指針を提供する。本書の後半ではこの3つの要因が幼稚園施設にどのような形で表れ，どのように互いに絡み合って作用しているのかを検証する。

　まず第6章では日本の幼稚園教育に関わる社会階層の問題に注目する。C市のエリート家庭の子どもが通う幼稚園とA市内の勤労者階級の生活地域に古くからある幼稚園とを比較する。日本社会は階層間格差が驚くほど少ないといわれている。たしかに所得や教育レベルに関してはアメリカほど大きな差があるわけではないが，日本にも社会的地位を反映する重要な指標がある。たとえば，マウアーと杉本（Mouer & Sugimoto, 1986）は日本の集団主義が文化的に共有されているというありがちな理論に異議を唱え，日本社会には力動的な権力関係が存在することを指摘し，集団主義とは結局のところエリートが自分たちの富を維持し，収奪される側からの不満をおさえつけるために作り上げた神話に過ぎないと主張している。教育の分野でも，育児や教育と社会階層との関係を探った研究がわずかながらあるが（Rohlen, 1983; Vogel, 1963参照），幼稚園レベルでの研究はほとんどない。今回の筆者の調査では，裕福な家庭の子どもが通う幼稚園では，勤労者階級の地域にある幼稚園に比べ，子ども重視型のアプローチを取る傾向が強いことがわかった。裕福な家庭の子どもが通う幼稚園では，十分な資金が確保されているため小規模クラスの維持が可能であり，また子どもが教師の配慮のもとで自由遊びの時間を過ごすことができるよう広い空間や十分な遊具も揃えられていた。また教師は，子どもたちが幼稚園から帰ったあとで音楽や英語などの習いごとに行くため，家庭ではあまり自由に遊ぶ時間がないこともよく理解していた。これに対してあまり裕福でない環境にいる子どもたちは，個人的に教師と関わりを持つことは少なく，大抵の場合は自分の欲求をおさえ，集団に合わせて行動することが期待されていた。

　筆者が調査した幼稚園のプログラムに対して，次に重要な影響を与えていたのは宗教であった。日本人はアメリカ人に比べると宗教に無関心であるというのが一般的な考え方だが，幼児教育の分野では主要な宗教団体が非常に活発に

活動してきた。第7章では仏教，神道，キリスト教の各思想が宗教系幼稚園においてどのように実現されているかを検証する。キリスト教系幼稚園では個人の重要性を強調し，子ども重視型のプログラムを展開する傾向があった。一方仏教系幼稚園では，子どもが集団の中で自分自身の役割を果たすことが重要視されていた。また，神道系幼稚園では生き物に対する感受性を育てることや伝統行事を祝うことに重点が置かれており，プログラムは総じて関係重視型の傾向にあった。

　第8章では公立幼稚園と私立幼稚園とを比較する。公立幼稚園では文部省の影響を強く受けるが，一方で文部省は欧米の幼児教育の影響を受けている。また公立幼稚園は政府からの資金援助を受けているため，出生率の低下に伴う在園児数の減少にも関わらず市場原理からはある程度保護されている（Ishigaki, 1994）。公立幼稚園ではクラスの規模が10名から15名程度と小さくなっても運営が維持される。こうしたさまざまな要因のため，多くの場合公立幼稚園では子ども重視型のプログラムが実施されている。一方私立幼稚園の園長は政府からの圧力を感じることなく独自の教育哲学を自由に発展させることができる反面，経済的な生き残りのために高い在園児数を維持する必要がある。筆者がインタビューを行った園長の中には，綿密に計画された役割重視のプログラムをつくることでこの問題の解決をはかる園長もいれば，親世代が子どもの頃に経験し，親近感を持っている関係重視のアプローチを選ぶ園長もいた。

　最後の第9章では，日本の幼稚園の多様性と関係の複雑性が何を意味するのかを考察する。特に，教育プログラムの質を決定する基準として「発達段階にふさわしいかどうか」を指標とする現状に異議を唱えたい。幼稚園や保育園で長い時間を過ごす子どもがますます増加している現在，幼稚園や家庭，地域に存在する文化モデルを早急に明確化する必要がある。多様な社会階層や民族グループが求める文化モデルに対し，幼児教育施設はどのように対応すればよいのか。幼児教育施設は宗教の教義に見られる道徳的な理想からどのような影響を受けているのか。宗教や社会階層による影響を考慮に入れつつ，有効な教育方法に関する専門的知識をどのようにプログラム開発に応用していくのか。日本におけるこうした問題を探ることによって，欧米の教育者が直面している問題が明確になればというのが筆者の願いである。

【第1章・注】

★1 （原注）極端な身体的暴力は日本の家庭でも見られる。東京都が1500名の女性を対象に行った調査では、3分の1が少なくとも一度は配偶者から身体的な暴力を振るわれたと答えており、さらに4分の1は複数回にわたって暴力を振るわれていると答えている（"One-third of women", 1998）。最近東京で行われた調査では、就学前の子どもを持つ母親の9％が「たたいたり、必要な世話をしないといった方法でくり返し子どもを虐待している」（"Nine percent of moms abuse kids", 1999, p. 4）。多くの日本人にとってもうひとつ気がかりな点は、思春期の子どもたちによる家族への暴力の激増である（Kumagi, 1986）。

★2 （訳注）公立私営学校。教員・親・地域団体などが参加して、公費によって運営される学校の総称。通学区域を超えて児童生徒を集めることが可能で、一般の公立学校と同様、原則としてすべての希望者を受け入れることになっている。ただし、州、学区と設置者の間で児童生徒の学力等の改善に関する契約を締結し、成果が挙がっていないと判断されればチャーター制度の取り消しがある。

★3 （訳注）この分類の中には保育園は含まれていない。保育園をこうした3類型に典型的な形では分類できなかったこと、十分な数の保育園を調査できていないことからこうした処置をとった。

★4 （訳注）民族学もしくは民族誌学のこと。

第2章
日本の幼児教育

クーパー家と野村家：2つの文化における仕事と家庭のスナップ写真

クーパー夫人が第1子のソフィを産んだ時，夫妻は夫の給料だけで生活できると判断した。そこで夫人は仕事を辞め，赤ちゃんの世話をするために家にいることにした。ソフィは5歳になってキンダーガーテン[1]に入るまで学校生活を経験しなかった。ソフィがキンダーガーテンに通い始めると同時に，弟のジェイソンが生まれた。第2子にもお金がかかるようになり，夫の給料だけでは生活していけなくなったため，ジェイソンが生後3か月の時に，夫人は法律事務所の受付係としてフルタイムの仕事についた。そこで通りを少し行ったところにある，ケント夫人がやっている託児室（ファミリーデイケア）[2]にジェイソンをあずけることにした。ケント夫人はジェイソンの他に乳児をもう1人と，2人のよちよち歩きの幼児をあずかっていた。ジェイソンは3歳までケント夫人の託児室に通ったが，小学校入学準備のためには，より構造化したプログラムに入る必要があるとクーパー夫人は判断した。そこで，ジェイソンはチャイルドケアセンター[3]に入り，5歳まで通った。そしてその後，地元の小学校付設の全日制キンダーガーテンに入園した。

野村夫人にとっては，きみ子を妊娠した時に，東京の大規模製造会社の秘書を辞めることは当然のことだった。きみ子は4歳まで家庭で育ち，母親がかつて通っていた近所の幼稚園に入園した。幼稚園は小学校の敷地内にあり，4・5歳児を受け入れていた。園児は6歳になると卒園して敷地内の小学校に入学した。きみ子が4歳の時，弟の純が生まれた。純は活発で外向的な子どもだったので，3歳になった時点ですでに集団生活を送る準備ができていると野村夫人は判断した。公立幼稚園には3歳児クラスがなかっ

ため，夫人は純を地元の私立幼稚園に入園させた。その幼稚園で純は小学校に入学するまでの3年間を過ごした。

　架空の家庭をこのように対照的に描くことで，日本とアメリカの幼児教育システムの違いが見えてくる。クーパー家の子どもたちが就学前に経験したことは，アメリカの幼児教育の多様性と複雑さを象徴するものである。1995年の時点で，アメリカの5歳以下の就学前児童のうち41％が親だけに保育されている。その他の子どもは親戚（17％）や（幼稚園や保育園などの）保育施設（26％）や託児室（13％），あるいは家庭でベビーシッター（3％）によって保育されている（United States Department of Education, National Center for Education Statistics, 1998）。子どもが成長するにつれて，アメリカの親は，非公式の施設ではなく，センター式の保育を受けさせるようになる。つまり，幼児教育の経験なしにキンダーガーテンに入る子どもが多く存在する一方で，さまざまな異なるタイプの保育をすでに受けてからキンダーガーテンに入る子どももいるのである。

　日本では，実質的にすべての子どもが就学前に少なくとも1年間，大多数の子どもは2年間，約半数の子どもは3年間，何らかの教育機関に通う。アメリカの親が利用する多様な保育スタイルとは異なり，日本の就学前児の大多数が通うのは幼稚園か保育園だけである。**幼稚園**は文部省（現文部科学省）の管轄下にあり，3歳から5歳児を受け入れている★4。**幼稚園**は，母親が家庭外でフルタイムの仕事をしていない子どもを対象に，社会的，教育的な刺激を与えることを意図している。ほとんどの私立**幼稚園**，公立**幼稚園**のプログラムは一日5時間，あるいはそれ以下である（森上，1993）。

　文部省の監督を受ける一方で，大多数の幼稚園が実際には個人や私立の組織によって経営されている。1994年の統計によれば，42％が公立幼稚園であり，47％が私立の学校法人，5％は宗教法人が経営母体となっており，6％が個人によって運営されている（森上，1996）。また，私立幼稚園は公立幼稚園よりも大規模な傾向にある。1998年の統計では，**幼稚園**に在籍している子どもの79％が私立幼稚園に通っている（森上，1999）。公立幼稚園とは対照的に，私立幼稚園には，4・5歳児クラスだけでなく3歳児クラスも開設している場合

が多い。

　もうひとつの幼児教育施設は**保育園**である。**保育園**は厚生省（注：現在は厚生労働省。本書が執筆された当時は省庁再編の前だったので文中では「厚生省」としている）が管轄し，働く母親の子どもの受け入れを目的としている。**保育園**は6歳以下の子どもを対象として，週6日の全日保育を行っている。歴史的には，**幼稚園**と**保育園**は異なる目的のもとで発展してきた。両者の違いはアメリカにおけるナーザリースクールとチャイルドケアセンターとの歴史的相違に似ている。前者が中流階級を対象とし，子どもに社会的相互作用と認知的刺激を与えることを目的としているのに対し，後者は安全と清潔を重要視している。**保育園**は，保護者に代わって子どもの身のまわりの世話をするという立場から，**幼稚園**に類似した教育志向型プログラムを提供する立場へと発展してきた。**保育園**と**幼稚園**，それぞれに対する文部省と厚生省のガイドラインも類似したものとなっている。**幼稚園**か**保育園**かの選択は，もはや家族の社会的地位とは関連しないと論じている研究者もいるが（Boocock, 1989），**保育園**の主な利用者は低所得家庭や，仕事を持っているため全日保育が必要な少数の女性であると主張する研究者もいる（Shwalb et al., 1992; Tobin et al., 1989）。**保育園**，**幼稚園**以外の3歳未満の子どもを対象とする保育としては，祖父母や無認可の保育施設，ベビーシッターなどがあり，少数の家族がこれらを利用している（Shwalb et al., 1992）。

　幼稚園教諭と**保育士**に要求される教育は類似している。**幼稚園**教諭の大半は短期大学を卒業している。4年制大学を卒業した幼稚園教諭は約11％で，大学院を卒業した幼稚園教諭は1％に満たない（森上, 1999）。また，**保育士**の80％は幼稚園教諭免許を持っている。一般的に幼児教育の専門課程は，一般教育と幼児発達に関して最低6単位，カリキュラムと教授法に関して12単位，保育現場での4週間の教育実習を含む実習科目5単位からなる（Japanese National Committee of OMEP, 1992; Peak, 1992）。アメリカとは異なり，日本の幼稚園教諭には，異業種における同学歴の労働者と同等の給料が支払われている（Center for the Child Care Workforce, 1999; Peak, 1992）。

　一般的に，日本には年齢の若い保育者が多い。1991年の調査では，保育者の39％が25歳未満，同じく39％の保育者が25〜39歳で，40歳以上の保育者

は22％しかいなかった（森上, 1993）。教師の平均勤続年数が短いことの主な理由として，女性は第1子の出産後，仕事を辞めることが社会的に期待されている点が挙げられる（Peak, 1992）。また，日本の教師は，就職してから退職するまで同じ職場にとどまる傾向があり，そのためどのクラスの子どもも一貫した保育が受けられる。一方，年間離職率が31％のアメリカでは，多くの子どもが1年に1回，あるいはそれ以上，保育者の交代を経験する（Whitebook et al., 1998）。

　日本の家庭にとって，保育は概して金銭的負担のかからないものである。なぜなら，保育費の多くが国と地方自治体からの助成金によってまかなわれているからである。大規模クラスもまた費用を低くおさえることにつながっている。**保育園**の人件費は保護者と政府がほぼ均等に負担しており，**保育園**にかかる建設費・改築費・設備費の約75％は国と地方自治体が負担している。一方，これらの法律的な基準を超えて**保育園**を助成している大都市や地方自治体も存在する（Boocock, 1989）。公立・私立**幼稚園**もまた，国や地方自治体からの援助を受けている。保護者は直接園に保育料を支払うが，金額は園によって大きく異なる。たとえば，1997年における私立**幼稚園**の平均保育料（設備費を除く）は，年間259,828円（大まかに計算して2,142ドル）であり，公立**幼稚園**の平均保育料は年間69,842円（大まかに計算して576ドル）であった（森上, 1999）。

多様性の発見

　1992年に筆者が日本の幼児教育に関する研究の準備を始めた時には，すでに日本の教育システムについての詳細な見取り図が，欧米と日本の研究者によって作られていることを感じた。日本の学校教育について受け入れられている事実のひとつは，子どもが年長になるにつれて，カリキュラムは一律なものになっていくという点である。幼稚園の多様性は，国が定めた小学校のカリキュラムに取って代わられるが，それでも地域の小学校には独自の教材を開発し，教授法を工夫する実質的な自由がある。中学校になると，高校受験への圧力の

ために，学校独自の工夫は制約を受けることになる。小学校では好まれることの多い「体験学習」などの構成主義的なアプローチは，より伝統的な講義式の授業形態に取って代わり，それは高校まで続く（LeTendre, 1999）。

　1992年に筆者が調査した資料の多くで多様性が日本の幼児教育を特徴づけていることに同意していたものの，それぞれ異なった教育プログラムを詳細に検討し，分類するような研究はほとんど見つからなかった（数少ない例外のひとつとしてDeCoker, 1993参照）。幼児教育研究における「第一世代」の研究者が掲げた研究目標は，日本人にとって「あたりまえ」とされているタイプの幼稚園について詳しく記述することや，国立幼稚園や，幼稚園から大学まで進学できる「エスカレーター式」のエリート幼稚園の実践を検討することであった（Hendry, 1986; Lewis, 1995; Peak, 1992）。さらに，一部の研究で用いられている文化比較の枠組みは，日本国内に存在する多様性よりも，異文化間における子育てや教育に関する文化規範に焦点をあてたものであった（たとえばTobin et al., 1989）。

　幼稚園の多様性に対する筆者の好奇心は，以前に日本を訪れた際に出会った幼稚園の園長との会話によって刺激を受けたものである。園長たちは**個性化**の理念を理解することが非常に難しいと感じているようだった。**個性化**は，1989年に文部省が改訂した幼稚園教育要領において明示された目標のひとつだった。日本の幼児教育の文脈の中でどう**個性化**の概念を解釈するかに苦心しているという園長たちの話を聞いた時，筆者は園長たちのこうした苦慮が，自己と人間関係についての日本人の見方を理解する上で非常に興味深い機会を提供してくれるのではないかと考えた。日米教育委員会（フルブライト事務局）もまた新しい教育要領の実施に関心を持っており，筆者は6か月間の日本滞在の奨学金を受けることができた。

　滞在の初期，筆者は後に研究プロジェクトの焦点ともなる経験をした。ひどく暑い夏の日，筆者は保育園の園庭に出て，地面に置かれたビニールプールで4歳児のグループがバシャバシャと水遊びをしているのを観察していた。その時，小さい子どもが数人保育室から出てきて，バルコニーから園庭とプールを見下ろしていた。すると，1人の子どもがティッシュの箱を運んできて，同じクラスの子どもといっしょに箱からティッシュを引っ張り出し，バルコニーの

手すり越しに園庭に投げ始めた。この光景を見て，筆者は心得顔でほほえんでしまった。というのも，この出来事は，筆者が毎年「文化と社会的発達」の講義で見せている日本の幼児教育に関するビデオの一場面と非常に似ていたからだった。ビデオでは，子どもがバルコニーからトランプを投げていた時，先生は子どもの行為をやめさせるどころか，それを無視して，静かに床を掃き続けていた（Tobin et al., 1989）。日本の教師は，子どもどうしで問題を解決するよう促したり，さまざまな間接的な手段に訴えることで，子どもに望ましい行動をとるよう教えると考えられており，ビデオの中の出来事は，日本の教師が好む非権威主義的なしつけの代表例として描かれていた。

しかしながら，くすのき保育園の先生の反応はビデオに登場した保育園の先生とは異なるものだった。プールを監視していた背の高い，はつらつとした様子の河村先生は，バルコニーの方をちらっと見上げてティッシュが園庭に漂い落ちてくるのを見ると，プールから飛び出して，急いでティッシュを地面から拾い始めた。そして，「**こら，しないのよ**」と怖い顔でティッシュを落とした子どもを怒鳴りつけた。ぽっちゃりした幼い子どもたちは神妙な表情で先生を見て，保育室へと戻っていった。

この出来事は，その後の目を見張るような経験のまさに幕開けだった。第1章でも述べたように，その後の2週間，筆者はくすのき保育園の河村先生や他の先生が頻繁に子どもを怒鳴ったり，押入れに入れたり，子どもの頭や足を平手でたたいたり，昼寝の時間に騒いだ子どもを一時的に布団に巻き込んでしまったり，生活用品のしまってあるクローゼットに閉じ込めると脅かしたりしている光景を目の当たりにした。また，保育園での観察最終日には，先生が昼食を終えようとしない4歳児の口にうどんを押し込んでいる場面に遭遇した。子どもの口に長い箸でうどんを押し込んだものの，先生が押し込むその端から子どもはうどんを全部吐き出していた。

筆者は教師のこうした権威主義的な行動が，8月のむっとするような暑さに対するストレス反応であるという考えをまず捨て，非日常的ではない，何か一般性のある行動であろうと気が進まないながらも考えようとしていた。しかし，筆者が日本人の友人や同僚にこのエピソードを報告しても，筆者の感じたとまどいほどには驚かれなかった。日本の母親を対象に親業訓練セミナーを開催し

ていた友人は，母親が近所の人に聞かれないように用心して窓を閉めたあと，子どもを怒鳴りつけたり平手でたたいたりする例を知っていると語った。別の女子大学生によれば，ある田舎の幼稚園で教えている友人は，子どもを怒鳴りすぎて時どき声がかれてしまい，かろうじて電話で聞き取れるような声になってしまったという。そして，その友人はついには声帯を治療するために医療休暇を取ったということであった。幼児教育に関する大学院のゼミナールで筆者がこれらの観察結果を報告した際，数人の日本人学生が自分たちの子ども時代の経験を持ち出した。それは自分たちが大人に悪い子と言われて，厳しく叱られた話だった。もちろん，こうした日本人の友人の話や学生の経験談が決定的なデータになるはずもない。けれども，こうした人たちの話は，日本の幼児教育と子育てに関する文化モデルの多様性を追究していけば，新しく興味深い題材が発見できるかもしれないという自信を筆者に与えてくれた。

幼稚園のイメージの把握：研究方法について

　日本での6か月間の滞在期間中に，日本の関西地方にある32の保育現場（27の幼稚園と5つの保育園）で観察とインタビューを行った。施設の選択にあたっては，その地域の大学の教員と私立幼稚園の団体に加盟している園長に支援を依頼した。筆者は都市部と郊外の幼稚園が同数になるように，また日本では多数の子どもが通っている私立幼稚園の方を多く選ぶように依頼した。筆者は典型的と考えられている幼稚園を視察するつもりなのではなく，すべてのタイプの幼稚園に関心があることを強調した。こうして支援を依頼した方々が，幼稚園の園長に連絡を取り，筆者の訪問の詳細を設定してくれた。したがって，観察対象となった幼稚園は無作為抽出によって選ばれたものではないが，異なる教育哲学や指導方法を持つ幼稚園を最も広範囲にわたって選ぶようにした。

　各幼稚園を訪問した際は，大抵の場合，まず園全体を見学し，続いて4歳児クラスを観察した。インタビューと観察の間中，筆者は日本語が母語で，幼児教育か発達心理学を専門とする学生や大学教員に付き添ってもらった。これら

の人々は，教育についての概念や専門用語に精通しているだけでなく，日本語はもちろん，英語にも堪能だった。筆者もある程度は日本語を理解することができたが，観察とインタビューをその場で日本語から英語へ通訳することをこれらの方々にお願いした。また，インタビューはすべてテープに録音し，あとで英語に翻訳した。

　観察中，筆者は施設の特徴を詳細に書きとめ，教師のとった行動や発言を記録し続けた。こうした観察記録は，引き続き行われた幼稚園職員へのインタビューの際に，手がかりとして利用した。すべての幼稚園で，筆者は園長と少なくとも1人の教師にインタビューを行った。インタビューは，なるべくうちとけたものになるように努めた。筆者は会話の流れを組み立てる上で必要な一般的な質問をいくつかしたが，自然な流れの中で適宜質問をしていく方が好ましいので，事前に決めた固定的なインタビューの計画通りには進めなかった。また，筆者は相手ができるだけ会話をリードすることができるように促した。このように，園長や教師が自ら関心のある話題を持ち出すよう促すことで，欧米の幼児教育者が重視しているようなテーマのみに会話が集中することを防ぎ，「エミック（emic）」★5と呼ばれる文化の内側にいる人の観点を把握したかったのである。

　こうした会話を通して，筆者は特に教師と園長の教育目標，つまり幼稚園が達成しようとしている事項について述べてもらうことに関心を持っていた。たとえば，子どもに小学校の勉強の準備をさせることがどれくらい重要なことかと尋ねた。筆者はまた，そうした教育目標を達成するために，幼稚園が用いている指導方法の意味を理解しようとした。時には，会話が，幼稚園での毎日の日課や決められた活動，受け持っている子どもについてなどの具体的な内容に集中することもあった。また，教師はこうした話題以外に，子どもたちどうしや教師と子どもの間でどのような関係を育てようとしているかについても語ってくれた。筆者は，具体的にどのようなしつけを行っているのか，子どもがけんかをした時にはどう対処するのか，どのように子どもの学習意欲を引き出すのか，などといった質問を通して，人と人との関わりに関する，園長らのより掘り下げた考えを引き出そうと試みた。筆者はまた園長に，幼稚園の教育目標の達成を促進する要素についてだけでなく，たとえば財政的困難など，障害と

なっている事項についても尋ねた。

　こうしたインタビューから引き出されたテーマが，筆者が本書で示すデータの核心を成している。これらの文化モデル（言い換えると，信念と実践の集まり）は，日本において大人になるということの意味や本質を反映している。また，園長と教師は，以下に挙げたような，筆者のさまざまな実存的問いに対して見解を述べてくれた。子どもの本質とは何であり，自己の意味は何なのか。本質的な自己はどの程度存在するのだろうか。それはどの程度社会的環境によって，また社会的環境の中で形成されるのだろうか。自己と家庭，仲間，幼稚園などの集団との関係の本質は何か。二十一世紀の日本で成功する人物を育成する上で幼稚園の果たす役割は何か。さらに，より深く園長に自らの考えを語ってもらうために，筆者は3つの幼稚園（2つの私立幼稚園と1つの公立幼稚園）をそれぞれ1週間ずつ再訪問した。各幼稚園で，教師や管理職，英語や体操などの特別なプログラムを担当する教員への追加のインタビューを折り込みながら，一日の大半を4歳児クラスの観察に費やした。こうした観察の一環として，筆者は発表会の練習や遠足にも参加し，さらに登，降園時の保護者の様子を観察した。このような広範な観察を通して，それぞれの現場で教職員が語った教育哲学が実際にどのように実践されているのかを理解するようにした。

　それでは，膨大な時間を費やして記録し，文字に起こして何百ページにもなった会話と観察の結果をどのように分析し，まとめたらよいのだろうか。筆者はこれらのデータの中に，ヴァルシナーとリトヴィノヴィク（Valsiner & Litvinovic, 1996）が「規則に従った異種混交」と特徴づけたものを見出そうとした。言い換えるならば，筆者は幼稚園間に見られる多様性，すなわち異種性を探り当てようとしたのである。しかし，物事の意味や実践は1人の個人によって新たに構成されるのではなく，むしろ行為者の地域社会を通して発達するものである。したがって，筆者は文化モデルがどのように，誰によって共有されるのかを理解し，文化モデルのパターンや特有の文化モデルを記述したいと考えた。こうした文化モデルのパターンの探究が，信念と実践を結びつけている「規則」を発見する道であった。

　こうした研究目的を達成するために，筆者は，教育学を専攻する博士課程在籍のバイリンガルの日本人学生に依頼してインタビューをすべて翻訳してもら

った。その際，子育てと教育に関する概念を表す日本語の語彙は，対応する英語訳とともにそのまま表示した。また，インタビューの内容にカテゴリー名（たとえば，目標，活動，教師―子ども関係，しつけ，親の役割，個人主義と集団適応性）をつけることができるようなコーディングシステムを開発した。

分析の最終段階ではさまざまな作業を行った。まず，各カテゴリーに関連する会話をすべて分析し，同一カテゴリー内に存在する多様性を検討した。次に，それぞれのカテゴリーの内容が各幼稚園でどの程度当てはまるかを検討するために，すべての会話記録とフィールドノートを再度見直した。そして，それぞれのカテゴリーで明らかになった点を，幼稚園ごとに一覧表にまとめた。これらの段階を経て，混在する複数の文化モデルが，教師や園長によって共有されているのではないかという前述の仮説が裏付けられていった。また，こうした文化モデルのまとまりは，キーワードで表されることが多かった。たとえば「子どもの弱点を強化する」という目標は，個人に焦点をあてた指導方法よりも，むしろ集団に対する直接的な指導を好む園長によって掲げられる。また筆者は，保護者や親業セミナーの講師，心理学や幼児教育学の大学教員などの日本人の情報提供者に非公式なインタビューを行ったが，そこで用いるために，いくつかの幼稚園に関する簡単な事例研究を書いた。フィールドノートや幼稚園からもらった書類など（教育課程案内，園だより，宣伝パンフレット）と同様，これらの情報提供者の反応やコメントは，筆者がデータをよりよく理解するのに大いに役立った。

本書ではインタビューの翻訳をそのまま引用している。キーワードについては，日本語の原語もカッコ書きで示した★6。また，冗長，あるいは不明確な叙述を削除したことを示すために，省略記号を用いた。本書のところどころで，筆者のフィールドノートを引用しているが，筆者が引用し，記述する人名や幼稚園，保育園の名称はすべて仮名を使用している。

【第2章・注】

★1 （訳注）アメリカのキンダーガーテン（kindergarten）は幼稚園と訳されることが多いが，日本の幼稚園とは異なり，小学校に設置される1年課程の，小学校の準備学級としての色合いが強い施設である。日本の幼稚園制度との混同を避けるため，ここではキンダーガーテンとしておく。

★2 （訳注）個人の家庭で少人数の子どもを保育する保育形態。日本では「家庭的保育」「保育ママ」と呼ばれる。アメリカでは「ファミリーデイケア」と呼ばれ，州の免許や民間団体の認定を受けている場合とそうでない場合があり，保育の質には幅がある。

★3 （訳注）おおむね日本の保育園に対応する施設。★4（原注）も参照のこと。

★4 （原注）日本の幼稚園という用語を，特に日本人は英語でキンダーガーテン（kindergarten）と訳すことが多い。しかし，筆者はプリスクール（preschool）と訳すことを選んだ。なぜならば，幼稚園はアメリカのキンダーガーテンのように小学校の一部であることはほとんどないからである。また，アメリカのプリスクールのように，幼稚園は3・4・5歳児を受け入れている。日本の子どもは6歳で小学校に入学し，1年生になる。厚生省の管轄下にある保育プログラム（保育園）を記述する際には，筆者はチャイルドケアセンター（child care center）という用語を選んだ。ホイクショという言い方もあるが，筆者がインタビューした人はその言い方はしていなかった。

（訳者による補足）本章ではこの他にナーザリースクール（nursery school）という用語も出てくる。英和辞典には保育園という訳語が当てられているが，実際には日本の幼稚園に近いものであり，現在ではプリスクールと呼ばれることが多い。

★5 （訳注）エミックとは，機能面を重視する観点のこと。人類学などで用いられる時には，内部の人間による説明の枠組みを指す。

★6 （訳注）本書では，そうした単語やフレーズは太字で強調した。

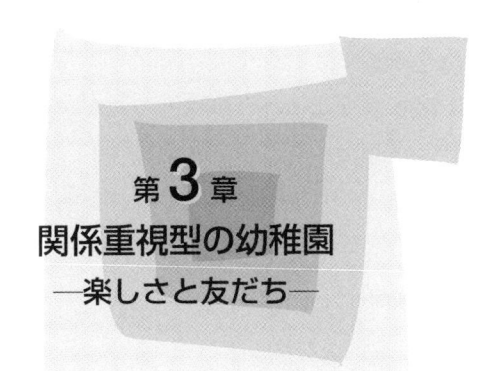

第3章
関係重視型の幼稚園
―楽しさと友だち―

さくらんぼ幼稚園の肖像

まだ12月4日だったが，さくらんぼ幼稚園はクリスマス準備の真最中だった。子ねこ組では，子どもたちが工作用紙にクリスマスツリーの絵を貼り付けていた。「クリスマスツリーを黒い紙に貼ったら，好きなように飾ってね」と先生は3歳児たちに説明する。その間，4歳児クラスもその日の制作活動を行っていた。先生は男の子にトナカイの顔の絵を，女の子にサンタクロースの絵を配っている。子どもはそれぞれ目，鼻，口を作るために工作用紙をもう1枚受け取る。紙はそれぞれの形に切り抜かれ，顔の上に糊で貼られるのだった。先生は大きな目を描くお手本を示しながら，「大きな目でも，小さな目でも好きなのを描いていいわよ。先生のサンタさんのお鼻はこんな感じです。……大きくて丸いでしょう」。

5歳児クラスでは，制作はかなり複雑なものとなる。とら組の子どもたちは，注意深くキリスト誕生の場面の仕上げ方の説明を先生から聞いている。それは子どもたち一人ひとりがこれまで折り紙で作ってきたもので，この制作には数日がかかっていた。子どもたちはまず折り紙で人物と納屋の動物の作り方を学び，それから（実際に開くドアのついた）馬小屋と，馬小屋の両側の2つの小さな建物の作り方を学んできた。今日の制作の目標は，馬小屋の屋根につける十字架を切り抜き，折って作ることである。次に子どもたちは人物，動物，建物を糊で黒い工作用紙に貼りつけていく。先生は縦2インチ（約5cm）横1インチ（約2.5cm）ほどしかない金色の紙片を掲げて見せる。そしてそれを十字架の形に折る前にどのように切るのか，お手本を見せる。さくらんぼ幼稚園の他の先生と同様，この先生も制作の細かい部分は子どもたちに自由に作らせている。「十字架の形を作るやり方はいくつかあります。好きなやり方を考えてね。描きたかったら

紙に線を描いてもいいです」。

　こうした制作に加え，先生は子どもたちのためにクリスマス会の準備をしていた。クリスマス会で子どもたちはケーキを食べ，**幼稚園の教職員からプレゼントをもらう**。その後，子どもたちは町の中心にあるコンサートホールまで人形劇を観に行き，保護者に向けてクリスマス発表会を行う。発表会では合奏や合唱があり，マーチングバンドが目玉になっている。

　なぜさくらんぼ幼稚園はクリスマスの行事に全力をあげるのだろうか？　ここはキリスト教の幼稚園なのだろうか？「いいえ，違います」と園長の近藤先生は強く否定した。「私たちは宗教的活動をしているのではありません。クリスマスは楽しみの時間なのです」。クリスマスの活動は，この幼稚園の教育目標に直接結びつくものである。さくらんぼ幼稚園の教育目標の第一は，子どもたちが集団活動に参加することで得られる楽しさに気づくのを助けることである。幼稚園のパンフレットには「さくらんぼ幼稚園の教育課題は，子どもがわくわくし，胸を躍らせている様子を見守り，それをサポートすることです」とある。さくらんぼ幼稚園のような関係重視型幼稚園では，子どもが集団生活に喜んで参加できるよう準備するという目標に，3つの本質的な経験を重視することで迫っている。それは第一に楽しむこと，第二に規則的な活動を学ぶこと，第三に他の子どもとの友情を育むこと，である。

　関係重視型幼稚園のプログラムの特徴について説明するために，さくらんぼ幼稚園のことを詳しく見ていくことにしよう。さくらんぼ幼稚園は1950年代初頭，大都会の中心部にある古い住宅街の一角に建てられた。この幼稚園には主に勤労者階級の家庭の子どもたちが通っていた。園児の父親のほとんどは小規模な自営業を営んでいる。コンビニエンスストアや地元の商店で働いている母親もいる。専門職についている父親もおり，大企業の中間管理職が2人ほどと，医者が1人か2人いる。園長の近藤先生は，園児の保護者の多くもまたさくらんぼ幼稚園の卒園児であることを誇りにしている。

　幼稚園には，5歳児用が3つ，4歳児用が2つ，3歳児用が2つ，合わせて7つの保育室がある。狭い園庭にはすべり台がついた大きな3階建ての固定遊具があり，中ではままごとをすることができるようになっている。子どもたちは屋外でボールやフラフープ，竹馬や縄跳び，バケツとシャベルを使って砂遊びな

どをすることができる。さくらんぼ幼稚園やその他の関係重視型幼稚園の保育室の装飾や備品はかなり画一化されている。通常は床の大部分を4～6人の子どもが座るテーブルが占めている。多くの幼稚園では，お遊戯や合奏など一斉活動の際には，テーブルは簡単に折りたたんでかたづけられる。すべての保育室にはピアノかオルガンがあり，先生は上手に歌の伴奏を弾き，また保育室での（活動の）転換を和音を弾いて合図する。壁には通常，季節のテーマに沿って先生が作った絵や工作が飾られている。漫画風の動物の装飾は非常に一般的である。多くの幼稚園では，保育室の少なくともひとつの壁は子どもの誕生月を表す装飾に使われている。たとえばさくらんぼ幼稚園では，4歳児クラスの先生は12両編成の列車を描き，それぞれの車両に月の名前を貼っていた。かわいらしく擬人化されたリスやウサギ，シカがそれぞれの車両に座っていて，その月に誕生日を迎える子どもの名前が**ひらがな**で動物の上に書かれていた。

　アメリカの大部分の保育室に比べると，関係重視型幼稚園の遊具は比較的少ない。大部分の保育室には，木製の，あるいはレゴタイプのブロックが入ったカゴが2つか3つと，人形やぬいぐるみのカゴが1つあるだけだった。本棚のある幼稚園もいくつかあった。大部分の幼稚園で，子どもは自由遊びの時に使う基本的な工作道具を入れる小さな箱を持っていた。保育室の教材は，目につく棚ではなく，見えないところにしまわれる傾向がある。けれども時どき，特に寒さや雨のため屋外に出られない場合には，そういった教材が自由遊びの時間に持ち出されることもあった。

◆―楽しく，幸せな雰囲気づくり

　さくらんぼ幼稚園のカリキュラムを支配する文化モデルを詳しく見てみよう。園の主要な目標は，わくわくするような楽しい経験を作り出すことだった。この目標を達成するひとつの方法は，明るく幸せな雰囲気を保つことである。壁の装飾からパンフレットや親への連絡帳に至るまで，幼稚園で使うものは楽しそうな森の動物の絵であふれている。幼稚園の宣伝用パンフレットには子どもの笑っている写真がたくさん使われており，「幼稚園はお友だちといっしょですごく楽しい」というような吹き出しがしばしばつけられている。多くの社

会で幼児期は無垢であることや優しさ，陽気さと結びついているが，日本の保育室ではそのことに対してとりわけ強い努力がはらわれている。

　楽しく遊ぶことは，関係重視型幼稚園で毎年計画されるたくさんの特別な行事の中でも強調されている。さくらんぼ幼稚園のクリスマス行事はその一例である。日本の幼稚園の教師がどれほど子どものために思い出に残る経験をつくり出そうとしているかは，別の私立幼稚園を訪問した際のフィールドノートからもわかるだろう。

　　クリスマス会の日，子どもたちは先生が一人ひとりのために焼いておいたケーキに飾りつけをさせてもらっている。子どもは一度に2人ずつ「サンタさんの仕事場」に連れていかれ，そこで小さいサンタクロースの人形，蔦（つた）とクリスマスツリーの砂糖菓子，色つきキャンディーを5つのお皿から選んで自分のケーキに飾る。飾りつけられたケーキは透明のラップに包まれ，赤いリボンで飾られた。先生が組み立てて色を塗った木製の背景の前に，子どもの似顔絵がケーキとともに置かれている。背景には雪の積もった木と小人が描かれている。

　　ケーキの飾りつけのあと，先生が子どものためにクリスマスの劇を演じる。そして，「サンタクロースの使い」がアイスクリームのコーンを持って登場する。活動的なゲームとクリスマスの音楽に合わせた踊りが一通り終わると，プレゼントの時間がやってくる。それぞれの子どもは10枚のチケットをもらう。チケットには小さい絵が描いてあり，幼稚園の中で贈り物の見つかる場所が示されている。子どもはそれぞれの場所に行き，チケットを先生に渡して贈り物をもらう。たとえばある場所では，子どものために大きなクリスマスツリーに小さな電球を飾りつけてある。子どもたちは1時間ほどかけて大急ぎで10か所を回って贈り物を集め，先生お手製の，お祭り用に飾られたバッグに入れていく。このあとに保護者とともに終業式が行われ，冬休みが始まる。

　関係重視型幼稚園で「親の会」の母親たちと話していると，こういった特別な行事がいかに大事なものなのかということに気づかされる。母親たちが筆者にアメリカの幼稚園ではどんな祝日を祝うのか尋ねたが，筆者は，特定の宗教や民族を優遇することを避けるため，幼稚園ではほとんどの祝日はお祝いしないのだと答えた。すると，明らかにがっかりした空気が部屋に流れた。しばしの沈黙のあと，ある母親に尋ねられた。「子どもは何を楽しみにしていたらいいのでしょう？」。筆者は何とか自分の考えを伝えようとした。質の高いアメリカの幼稚園では，興味深い経験とプロジェクトを毎日少しずつ発展させてい

第3章 関係重視型の幼稚園―楽しさと友だち―

くのだが，日本の場合は普段のどちらかといえば控えめな出来事と，特別な日のきわめて洗練された活動の間でめりはりのある循環があるように思える，といったことを伝えようとしたのだった。けれどもそれでは日本の幼稚園の普段の生活が，アメリカの幼稚園ほど楽しいものではないということになってしまいそうだったし，逆に母親たちは「儀式の乏しい」文化（Tsuda, 1994）の中でアメリカの幼稚園児が育つことに憐れみの感情を持って会合を終えることになるのではないかということが心配だった。

さくらんぼ幼稚園の先生が子どもの行動を管理するスタイルは，幼稚園を子どもにとって楽しくわくわくするような場所にするという全体的な目標に対応している。教師は権威主義的な統制をつとめて避け，子どもどうしで注意させあったり，そばから見守ったり，子どもの悪さを控えめに注意したりするような，間接的な方法を取っていた。先生たちは子どもの機嫌がよくなかったり一日中つまらなそうにしていたりというような警告のサインに気を配り，問題が起こるのを未然に防ごうとしていた。さくらんぼ幼稚園のある先生は次のように言っていた。

> 私には毎日の保育計画がありますが，その最初の段階は観察をすることです。子どもが朝登園してきた時，家庭での出来事によって子どもが楽しそうにしているかどうか，落ち込んでいないかどうか，子どもをよく観察します。元気がない子どもとは話すようにしています。また，子どもの顔色も観察するようにし，もし具合が悪そうならば，その日はその子どもに特に注意をはらうようにしています。

多くの場合，子どもの間違った行動は単純に無視されるだけである。たとえばある雨の日の午後，筆者はのぞみ幼稚園の4歳児クラスで過ごしていた。子どもたちは一日中屋内で過ごしていて，落ち着かなかった。先生は保護者の前で翌週に演じることになっている人形劇の練習をさせようとしたが，子どもたちはあまり集中しなかった。一通り演じたあと，先生は子どもたちを床に座らせた。クラスにはカズくんという子どもがいた。体が大きく，非常に活発な男の子で，軽度の知的障害の子どもだった。カズくんは落ち着かない様子で部屋の隅を行ったり来たりしていた。先生はカズくんに先生の膝のところにきて座るように言った。カズくんはその通りにしたが，先生の顔を嬉しそうに3, 4

回たたいた。先生は何も言わなかったが，（たたかれないように）カズくんの手をつかんだ。その間に他の子どもたちはうるさくおしゃべりを始めた。先生は何人かの子どもの名前を呼び，静かにするように言った。比較的静かになったので，先生は「先生がお話してもいいですか」と言い，何人かの子どもが「はい，いいです」と返事をした。そうするうちにカズくんは先生の膝からずり落ちて，ゴミ箱の方へ行き，床に中身をどさっと空けた。先生はカズくんのあとについて行き，ゴミを拾った。「この次は，他のグループさんに練習してもらいますね」と先生は続けた。「今日よりも上手にやりましょうね。ねずみさんたち（劇中のキャラクター）が出てくるところを覚えておいてね。そうしたら，この次はもっと上手にできるわよ」。何人かの子どもはうなずき，他の子どもたちは掲示板から紙をはがしているカズくんを見ていた。午後の間中先生が腹を立てたように見えた場面は一度もなく，その後のインタビューでも，先生は，かなり障害がある男児も含めた32名のクラスを運営していくことについて，特別の困難はないと明言していた。

　先生はカズくんの破壊的な行動を無視しながら，いくつかの方法を用いて集団の残りの子どもたちに秩序をもたらすようにしていた。楽しく魅力のある経験をさせる上で重要なのは，統制を維持することである。そうすることで，子どもと直接ぶつかったり子どもの意図に反することなく，活動が保証されるのである。これまでピーク（Peak, 1991）やルイス（Lewis, 1995）によって，日本の教師が子どもから好ましい行動を引き出すために用いる巧みな方法が紹介されてきた。その中には，子どものしていることが望ましいものかどうかもまだはっきりしないうちから，時には子どもがよい意図を持ってそれをやっているとみなすことがあるということも含まれている。東（1994a）は**いい子**アイデンティティによる意図的な社会化の過程について述べている。「子どもに『自分はいい子だ』と思い込ませ，『いい子だからこうしなければ』という自己規制力がはたらくのを期待する」(p. 65)。以下に引用する4歳児クラスの教師の話を聞くと，**いい子**アイデンティティがどのように強化されるのかがよくわかる。その先生は，子どもがその時点で実際にはあまり努力をしていないような時でも子どもの努力を誉めると話している。

第3章　関係重視型の幼稚園―楽しさと友だち―

もしも子どもたちが（要求された）活動を拒んだら、「がんばって作ったものを先生に見せて」というように子どもに話しかけ、励まそうとします。そうすれば、子どもたちはその活動を終わりまでやることは承知しないとしても、少なくとも「やってみる」と言うかもしれません。

子どもの間違った行動を無視することで、他の子どもが同じことをするのを奨励することになると思った時には、先生たちはより強力な方法で介入していた。たとえば杉の子幼稚園の主任の先生は、おやつの時間にある男の子がもっと牛乳を飲みたいと言い張った時のことについて話してくれた。先生がダメだと言うと、その子どもはコップをたたいてミルクをこぼし、さらに怒って泣き出した。主任の先生によると、教職員の対応は次のようなものだった。

私たちはその子どもを職員室に連れて行き、その子がしたことについて話をし、他の子どもにもとても迷惑をかけたことを説明しました。そして先生だけでなく、クラスのお友だちにも謝るように言いました。けれどもすぐにその子はまた同じことをくり返しました。注意してもすぐに行儀よくなるわけではありません。注意し続ける必要があります。他の子どもたちはその子どもの間違った行動に対する先生の反応を見ています。もし先生が間違った行動を無視し、何もしないとしたら、他の子どもたちはそのような間違った行動が許されていると結論づけることになるでしょう。

先生たちは、間違った行動をする子どもが他の子どもの悪いお手本になることを時どき心配しながらも、仲間遊びの中で子どもが社会的ルールを学ぶことに大きな期待を寄せていた。さくらんぼ幼稚園の先生はいじめを防ぐために注意深く子どもを観察していたが、多少はいざこざが起こることを期待し、子どもどうしでけんかを解決することも重要な学習体験になると感じていた（Tobin et al., 1989 も参照）。風の子幼稚園の副園長はこのことをとても率直に述べている。

もし先生が3歳児を叱ったとしても、子どもはなぜ先生に叱られたのかは理解できないでしょう。けれども、何でも自分のしたいことをすれば他の子どもから受け入れられないことは理解できます。結局、子どもはみんな他の子どもといっしょに遊びたいのです。ですから子どもは集団の中で行動の仕方を学ぶのです。

この先生は主として、子どもが遊びの邪魔をしたり、そうでなくても困らせ

たり迷惑をかけたりする時に、他の子どもたちが否定的な反応をするという事実に言及している。筆者の観察でも、ほとんどの子どもたちは、園の規則を守らなければならないということをはっきりと理解しているようだった。そしてそのため、子どもたちが何かルール違反を見た場合には、それが他の誰かに迷惑をかけていてもいなくても、それを大声で告げていた。たとえばある日、わかば幼稚園で昼食の時間が終わりに近づいた頃、大きなお弁当を食べている大きな男の子に、小さな男の子がオムレツの最後のひとくちを分けてくれないかと頼んでいた。大きな男の子は少し考えて分けてあげることにした。けれどもその会話を偶然耳にした3人目の男の子が、食べ物を分けるのはいけないと言った。その後先生が男の子たちのそばにやってきてルールを確認し、どの子も自分のお弁当を食べなくてはいけないと話した。

ルールを守るために子どもどうしの関係が利用される状況は、その他にも、当番の場面では頻繁に現れる。当番を割り当てられた子どもは保育室の掃除の監督をしたり、お弁当を前に「いただきます」とクラスの前に立って言ったり、その他諸々のささやかな責任を負わされる。こうした実践は小学校に入っても行われ、先生が教室にいない時には、当番はクラスのルールを守らせるためにより多くの責任を負う（Lewis, 1995）。子どもたちはまた、みなが学校にきれいなハンカチを持ってきているかを調べるというような仕事もする。こうした実践では管理の責任が教師の手を離れていくことになるのかもしれないが、アメリカ人の観察者の中には、子どもたちに非常に多くの責任を負わせるこうしたやり方に居心地の悪さを感じる者もいる（Lewis, 1995）。興味深いことに、筆者が観察した関係重視型幼稚園の園長の中にも両義的な感情を持つ人たちがいた。たとえば、わかば幼稚園の園長は、子どもが先生と結託してクラスメートのことを報告するのを期待するような行為は、何かやってはいけないことをする時に子どもどうしが感じる親近感を犠牲にすることになっているように感じていた。

　　子どもがさまざまな遊びをしている時には、ストレスを感じずにすみます。さらに、仲間といっしょに何かを作ったり、何か隠しごとをしたりする時の感覚を仲間と共有します。「**すねに傷を持つ**」（文字通り「足に傷がある」）という日本語がありますが、これはやましい気持ちや罪の感情を表現する言葉です。今の子どもたちはそのような共有さ

れた罪の感覚を持っていません。私が子どもの頃は、この地域には畑と田んぼがありました。私は友だちといっしょに苺や西瓜を盗んだりもしました。私たちは「盗みをしている」ことを理解しており、罪の感覚を共有していました。このことで私たちは仮面を外すことができました。今の子どもはそのような経験がなく、そのせいで自分自身の仮面を外すことができません。これは強さであると同時に非常に深刻な弱点でもあります。

　関係重視型幼稚園の非権威主義的な統制の構造は、他の日本の組織にも共通して見られるものである。教師が権威を振りかざすのを控え、子ども自身に権力の多くを移行するこうしたやり方は、日本の企業やその他の社会的組織でもしばしば観察される構造に似ている。ローレン（T. P. Rohlen）は、このことを権力の「多中心主義」システムと呼び、権威主義的な権力の行使とは区別している。後者は儒教的な階層の原理に影響された制度から直接派生したものである。「……日本人は自らの考え方を中国人のものとは区別しているようである。日本人にあっては、権力は入れ替わり可能で、拡散しており、中心は空虚なのである」（Rohlen, 1989, p. 18）。ローレンは、権威主義的な統制と「中心が空虚」な統制という2つのタイプの統制は今なお日本に存在しているが、後者がより一般的になりつつあると述べている[★1]。子どもの行動をより権威主義的に統制している幼稚園については、次の章で詳しく述べる。

◆──勤勉に規則正しく働く習慣の奨励

　さくらんぼ幼稚園の教師によれば、子どもたちは集団の中で、課題を達成するのに必要な行動の仕方を学ばなければならない。制作活動のような毎日の構造化された活動の間、教師たちは、作業を開始する前によく考え、注意深く素材を扱い、制作を最後まで完成させるよう子どもを励ましていた。同時に、与えられた共通の枠組みの中で子どもたちがそれぞれ選択する自由も認めようとしていた。こうした活動は、自己表現と楽しさを犠牲にしないようにしながら、子どもが技能を習得していけるように工夫されたものだった。それぞれの教師が作成する毎日の保育計画には、こうした目的の二重性がよく現れている。たとえば、さくらんぼ幼稚園のクリスマスの制作活動で、子ねこ組の指導案に書かれた目標は次のようなものだった。①楽しく作業をする、②のりを使いすぎ

ないようにする，③作業を開始する前に注意深く話を聞く，の3点である。帰りの時間の目標は「子どもが明日も幼稚園に来ることが楽しみになるような雰囲気をつくる」ことだった。くま組の指導案では以下のような目標が述べられていた。①手際よく作業するよう励ます，②作りたいものを作るためにさまざまな種類の紙を使う，③それぞれの子どもが自分のペースで作業することを認めるが，早すぎたり遅すぎたりする子どもを無視してグループ全体の作業が進んでいかないよう注意する。

　さくらんぼ幼稚園の教師はまた，構造化された制作活動以外の日常生活でも，子どもたちが日常生活の決まった手順に従い，規則正しい習慣を身につける能力を育むようにしていた。たとえば，子どもたちはみな正しくお弁当の包みをほどいて机に置く方法を学んでいた。まずランチョンマットを広げる。右側の角に水筒を置き，その横に箸を置く。そしてお弁当箱からふたを外す。みなが準備をして「いただきます」の挨拶をするまでは，つまみ食いをしないで待つ。

　日常の生活習慣を強調することは，関係重視型幼稚園の特徴というよりも，むしろ日本の幼稚園全般に特徴的な習慣であるように思われる。子どもの探索や発見，自己表現などをより強調する子ども重視型幼稚園でも，教師は子どもに適切な生活習慣と日常の決まった手順を教えることが重要であると感じていた。ある子ども重視型幼稚園では，子どもたちは家庭と幼稚園の行き帰りに着る服と，幼稚園内で着る別の服を持っていた。子どもは家で通園用の服を着て，幼稚園では「体操服」に着替え，家に帰る前にまた通園用の服に着替え，おそらく家庭では遊び着に着替えているのだろう。先生になぜ幼稚園での生活のおよそ20％もの時間を着替えることに費やしているのかと尋ねたところ，次のように答えてくれた。この活動はいつもこの幼稚園で必要とされてきたが，設定された取り組みを減らした結果，この活動の目的も変化してきたのだという。かつては，自分で服を着替えることができるようにするのが目標だったが，今はその同じ行動が「子どもが楽しい生活を送ることができるよう援助する」という目標に変わった。ある先生は以下のように詳しく説明してくれた。

　　（制服に着替えさせる）目的のひとつは，子どもが服のボタンを留めることを学ぶことです。また，制服を着ることで，子どもは幼稚園に通っていると感じることができます。

……それは幼稚園に来る動機となります。……3番目の理由は、幼稚園の制服はそれほど頻繁に洗濯する必要がないからということです。……服を着替えることを、私たちは訓練的なものと考えてきました。けれども今は、子どもの気持ちに多くの注意をはらっています。そこで今では、（服を着替えることの）より大きな目的は、子どもたちが清潔であることによって心地よい感情を持つことができるようにすることなのです。

　日常生活中の手順の決まった作業を子どもたちに強く指図する取り組みは、小学校でも見られる。たとえばルイス（Lewis, 1995）は次のように記している。「学校は休暇や週末の時間の使い方に関するルールを定めている。たとえば、早起きをし、毎日運動し、ゲームセンターに行かないようにと指導する。学校はまた、生徒の登校の仕方（近隣のグループで歩いて、始業時間前に余裕を持って到着する）も定める。学校が子どもたちの適切な就寝と起床時間を提案し、（登校前の）排便の適切なタイミングを提案することさえある」(p. 142)。中学校では、学校と家庭において、より多くの行動が厳しく管理される。ファ

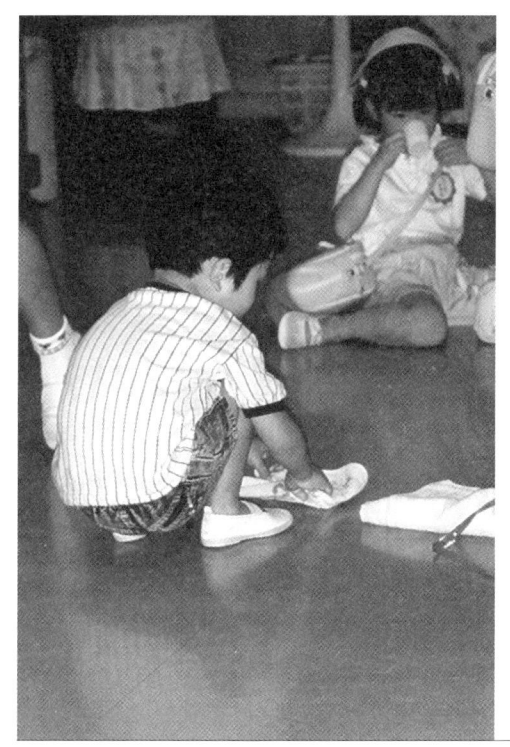

降園前にタオルを丁寧にたたんで通園カバンにかたづける4歳児。

イラー（Feiler, 1991）は，ある中学校が修学旅行で東京ディズニーランドに行く前に行った練習風景をこう記している。

> 学校は，200人の生徒をチャーターした5台の大型バスに分乗させる，ということをはじめとするあらゆる混乱の可能性を考えていた。とりわけ学校はこのバスの問題を重視し，旅行の前日，教師たちは体育館に椅子をバスの座席のように並べ，生徒たちに整然とバスに出入りする練習をさせた。このリハーサルのあと，今度は，ホイッスルの合図で，クラスの記念写真のために整列する練習が行なわれた（邦訳 p. 234）。

通常の決まった手順と習慣へのこだわりは，日本の多くの組織に浸透しているようである。ただしこれらの決まった手順の教えられ方，強化のされ方は場所によって異なる。関係重視型幼稚園では，決まった手順を守れなかったことによる否定的な結果を強調するよりも，むしろそれぞれの子どもが決まった手順を守ることによって得られる報酬を示すことの方を重視していた。一方，役割重視型幼稚園では，自己鍛錬の必要性が意図的に強調され，集団のルールに従うという目的のために多少の苦しさに耐えることは人格形成につながると考えられている。

◆─ 子どもが社会的関係を築く能力の育成

関係重視型幼稚園の教師は，集団の中でうまくやれるかどうかは協調性や共感性，いっしょに遊ぶ能力などの社会的技能の獲得しだいであると強調していた。さくらんぼ幼稚園の3歳児クラスの先生は，自由遊びの目的が仲間関係をよくする機会を子どもに与えることであると話してくれた。

> 私は子どもを他の子どもと遊ばせるようにしています。けれども，たとえば砂遊びでは子どもはひとりで遊びがちです。私はひとりで遊ぶことにならないようにし，子どもたちがいっしょに遊ぶようはたらきかけます。こうした経験を通じて，3歳児は遊びの中にもある種のルールがあることを学ぶのです。……子どもたちはしてはいけないことを学び，また自分の行動が他の子どもの気持ちを傷つけてしまうことがあることも学ぶのです。

他の関係重視型幼稚園もまた，他者と親密で強固な関係を築く能力を学ぶこ

との重要性を強調していた。筆者が小さな私立幼稚園の園長に，その園全体の哲学について尋ねたところ，その園長は他者に対する感受性の獲得を強調していた。

> 私たちは何よりもまず，子どもたちが健康であってほしいと願っています。友だちをつくることも大切です。私は子どもたちに毎日の生活で起こっていることを観察しなさいと言っています。見ることと観察することは違います。もし母親が子どもといっしょに何かを観察すれば，「このお花きれいね」などと言うことで同じ気持ちを分かち合えます。そうした感受性や洞察力が重要なのです。同じことは聞くことについても当てはまります。私たちは子どもに幼稚園の中でこうした奥深いことがらについて考えるように言っているのです。

さくらんぼ幼稚園の先生たちと同様，この園長も，観察することのような非言語的な技能が，良好な人間関係を築く上で重要であると言っていた。この幼稚園のプログラムは子どもたちの言語能力を向上させること，とりわけ理解言語の能力を向上させることも非常に重視していた。園長の言葉を借りれば「豊かな言葉にふれることで子どもの感受性を伸ばす」のである。週に3回，クラスではNHKラジオの15分間のお話の番組を聞く。先生はその後，子どもに物語中の出来事を要約させたりしながら，その物語についての話し合いへと導いていく。それに加えて，先生はアンデルセンやイソップ，グリム兄弟などの童話を子どもに読み聞かせ，物語に対する子どもの反応を引き出そうとする。とりわけ「作者が言おうとしたことを知る」ようにさせる。自分の考えや感情を言葉で表現することを奨励する子ども重視型幼稚園とは違い，この幼稚園では，コミュニケーション活動を通して話し手の考えや感情を理解する能力を育むことに重点を置いていた。

◆──個人主義と社会的関係との緊張

さくらんぼ幼稚園では，子どもたちが独自の個性を持つことは認めながらも，教師は，常に集団生活の技能や日常の決まった手順を教えようとしていた。他の関係重視型幼稚園では，個性化の問題はあまり重要であるとはみなされていなかった。たとえば，松葉幼稚園の園長は，次のように述べている。「私たち

は個性化を特に強調していません。そのような点については，それぞれの先生の裁量にゆだねています」。けれどもほとんどの幼稚園では，個人を尊重することと，他者を思いやり，集団生活のリズムに合わせることを奨励するという2つの目標の追求に否定的ではなく，前向きに取り組んでいた。このような教師たちの苦心は，時として，ひとつの幼稚園の職員間に意見の相違を引き起こすこともある。たとえば以下は，郊外の裕福な地域にある私立幼稚園である風の子幼稚園の園長と副園長との対話である。

> 副園長：この幼稚園の主要な目標は，社会に適応できる個人をつくり出すことです。
> 園　長：私たちは人に迷惑をかけない個人を育てたいのです。
> 副園長：問題はひとつではありません。私たちは子どもに何が反社会的行動かを指摘します。……でも，子どもたちに好きなことを見つけることができるよう，できる限り多様な機会を与えたいとも考えているのです。

インタビューの別の部分で聞いた風の子幼稚園の副園長の話は，2つの目標のバランスを取ることの難しさを反映していた。

> それぞれの子どもの特徴を認めてやることは大切です。しかし，グループの中で個々人がよい関係を維持することの大切さを教えることもまた大事なことなのです。先生たちの中には個性の大切さを無視してすべての子どもに同じ活動をすることを強制する人がいます。また，はみ出す子どもをそのままにしておくような先生もいます。これらの2つの要素のバランスを取ることが一番難しい課題なのです。

園長の中には，個性の重視という文部省の呼びかけに同意し，その方向に自信を持って進む人もいたが，こうした理念をどのように実現するかという点について確信が持てない様子の園長もおり，先生たちにそれがよい考えであると説明することが困難であると語っていた。このような多少の当惑は，どんぐり幼稚園でもはっきりと見られた。どんぐり幼稚園は大都市のすぐ南側の高台にある公立幼稚園で，コンクリートの集合住宅が水田や小さな果樹園に混じって立ち並んでいた。園長は個性化が強調されている現在を，幼稚園での一日が今よりずっと構造化されていたかつての時代と対比させながら語っている。

私たちは実際に子どもたちを教育してきました。今では「支援する」とか「援助する」という言葉の方が頻繁に使われています。かつて私たちはこういう歌詞の歌を歌っていました。「すずめの学校の先生は　ムチをふりふり　ちーぱっぱ」（と、園長はメロディを口ずさむ）。けれども教育は「誰が生徒か先生か」（と歌う）というふうに変わりました。……この幼稚園は子どもの絵画制作で評判でした。今は変わりましたが、6、7年前までは、私たちの幼稚園から美術コンテストの受賞者が多数出ていました。けれども今は、子ども自身が喜んで絵を描こうとしているかどうかを私たちは知ろうとしています。

午後遅くにこの園長が多目的室に案内してくれた。部屋には園を訪れる保護者向けに子どもの作品が展示されていた。大きな部屋の中には、さまざまな種類の作品が注意深くテーブルに並べられていた。園長は小さなきのこの焼き物が置いてあるテーブルの前で立ち止まった。どれも色つきの斑点が描かれた傘が円柱状の柄の上にのっており、みな同じように見えた。唯一の違いは斑点の大きさと色だった。園長は溜息をつき、こう語った。

このクラスの制作はみな似ているでしょう。1人の子どもが何かを作ると、他の子どもがそれをまねしてしまうからです。別のクラスの作品はもっと創造性に富んでいます。担任の先生が若く、子どもが作りたいものを作るように励ますからです。年輩の先生だと、子どもは「これでいい？　これでいい？」と聞いてきます。子どもにパターンを教え、すべての子どもに同じ物を作らせるようにする方が先生にとっては簡単なことです。この先生は子どもの創造性を引き出すためにもっと努力しなければいけません。この先生は子どもの個性のことを考えているとはいえません。

結　論：集団主義の多様な様相

　関係重視型幼稚園の特徴は、キム（Kim, 1994）のいう「関係モード」として特徴づけることができるだろう。「関係モード」は「思考や観念や感情が集団内のメンバー間で自由に流通する、浸透性のある境界であり、集団のメンバーによって共有される関係に焦点をあてるものである」（p. 34）。関係モードでは、個人は他者が感じていることや考えていることを自らも感じ、考えることができなくてはならない。また、進んでそれを取り入れ、他者の望みをかな

え，目標を実現するようにしなければならない。つまり，関係的モデルが強調しているのは，「同じであること（sameness）」よりもむしろ「ひとつになること（oneness）」なのである。

　関係重視型幼稚園の「ひとつになること」という目標は，個人の発達よりも社会的目標を優先する点に明瞭に現れている。たしかにこうした幼稚園の教職員も，「子どもの長所を生かして」とか「子どもの個性を発見する」といったある種の自己志向的目標を認めている。しかしこれらの目標は，常に他の子どもとの友情や集団生活への参加の楽しさを学ぶこととの間でバランスを保つべきものとして，あるいはそれに奉仕すべきものとして語られる。まず教職員は子どもに身につけてほしいと望んでいる特性の手本となっていた。教職員は子どもが経験していることを，さまざまな感覚を通じて感じ，理解しようとしていることを強調する。それは言語的やりとりを通してだけでなく，継続的な注意深い観察によって実現される。2つの幼稚園のクリスマス会の例からわかるように，関係重視型幼稚園の教師は，子どもにとってただ楽しいだけでなく，本当に思い出に残る環境をつくることに，しばしば極端なまでに努力を傾ける。こうした社会化の実践に伴う情緒的な色合い，つまり，明るく，楽しく，非権威的な雰囲気づくりは，子どもが集団生活に参加することが楽しく報われるものであることだと感じられることを意図して計画されたものだった。教師にとっては，子どもが無理矢理やらされているというのではなく，喜んで参加しているということが重要なのである。教職員が「ひとつになること」を達成するもうひとつの方法は，行動上の決まった手順を利用して子どもたちの行動を揃えていくことである。それは制作活動の指導法から個人の所持品を管理する方法にまで及んでいる。

　したがってこれは集団主義の一形態であるといえるだろう。それは，共感や個人間の同調の結果生じる心理的親密さを重視する。それは他者の幸福に誠実に献身することをよりどころとするが，同時に個人に報酬をもたらすものでもある。それは，言語的コミュニケーション，注意深い観察，他者の活動に自分の活動を調和させることなど，自己の持つあらゆる方法を通して他者の考えや感情を理解することによって達成される。

第**3**章　関係重視型の幼稚園─楽しさと友だち─

【第3章・注】

★1　（原注）ローレン（Rohlen, 1989）は以下のようにコメントしている。「戦前の統治に比べると，戦後のシステムにおける中央の権威や特権はそれほど強いものではない。これは2つの基本的な要因の反映であろう。ひとつは，敗戦と占領により独裁的な体制が信頼を失ったこと，もうひとつは，経済的な成功によって社会的な統合が進んだことである。このように中心部が開放され続ける中で，言うならば，参与する諸勢力の間のダイナミックな交代の機会が大変に大きくなってきた。空間として考えてみるならば，中央が開放されていることは創造力の源泉となる。ちょうど幼稚園の保育室で，日々の日課がうまく設定され，愛着の度合いが高ければそうした場になるように」（p. 39）。

第4章
役割重視型の幼稚園
―アメとムチ―

　亜沙子の両親が郊外に引越しすることを決めた時、菊地家では、亜沙子と弟が小学校入学後に受けるであろう教育的な圧力に備えるための最善策について話し合われた。菊地氏が新しい町で小さな自動車用品店を始めたことで家族は幸せだったが、夫妻は子どもの将来にとってよりよいものを強く望んでいた。そこで4歳児に漢字の読みを教えている幼稚園があるということを聞き、夫妻は亜沙子をその幼稚園に入園させることに決めたのだった。入園手続きの日、夫人は亜沙子が確実に入園できるよう午前5時に起き、雨の中、幼稚園の門の外に並ぶ母親たちの小グループに加わった。夫人の努力が実を結び、亜沙子はたけのこ幼稚園に入園することができた。それからひと月もたたないうちに、その町の2つの小さな幼稚園が入園者の減少のために閉鎖されたことが新聞に載ったが、夫人は特に驚きはしなかった。こうした勤労者階級の地域で上昇志向を持つ親の大半は、菊地夫妻のように子どもが小学校の勉強で幸先のよいスタートを切ることができるようにしたいと望んでおり、たけのこ幼稚園はそうした要求に完璧に応えているように思われた。他の幼稚園は一日中子どもを自由に遊ばせており、それがどうして小学校への就学を準備することになるというのだろう？

　菊地家は架空の家族だが、たけのこ幼稚園は実在している。たけのこ幼稚園のようなタイプの幼稚園は文部省（現文部科学省）の役人にとって悩みの種となっている。教育で高い成果をあげることが日本では重視されていることを考慮するならば、幼稚園がある種の親たちにとっては高校受験への長い準備期間のスタート地点とみなされることは避けられないだろう。しかも高校受験は大学入学と後の雇用機会を決定するものなのだからなおさらである。日本の教育者の多くは、親の期待に応えて本格的に学校の勉強の指導をする幼稚園が増えていると見ている。こうした傾向を押しとどめようとして、文部省の最新の幼

CONTESTED CHILDHOOD

稚園教育要領では，カリキュラムの基礎は授業ではなく，遊びであるべきだと明記している（Ishigaki, 1991, 1992）。しかし文部省の指導にも関わらず，読み書きや算数の早期教育を行う幼稚園はかなりの数にのぼる。そうした幼稚園の園長は，公然と（軽蔑的ではないにしても）文部省を批判し，教育要領の中身など知らないと断言する園長もいるほどである。そうした幼稚園では，読み書きや算数の学習に加え，子どもたちは英語，芸術，茶道，体操，剣道，日本舞踊などの授業も受けている。

　本章では，学校的な勉強を重視する3つの私立幼稚園に焦点をあてていく。これらは宗教と関連のない幼稚園であるが，筆者の調査対象となった幼稚園にはこの他に役割重視型幼稚園が3園あり，いずれも仏教系幼稚園であった。これら仏教系の役割重視型幼稚園については第7章で詳しく述べる。さて，こうした勉強重視の幼稚園が全体としてどの程度広がっているのかを知ることは難しい。地域の私立幼稚園連盟の会員である園長によれば，私立幼稚園の約30％が勉強重視のカリキュラムを採用しているという（平岡氏とのインタビュー，1994年12月6日）。この数字はこうした幼稚園の実際の影響力を過小に評価している可能性がある。なぜならば，勉強重視の幼稚園は大規模である傾向があり，したがって私立幼稚園に通っている子どもの中で，こうした教育を受けている割合はもっと高いと考えられるからである。

たけのこ幼稚園の典型的な一日

　たけのこ幼稚園は核家族世帯の多い新興住宅地にある。町の商業施設は駅に隣接しており，住宅地からは離れている。商業地域と住宅地域が混在した大都会では商品が店の外まであふれ，歩行者や自転車でごった返しているが，この町の住宅街は通りも静かで幅の広い歩道は閑散としており，その様子は対照的である。幼稚園は新しい2階建ての建物で，にぎやかな色で鮮やかに塗装されている。大きな窓が床から天井まで伸び，梅雨の時期でもたくさんの光が差し込むようになっている。園庭は広く，よく手入れされた庭園に隣接している。

第 **4** 章　役割重視型の幼稚園―アメとムチ―

　たけのこ幼稚園の子どもたちは，午前9時から午後2時まで教師が指導する構造化された活動に参加する。間に1時間の昼食休憩と30分の自由遊びの時間がある。4歳児の普段の一日のスケジュールは以下の通りである。

9:00	登園
9:00 – 9:30	体操の指導
9:30 – 9:45	集会とグループ活動
9:45 – 10:00	クラスの集まり：歌，発声練習，詩とことわざの暗唱
10:00 – 10:15	そろばんを用いた算数の指導
10:15 – 10:30	**漢字**の読みの指導
10:30 – 11:05	**ひらがな**の書き方の指導（専門の先生による）
11:05 – 11:12	自由にお絵かき
11:12 – 11:25	パターンブロックを用いた記憶の訓練
11:25 – 12:30	昼食
12:30 – 1:00	自由遊び
1:00 – 1:45	先生による読み聞かせ
1:45 – 2:00	降園の準備
2:00	降園

　このスケジュールは，クラスが大規模な演奏の練習をする時には変更されることもある。体操や書き方などの特別な授業は，英語や美術，合唱，合奏などと交代で週に1度行われる。また保護者は，自由遊びの時間に行われる茶道や武道，絵画のような追加の授業に子どもを参加させることもできる。

たけのこ幼稚園の教育哲学

　たけのこ幼稚園の園長である高田先生は，子どもは勤勉さと自信と能力とを持つことによって，暮らしの中で自らの役割を果たすことができるよう育てられるべきである，という確信を持っている。高田園長は伝統的な日本の**職人**の

イメージを用いながら，与えられた役割に献身するという考え方を説明してくれた。職人（典型的には庭師や大工，寿司職人など）は，日本の社会で尊敬される役割を担っている。職人が自分の作品にひたすら身を捧げるという美徳は，多くの日本人に純粋で尊敬されるべきものとみなされている。職人は簡素で率直であり，その無口な物腰は，皮相なものや不誠実なものはいかなるものも慎もうという態度を表している。高田園長は，幼稚園の子どもたちがこの困難な，けれども名誉ある生き方を引き受けていくのに必要な集中力と自己鍛錬の能力を発達させることを願っていた。役割への献身に強く焦点をあてていることから，これらの幼稚園を筆者は「役割重視型」幼稚園と名づけることにする★1。

高田園長は苦心しながら，職人が集団に合わせて自己の独自性を消してしまうような体制順応主義者ではないことを説明してくれた。高田園長は，役割に自らを同一化することが**個性**を維持することと矛盾しないと信じていた。

> 私たちは人々の間に調和（**和**）の感覚をつくり出す必要があります。それは，単純な一致（**同**）ではありません。調和があれば，私たちは話し合うことができますが，個々人のアイデンティティは保たれます。一致では，私たちは重なり合う部分が多くなりすぎ，混ざり合ってしまいます。同意は疑いとともに存在するのです。調和を得るためには，私たちは自らに課された役割について明確に理解し，それを受け入れる必要があります。自分が誰であるのかをはっきりと理解していれば，他の人といっしょに何か新しいものをつくり出すことができるでしょうが，自分が誰であるのかよくわかっていなければ，他の人と協力し合うことはできないのではないでしょうか。……私たちは，職業に対する責任と，技能に対する誇りを強く持った，伝統的な職人の感覚を取り戻さなければなりません。……**職人気質**を持つことはよいことです。自分たちなりの道を見つけ，その道を進むには強さが必要なのです。

高田園長は，自らの役割についての認識が，どのようにして自己認識（単なる適切な行動ではなく）を導くのかをくり返し強調していた。また教師たちに，自分のアイデンティティや感情をよく理解することによって，自らの役割を引き受けることができることを納得させようとしていた。「先生は自分自身の感情を知らなくてはいけません。もし自分が穏やかな感情を持っているならば，その感情は子どもに届くことでしょう。言葉の背後にある感情が重要なのです」。言い換えるならば，自己と役割は葛藤するものではなく，混ざり合い，調和すべきものなのである。

第4章　役割重視型の幼稚園—アメとムチ—

　高田園長は，自分が認められたいという教師の欲求を削ぎ，そのかわり他者の貢献を評価することに注意を向けさせようとしていた。園長は，「日の当たらない」ところで働くとしても，そこで自分の役割をきちんと果たすことの大切さを強調していた。すぐに働きが認められる日の当たる場所ではなく，舞台裏で自分の役割を果たすことこそが重要なのである。

> 私たちがここでよく言うのは，何も言わずに他人を助けることが重要であるということです。そうすることで，私たちの心は澄んだものになります。このようにすることによって，子どもたちは親に感謝し，他の人のために行動するようになるでしょう。このことは目に見えないところで行われ，他人を助けることの意義を深く学ぶ助けとなります。たとえばゴミの収集をする人たちは陰で一生懸命働いています。ゴミの収集をする人たちは「陰に隠れて」いて，私たちの目には見えないかもしれません。けれどもこのような人々は非常に大切なのです。仏教には「自らの足下を見つめよ」という言葉があります。あなたの足の裏側，つまり陰になっていて見えない部分こそが重要であるということです。そこが強くなければ立つことができないからです。最近の人は光の当たっている明るい部分ばかりを見たがります。私たちは表に現れていないものを感じ取り，また他の人に見られていなくても物事を行わなければなりません。見えている部分だけを意識してはいけません。

　高田園長の言う役割の義務と個人の自発性の相互関係について，デヴォス（DeVos, 1996）は次のように記している。

> 日本では，子どもたちはその場での満足を先延ばしにすることを徐々に学んでいく。同時に，集団について明確に描かれた未来像を共有することにより，子どもたちは将来社会的・職業的に習熟することで満足感が得られることに気づき，社会的な目的を持つことも学んでいくのである。このような未来志向の熟達が意味するのは，日本人の自己の発達は明確に規定された自分の社会的役割の枠内で起こるということである。子どもは葛藤を避けるために単に受け身でいるよう教えられるのではなく，将来行使することになる能動的な力が自分の中にあることを感じ取るように教えられる。外から見える行動は従順なだけであるように見えるが，その時でさえ内面では自らを能動的にコントロールする能力を高めようと努力しているのである（強調原文のまま）(p. 62)。

　勉強重視の幼稚園の園長は，今日の青年が物質主義的になり，甘やかされ，個人主義的になっていると考えていた。そして，そのことが原因となって日本人は弱体化し，世界の中での影響力も弱まりつつあると信じていた。ある園長

によれば,「第二次世界大戦後,日本人は自由だけを追い求めるという間違いを犯しました。私たちは自由には厳しい側面があるということを正しく理解してきませんでした。自由は簡単なものではないのです」。高田園長によれば,人が自らの役割に求められる要求を満たすことを学ぶためには,多大な努力と自己鍛錬が必要なのである。成功は社会が命ずる規則を受動的に受け入れるだけで簡単に達成されるものではない。役割が命ずる責任に積極的に身を捧げることによってのみ個人は強くなることができるのである。

教育理論

　役割重視型幼稚園のクラス担任の教師は,**漢字**,算数,音楽を幼稚園で教える方法を長期間にわたって訓練されている。**漢字**の再認のためにたけのこ幼稚園が実施している方法は,高田園長によって開発されたものだった。高田園長は,アメリカの教育者であるグレン・ドーマン(Glen Doman)★2や,日本の教育者鈴木鎮一★3,石井勲★4の理論を少しずつ取り入れながら,自らの指導法を編み出してきた。高田園長は,幼稚園向けの学習教材を専門に扱っている出版社が開発した教科書を用いていた。基本的な方法は,子どもが興味を持つような楽しい物語の中に,重要な語彙を盛り込んでいくことだった。物語を聞かせながらそこに出てくる言葉を**漢字**で提示し,最終的には文脈的な手がかりを除いていく。以下は4歳児クラスで筆者が観察した授業の記録である。

> 担任の佐藤先生の前で,子どもたちは床に座っている。佐藤先生は黒板に**ひらがな**で今週のお話の題名を書く。その下に先生は**紙芝居**をテープで貼っていった。そして先生は何も見ずに語り始める。物語はお化けの楽団とその冒険についての陽気な話である。先生がお化けによって異なる声色を使い,子どもの目をのぞき込みながら語るうちに,話は劇的になり,わくわくするものになっていく。先生は重要な言葉が出てくると,**漢字**で言葉が書かれたカードを取り出し,それを黒板にテープで貼る。クラスの子どもたちは同じ物語(とそれに付随する**漢字**)を1週間毎日聞くので,水曜日になれば,物語の中の出来事を予想して,先生より先に話し出す。子どもたちは漢字に興味を持っているように見え,授業についていった。物語が終わるまでに黒板には20個の**漢字**が貼られた。

第4章　役割重視型の幼稚園―アメとムチ―

先生は**紙芝居**をかたづけ，長い指示棒を使ってそれぞれの漢字を指す。先生はそれを読み，子どもたちにくり返すように求める。それから先生は5つの漢字を残してすべてかたづけ，物語について質問する。子どもたちは答えるために手を挙げる。先生が1人の女の子を当てる。その子は黒板の前に出てきて，先生の質問への答えとして漢字を1つ選ぶ。女の子はクラスの子どもたちの方を向き，「あってますか？」と聞く。正解だと思う子どもたちは手で頭の上に大きなマルを作り，間違っていると思う子どもたちは腕を交差させ，頭の上にバツ印を作る。「間違ってるね」と先生が言い，その子どもは自分の席へ走って戻る。2番目に男の子が出てきてカードを選び，再び正解かどうかを尋ね，子どもたちが反応する。2番目の子どもも不正解だったが，3番目の子どもが正解のカードを選んだ。

このやりとりはさらに5分間続いた。先生はリラックスし，微笑んでいる。子どもが間違った場合にはやんわりと反応して子どもを励まし，正解した場合は子どもを「すごい！　やったね」と手短かにほめる。

セッションの終わりに，先生は，形が似ていて子どもが迷いそうな2つの漢字のカードを選ぶ。先生は1枚のカードを背中に回して持ち，もう1枚を子どもたちに見せる。先

フラッシュカードを用いて4歳児のクラスで漢字を教える先生。

*実際は，先生が持っているカードには園児の名前が書かれてあるのだが，個人名のため本書では名前部分を削除している。

生は子どもに正しい言葉をくり返させてから、もう1枚のカードと入れ替えて同じことをくり返す。先生はその日の授業で子どもたちがよくできたことをほめ、授業が終わる。

　たけのこ幼稚園では、楽しい物語を聞かせ、意味のある文脈の中で**漢字**を教えることを重視していたが、他の幼稚園では意味的に関連のない**漢字**を覚えるためにフラッシュカードを用いているところもあった。このように教え方は多少異なっているが、これらの幼稚園の園長はみな学習に関する文化モデルを多数共有しており、そうした文化モデルは幼稚園の教育実践に反映されていた。その中には、子どもの弱点を正しく評価し、それを克服すること、子どもの好みは重要視しないこと、先生の知識や経験の方が上位にあることを認め、それとは異なる子どもの意見は重視しないこと、性格を強化し改善するために厳しい訓練に耐えるよう子どもに要求すること、などが含まれている。

◆──はっきりとした評価を与えることと弱点の克服

　たけのこ幼稚園の先生は、子どもの応答が正確かどうか明確なフィードバックを与える。筆者が見学した**漢字**の授業では、仲間の子どもたちもその子どもが先生の質問に正しく答えたかどうかを手の動作で教えていた。評価は読み書きなどの教科学習的な内容についてだけでなく、音楽や美術の授業でも行われていた。たとえば**ピアニカ**の授業では、4歳児クラスの久保先生が評価と賞賛と批評とを組み合わせていた。

> 「自分たちのよくないところに注意しながら聞きましょう。さぁ、いっしょにやってみましょう。私が手でリズムをとりますから、それを心で感じながら演奏しましょう。みんな同じようにやりましょうね。先生の心とあなたたちの心をいっしょにしなければいけません」。クラスの子どもたちはもう一度曲を演奏し、今度は先生がそれぞれの子どもの演奏を直しながら部屋の中を歩く。3度目の演奏では、「音が大きすぎるので、音を小さくしましょう」とグループ全体にコメントをする。1人の子どもが先生の合図なしに音を鳴らすと、先生は「勝手なことをする人にピアニカはいりません」とその子どもを叱り、取り上げるような身振りをする。けれども先生はすぐに優しくなり、子どもたちの前に戻る。子どもたちはさらに何曲か演奏する。子どもたちはだんだんに落ち着かなくなる。先生は子どもたちに「**すごい、よくできましたね**」と言ってその授業を終わる。

　この例の中で、先生は子どもたちに自分自身の演奏を評価し、その「弱点」

を克服する責任を負うようにはたらきかけている。先生はまた，子どもたちの**心**と先生の**心**を調和させ，共感するよう子どもたちに促していた。レブラ（Lebra, 1992）は，利己的で私的な自己と，集団で調和的に活動をする時に必要とされる公的な自己とを結びつけるため，共感的な感情を意識的に高めることが日本人に共通する方略であると論じている。

◆――個人の好みは重視しない

　役割重視型幼稚園に共通するのは，子どもがすでに気に入っている活動にばかり参加するのでなく，もっと多くの経験をすべきであるという考え方である。関係重視型幼稚園の園長は子どもの長所を伸ばすことを強調する傾向があったが，役割重視型幼稚園の園長は子どもの弱点を強くすることに，より多くの関心をはらい，子どもたちの知識の隙間を埋めようとしていた。

> 多くの人々は，私が個性を重視していないと言って批判します。もし子どもが絵を描くことが好きならば，子どもはそうすることを選ぶでしょう。けれども絵を描く以外に他に何もしないのは非常によくないことです。子どもは，まずしっかりとした基礎を築くべきであり，その上で，それぞれ固有の性格が育っていくのです。エネルギーと忍耐が養われるべきなのです。……私たちのモットーは，子どもたちは何でも好きになるべきであるということです。たしかに私は，子どもが（すでに）気に入っている領域を強化することも教育であると考えていますが，好きではないことを克服するのを助けることの方が，真の意味での教育であると信じています。……集団は個々の子どもが好きではないことを克服する助けとなるのです。

　この園長は，子どもの弱点を強くすることと，指導を集団の文脈に位置づけることとを結びつけて考えていた。園長は，文部省のいう個別化した指導は子どもが狭い幅で考え行動することにつながると考え，そうした指導法に移行することを拒否していた。園長は集団志向を持つ教育に強く賛同していた。

> 私たちの基本的な原則は集団教育です。先生が個々の子どもを伸ばすのではなく，子どもは集団から学ぶのです。したがってよい集団づくりが私たちの教育にとって**本質的な課題**となります。よい集団からよい個人が育つのです。

CONTESTED CHILDHOOD

　このように集団志向の教育を強調することから，集団の経験を構成する上で教師が突出した役割を果たすことになるのは自然なことである。たけのこ幼稚園で書き方を専門に教える先生は，指示した正確な時間の中で子どもたちに文字を書かせるようにしており，そのことによって子どもたちの経験をコントロールしようとした。先生は次のような理由から子どもが自由に文字を書くことを許さなかった。

> 私の教え方では，学習の遅い子どもでもついてくることができます。3歳児は能力のレベルに差がありますが，4歳までにはみな同じレベルになります。もし，私が子どもたちに自由に書かせていたならば，能力の低い子どもは落ちこぼれてしまうことになるでしょう。

　関係重視型幼稚園でも子どもたちは新しい活動に取り組み，新しい技能を学ぶことが奨励されていた。けれども教師主導の学習活動に参加させられる時間ははるかに少なく，関係重視型幼稚園で目標とされていたのは，ハサミの使い方や時間の効率的な使い方を覚えるといった，少数の基本的技能を習得することだった。役割重視型幼稚園のカリキュラムはもっと野心に満ちており，子どもはそれぞれの領域で実際に能力を向上させることが期待されていた。もうひとつの違いは，関係重視型幼稚園では，活動をできるだけ楽しい雰囲気の中で行わせるようにしているという点であった。子どもは参加を強いられるというよりは，むしろその活動に誘い込まれていた。役割重視型幼稚園では，園長は純粋な楽しみにはほとんど時間を割かず，真剣で活気にあふれた雰囲気のもとで，焦点となる学習を行うことを重視していた。

◆――挑戦，あるいは困難な状況をつくり出すこと

　文部省の教育要領に示されている原則のひとつに，幼稚園の環境は子どもが自信を持って自分自身を表現できるよう，温かで支持的なものであるべきであるというものがある。この原則は関係重視型幼稚園の園長の多くから支持されていた。ある園長は，自分が幼稚園につくり出そうとしている雰囲気を**のびのび**，あるいは「のんびりした」という言葉で特徴づけていた。学習活動を重視

第4章 役割重視型の幼稚園——アメとムチ——

する幼稚園では，この**のびのび**原則が貫かれているようには見えなかった。ここまで見てきたように，たけのこ幼稚園の子どもたちは，長時間座っていることや，個人が選んだ活動よりも教師から指示された活動を行うことが期待されていた。子どもたちはまた，マラソンで体を鍛えたり，障害物のコースを走ったり，その他子どもにとってはかなり厳しい課題に挑戦させられていた。A市にある大規模な役割重視型幼稚園でも，たけのこ幼稚園と同じように，子どもたちには非常に多くの体を使った課題が課されていた。たとえば毎年恒例の3日間の旅行では，子どもは「危険がいっぱいの荒野に連れていかれ……そこで子どもたちは川を渡り，急勾配の山を登る」のである。この幼稚園の園長は，なぜ幼稚園で困難に耐える経験が必要なのか，また**やさしい**幼稚園との考え方の違いがどこにあるのかを次のように説明する。

> 今日の裕福で自由な社会は，子どもから自立心を奪っています。子どもの活動に大人が干渉し，子どもを保護することが多すぎます。……日本の幼児教育は大人の視点から子どもを分析する傾向があります。大人が子どもを分析し，保護しようとするのです。……大人は子どもがもともと持っているエネルギーをダメにしています。……（昔は）子どもは親からそれほど世話をやかれないで大きくなりました。周囲の環境は，社会や家庭だけでなく，自然環境という意味でも子どもの成長に見合ったものでした。たとえば厳しい家庭内の労働は子どもにとってはよい環境でしたし，きょうだいがたくさんいることや，貧困，親が子どもにあまり注意を向けないといった厳しい家庭環境は，きょうだいの間に容赦ない競争を引き起こします。親が子どもの世話をすることはあまり多くはありませんでしたが，かわりに豊かな自然がありました。

園長のこうした見方は，自己中心的な子どもが社会的責任を持った大人へと成長するためには，**苦労**した経験が決定的に重要であるという伝統的な考えに根ざしている。子どもは生徒としての役割を学ぶことで何らかの困難な経験をし，その結果人間として成熟することが期待される。コンドウ（Kondo, 1990）は，困難（**苦労**）に耐えることが日本では広く普及した文化モデルとなっていると論じている。

> （成熟した大人になる）過程は厳しいものである。**苦労**に耐えることによってのみ，ごつごつとして未熟な人間は，丸みを帯びた大人になることができるのである。どのような役割であっても，たとえそれが花嫁や母親，労働者などの役割であっても，社会的な役割を遂行する時には**苦労**がついてまわる。大学入試のための「訓練」のさなかにいる

CONTESTED CHILDHOOD

大規模な役割重視型幼稚園で，朝の体操をするために整列する子どもたち。

若者にとっての困難も**苦労**という形をとる。経済的困窮も，あるいは禅の芸術の初心者の努力もそうしたものである（p. 235）。

コンドウが論じるこうした文化モデルが日本社会で重要な役割を果たしてきたことは，歴史的な分析からも明らかである。十七世紀半ばから十九世紀半ばにかけての子育てに関する助言を分析した小嶋（Kojima, 1986b）によれば，十八世紀初頭の段階で，すでに日本の内科医は「3割の空腹と寒さが子どもを健康にする」という中国のことわざを用いているという。さらに，その後の時代でも以下のように考えられていた。「年長の子どもが軽い剥奪と困難にさらされることは，親が子どもを真に思いやってのことであると考えられた。なぜならば，こうした経験により，子どもは大人の役割を果たすことを求められた場合でも，困難に耐えられるようになるからである。先に示したように，子どもが割り当てられた課題を忠実に実行し，一生懸命働くようになることが，訓練と教育の基本的な目標のひとつである」（p. 325）。この引用が明らかにしているように，困難の経験は役割の遂行と明確に結びついている。特別扱いを受け，甘やかされることを子どもが期待しないようにすることで，大人は子どもの能力が，役割の求めるものに耐えられるよう強化するのである。

第4章　役割重視型の幼稚園―アメとムチ―

統制のモデル

　日本では，母親と幼稚園の教師の多くが権威を振りかざすことを避けるとしばしばいわれてきた。子どもが間違った行動をした場合でも，教師はそれを無視したり，同じクラスの子どもによる裁定に頼る傾向がある。深刻なルール違反の場合には，母親や教師は理性的にやさしく，粘り強く説得しようとするかもしれない。母親や教師の目標は，子どもを行動面で大人に従うようにさせることではなく，よい行動をすることが子どもの利益にもなるということを理解できるよう援助することである。ピーク（Peak, 1991）は教師のことを「やさしそうな顔をした軍隊」にたとえていた。教師は子どもの要求に譲歩するように見えるが，実際には時間をかけて優しく子どもを丸め込んでいき，最終的には勝利を収めるのである。多くの日本の教師は子どもに「問題児」のラベルを貼ることを好まず，子どもを孤立させたり叱責したりすることを避ける。欧米の母親と比較した日本の母親の受容性の高さについては，これまでもエスノグラフィー（ある社会的集団の記述）や量的研究が明らかにしてきた（Conroy et al., 1980; Smith & Wiswell, 1982; Vogel, 1996）。

　たけのこ幼稚園の教師も，大抵の場合，強制的な訓練的方法を用いることは避けていた。教師は通常朗らかで笑顔を絶やさず，活気があった。先生たちはきびきびとしたペースを保ち，作業が遅かったりそのプログラムへの参加を渋ったりする子どもを粘り強く励ましながら，非常に組織化されたやり方で教材を提示し，子どもが活動に参加できるようにしていた。しかしながらその一方で，勉強を重視する幼稚園では，子どもは長い時間机の前に座っていることを要求され，自由遊びやおしゃべり，あるいは体を動かす時間をほとんど与えられなかった。そのため，課題自体が子どもにとっては困難なものであった。こうした拘束から，子どもは時どき落ち着かなくなり，反抗的になる。そうした状況では，教師は自分が部屋から出ていくと言ったり，間違った行動をした子どもに部屋から出て行くか，ひとりで座っているように求めたりした。教師が教材を取り上げることもあった。こうした行動は，以下の出来事が示しているように，子どもに強い影響を与えているように思われた。

自由に絵を描く時間のことである。佐藤先生は画用紙を配っている。紙が配られるのを待っている子どもたちがお互いにおしゃべりを始め、騒がしくなる。佐藤先生は子どもたちに静かにするよう注意し、おしゃべりをしている子には画用紙をあげないと言う。数分後子どもたちは絵を描き始めたが、1人の男の子が涙を流しながら静かに机の前に座っている。先生が何があったのかと尋ねると、その男の子の近くの数人の子どもが「画用紙をもらえなかったんだ」と言う。男の子は明らかに自分が罰を受けたと思っているようだった。先生は、それは偶然の出来事で、男の子を罰するつもりではなかったと言う。男の子は何も言わず、鼻をすすり、先生から画用紙を受け取る。

先生が注意をした時に、この男の子がおしゃべりをしていたのかどうかは明らかでない。しかし男の子の反応は、自分が何か悪いことをしたと感じていたのかもしれないことを示唆している。実際におしゃべりをしていたかどうかに関わりなく、先生が子どもたちに画用紙を使わせないつもりはなかったことは、先生の反応からうかがえたが、明らかに男の子は先生のおどしを深刻に受けとめていたのだった。

クラス担任の教師が用いているゆるやかな強制の方法は、たけのこ幼稚園の管理職や専門の科目のみを教えにくる数名の教師が用いる、もっと高圧的で権威主義的な行動とは対照的だった。そうした教師は、秩序を維持するために、監督や体罰、非難、レッテル貼りといった方法を用いていた。こうした方法については、合唱指導を担当している先生についての以下の観察例の中にすべて見ることができる。

音楽を専門とする馬場先生は、月に一度、子どもと先生に合唱の指導をするためにやってくる。私たちが部屋に入った時には、4歳児クラスで馬場先生の授業が始まったところだった。子どもたちは発声練習をしてウォーミングアップをしていた。馬場先生はそれぞれの子どもの前に数秒ずつしゃがみ、表情豊かな顔をさらに大げさに動かして子どもの声を聞きながら、子どもから子どもへと動いていく。先生は教室の前へ大急ぎで走り出て、右耳に手を当て、体を右側に大きく乗り出す。先生は部屋の右側の子どもたちにもっと大きな声で歌うように促す。子どもたちが耳をつんざくような大声で歌うと、先生はふいに左側へと移動し、熱心な指導をくり返す。

私たちが部屋に入ると、馬場先生はこちらをチラっと見る。そして子どもたちに身振りで歌うのをやめるよう合図しながら、少し後ろに下がってこちらにおじぎをする。馬場先生は、私たちに大きな声で、このクラスには「問題児」が4人いると言い、その子どもたちを指差す。先生は子どもたちの名前を幼稚園の管理職の先生から教えられたのだ

第4章　役割重視型の幼稚園—アメとムチ—

と言う。管理職の先生は，これらの園児を**要観察児**であると感じているのだそうだ。馬場先生は4人のうちの1人のところへ走っていき，「この子はやる気がなくて，やる気を持たせるのは大変です。この子を教育することが大事です」と言いながら，その男の子を私の前に引っ張ってくる。馬場先生はその子の方を向き，「そうだよね？」と確認するように言う。男の子は不安そうに移動し，口の中でぶつぶつ言う。馬場先生は男の子をクラスの子どもたちの前に引っ張っていき，腕をつかみ，子どもの指先を伸ばして腕をまっすぐに上げさせる。「こんなふうに『はい！』って言いましょう」と，馬場先生は男の子の腕を上げたまま熱心に叫ぶ。甲高い声で男の子は「はい！」と言う。「ご覧いただいたように」と馬場先生は言う。「私たちは答え方まで子どもたちに教えていかなくてはならないのです」。

それから馬場先生は子どもたちのところへ戻り，男の子と女の子を分ける。馬場先生は女の子たちに座るように言い，男の子たちを保育室の前に並ばせる。「男の子が歌います。誰が一番上手か先生に教えてください」と馬場先生は女の子たちに言う。男の子たちが数小節歌うと先生は歌を止め，手を男の子の頭の上に数秒ずつ置きながら列に沿って歩いていく。先生の手が止まっている間，女の子たちはためらいがちに拍手をする。馬場先生は何人かの男の子を席に戻し，「一番上手です」とほめながら，4人の男の子にそのまま残るように言う。男の子たちは，クラスの子どもたちの前でさらに数小節歌う。

このクラスの授業が終わると，馬場先生はあわただしくもうひとつの4歳児クラスへと走っていく。子どもたちは静かに先生の到着を待ちながら，床に膝をそろえて座っている。先生が入り口までくると，担任の先生がピアノで和音を弾く。その和音は子どもたちがお辞儀をしなくてはならないという合図である。馬場先生はてきぱきとお辞儀をし，不機嫌そうにお辞儀をした子どものところへ大股で歩いて行き，「きちんとお辞儀ができないのなら，出ていきなさい」と言う。馬場先生はその子どもにもう一度お辞儀をするように言い，子どもの頬をぴしゃりとたたく。馬場先生は私たちの方を少し振り向き，「いいクラスの子どもたちには何も言いません」とつけ加えた。子どもたちの方をふり返りながら，馬場先生は「大きくお口を開けてとても上手に歌えたら，写真を撮ってあげますからね」と言う。馬場先生は古いカメラを取り出してかまえる。授業を通じて子どもたちが上達すると，馬場先生は時どき子どもたちの写真を「撮る」。カメラにはフィルムが入っていないことは私たちには明らかだった。

　馬場先生の教育方法の多くが，たけのこ幼稚園の常勤の教師が用いている手法と似たものだった。馬場先生はとてもきちんとし，生き生きとしていて規則正しく，授業によってほとんど変わることなく同じ方法をくり返した。馬場先生は活力にあふれ，劇的な雰囲気をつくり上げていた。それは，教師であり才能ある音楽家としての献身や権威を反映したものだった。馬場先生はまた，子どもの演奏の質について明確な評価を与えていた。こうした教育方法には，子

どもの間違った行動を統制することを目指す，より直接的な一連の方略が伴っていた。その中には，注意深く監督すること，屈辱を与えること，非難すること，恥ずかしい思いをさせること，身体的な罰を与えることなども含まれている。こうした手法は，関係重視型幼稚園で用いられているものとは大きく異なっており，そうした手法を詳細に見ていくことは意義があるだろう。

◆──監督すること，非難すること，恥ずかしい思いをさせること

　音楽の授業や演奏の練習の間，子どもたちの統制を維持するために，馬場先生や他の教師がしばしば用いた方法は，子どもを監督することであった。最も念入りに監督されるのは，トラブルメーカーになる可能性があるとみなされている子どもである。先に引用した観察記録にあったように，幼稚園では各クラスにつき3～4人の「要観察」の子どものリストを持っており，それを馬場先生にも伝えていた。また筆者らが訪問した時には，馬場先生もためらわずに，これらの子どもたちを他の子どもたちの前で公然と指摘していた。このような実践は，関係重視型幼稚園の教師の態度とはまったく異なっている。関係重視型幼稚園の教師は，子どもに「問題がある」というレッテルを貼ることを非常にしぶる（Peak, 1991参照）。

　たけのこ幼稚園で監督の対象となるのは問題のある子どもたちだけではない。高田園長は，先生と園児たちの観察にかなりの時間を費やし，園長の期待に沿わない場合には，その間違いを正していた。副園長も進行中の子どもたちの活動を監視しながら園庭を巡回していた。2人は暗い色の服を着て，笑顔や気軽な会話は控えており，厳格な物腰だった。朝の会と園庭での体操の間，園長たちは列から外れた子どもを列へと引き戻したり，まっすぐ立っていない子どもの肩を軽くたたいたりしながら，園児の列の間を行ったり来たりしていた。子どもたちがそれぞれの保育室に戻ると，部屋の窓からは高田園長の影が見える。園長は各部屋を少しずつのぞき込みながら歩いて行った。

　音楽の練習は，時には2時間ほどもかかることがあった。そうした場合には，園長と副園長のどちらかが子どもたちを静かに集中させるため，子どもの行動を監視し，修正し続けていた。ある練習では，クラス担任の先生が練習のじゃ

まにならないようにしゃがみ込んだり，歌っている子どもの列の間を行き来したりしていた。その間も先生は子どもの姿勢を正し，列を真っ直ぐにし，歌詞を静かに口ずさみ，大げさな身振りでほほえみ，子どもたちがみな同じことをするように監視し続けていた。高田園長もまた，子どもたちの間を回り，おしゃべりをしている子どもの前では人差し指を立てて振り，特に騒がしい子どもについては叱るために部屋から連れ出したりしていた。

　こうした一連の行動は，馬場先生のような一握りの際だって特色ある人物の特徴なのだろうか？　それとも日本における，子育てと教育についての，より一般的な文化モデルを代表するものなのだろうか？　日本では，行動を制御するために，他人（**世間**）が見て判断しているのだという事実に注意を促すことがさまざまな場面で見られる。また，人が見ている前で適切に行動できないことは恥の感情を引き起こす（Clancy, 1986; Lebra, 1992）。教育場面における子どもの監督の例を見てみよう。マウアーと杉本（Mouer & Sugimoto, 1986）は，いくつかの地域の校長が，問題のある生徒のリストをその町の役所に提出している例を報告している。そのリストには，現時点で問題のある**問題児**と，問題児となる可能性のある**問題児予備児**とが分けて記載されていた。さらに，生徒を監督することは，学校内だけでなく学校外についても教師の責任の一部であるとみなされている。高校の教師は，煙草や化粧品を持ってきていないか生徒の鞄を時どき調べ，喫煙の疑いのある生徒にはニコチンテストを実施することさえある（Rohlen, 1983）。

　フクザワ（Fukuzawa, 1994）は，ある中学校で行われた生徒への監督と尋問の様子を，強い説得力を持って描いている。その中学校では，学校内で飴を食べるという禁止行為に対して，教職員が次のように対処していた。問題の発生した学年の生徒全員が，飴を食べたことがあるか，また他の生徒に飴を渡したことがあるかどうかを告白するように求められた。他の生徒に飴を渡したと答えた場合には，その生徒は飴を受け取ったすべての生徒の名前を報告するように言われる。教師はこの情報を，大きな方眼紙上に図示していく。これは，飴を受け取っていながらそのことを告白していない生徒を特定できるようにするためだった。そうした生徒は，生徒指導担当の教師を含む教師集団の前に呼び出され，質問された。喉が痛いので咳止めドロップを持ってきたと理由を説

CONTESTED CHILDHOOD

明した生徒もいたが，そうした生徒も含め，生徒たちは厳しく叱責された。たとえば，女子生徒のグループは生徒指導担当教師から次のように言われていた。「お前たちはいい心と悪い心の両方を持っている。今回お前たちは悪い方の心に耳を傾けたんだ。人殺しも同じように悪い心に従って起こる。お前たちはみんなまだそこまではいってないが，悪い心の芽を育てているようなものだ……。お前らの中にある悪の芽を取り除け。今，お前たちは毎日，いい加減なこと（学校の掃除や委員会活動）ばかりしているんじゃないのか。お前たちは自分のすることに集中していない。そのだらしのないやり方を直せ。先生たちは今日，お前たちのために腹を立てているんだぞ」(p. 316)。

◆――罰すること

　馬場先生が「問題児」の頬をたたいたことは，多くの文献が日本人の幼い子どもに対する寛大で愛情のこもった態度について書いていることを考えると，驚くべきことである。たけのこ幼稚園で筆者が観察していた1週間，子どもを列に並ばせる場合や，悪いことをした子どもを先生がクラスから連れ出そうとする場合に，子どもを手荒く扱う様子を見たことはあったが，子どもがたたかれている事例を見たことはなかった。筆者が訪問した他のほとんどの幼稚園でも，教職員は体罰を用いていなかったか，用いていたとしてもまれであった（第2章で先生が子どもをたたいたり押したりしていた保育園の様子を書いたが，それは例外的なものである）。

　したがって，筆者の観察例から直ちに，幼稚園で体罰が普及していると考えるのは誤りであろう。けれども，体罰は何人かの著者たちが主張するほどにはタブーとなっていないと筆者は推測している。筆者が目の前で保育を観察していた時にも，何人かの教師が子どもを管理し罰するために体罰を用いており，そうした事実は，こうした教師たちが，体罰の禁止が社会的に強く支持されたものであるとは感じていないことを示唆している。50年以上も前に体罰は禁止されたにも関わらず，学年が上がるにつれて，厳しい体罰が広範に行われているようである。日本の中学校で教鞭を取った1年間の自伝的記録の中で，ファイラー（Feiler, 1991）は，学校で教師によって子どもがたたかれる多数の

第4章　役割重視型の幼稚園─アメとムチ─

事例を記している。

> 佐野で私は教師が生徒を長時間床に座らせているところや，悪いことをした生徒の頭をなぐっているところをよく見かけた。ときどき生徒を押したり，蹴ったり，突き飛ばしたりというのは，ごく普通の教師のすることである。しかし，責任ある立場からやさしく注意するのと，真剣のあまり生徒に苦痛を与えてしまうことの間の境界線はしばしばあいまいである。1986年には，日本南部の高校教師が修学旅行に持ってきてはならないヘアドライヤーを持っていた生徒を殴って死なせた有名な事件が起きた。わたしは栃木県で，言うことをきかない生徒をこらしめるために竹の棒を2本，机の下に入れている教師を少なくとも1人，知っている（邦訳p. 219）。

　ファイラー（Feiler, 1991）はまた，日本の教師への調査も引用しているが，その調査では，回答者の4分の3が生徒に体罰を行ったことがあると答えている。

◆─日本の幼稚園における行動統制の方法について考えたこと

　二十世紀を通じて，日本の親の，子どもに対する相対的な厳しさに関しては，相反する記述が見られる。ある観察者たちは，日本の大人が子どもを寛大に扱う様子を記してきた。たとえば，1935年の九州地方のある村落についてのエスノグラフィーの中で，スミスとウィスウェル（Smith & Wiswell, 1982）は次のような観察を報告している。「子どもたちが悪いとはいえない。というのは，子どもたちは，自分たちのやりたいことをするなかで，『だめ』といわれたことがないからだ。まだ赤ん坊のうちから，彼らは泣くことさえも許されない。彼らはすぐに抱き上げられるか，食物を与えれるか，揺らされるか，静かにさせられるからである。少し大きくなると，なにか赤ん坊言葉でしゃべれば，みながその子たちをほめてくれる。もし，その子たちがなにかを望めば，母親はどんなに忙しくても，普通は彼らのためにそれを取ってやる。『お母さん，ここへ来て』と子どもは大声をだし，母親は台所から，彼がなにを望んでいるかを知るためにやってくる」（邦訳p. 427）。

　他方で，親の寛大さは，欧米の個人主義によって比較的最近もたらされたものだと信じている年配の日本人もいる[5]。たしかにこうした見方は，筆者がイ

ンタビューした園長の中でも，特に行動を統制する，より厳しい方法を信奉している何人かの園長の見方とも共通するものである。日本の親が，常にそれほど優しいわけではなかったという印象は，歴史的分析によっても支持されている。歴史家のキャサリン・ウノ（Kathleen Uno, 1991a）によれば，江戸時代の大人は，「子どもを訓練するために我慢強く説得し，おだて，道徳的な説教を行い，無言で手本を示したが，しかしまた叱ったり，体罰を加えたり，暗い蔵や檻のようなところに閉じ込めたり，家の外に締め出したり，極端に手に負えない子どもに対してはお灸をすえるなどの，より過酷な手段も用いていた」（p. 396）。この時代，子どもは何よりもまず**家**にとっての有用性という観点から考えられていた。大人たちは「情緒的になりすぎることは，甘やかしすぎとしつけの緩みをもたらし，結果として，**家**の関心事よりも個人的な要求を優先するわがままな子どもをつくってしまう」（p. 397）と信じていた。

厳格なしつけを行う人間について考える際には，母親の役割だけに焦点をあてることはおそらく誤りであろう。というのも，他の家庭のメンバーも，以前は子育てに関わっていたからである。また，ひとつの地域社会の中で，寛大なスタイルと厳しいスタイルの両方が共存していたかもしれない。もちろん時代によって地域社会の特徴は変化し，2つのスタイルのバランスは異なっていただろう。前に引用した園長の言葉にもあったように，日本の社会がまだ都市化されていなかった時代には，農村の生活の切迫した事情から，子どもは自らに与えられた仕事をこなさなければならなかった。子どもはまた，多くの時間を大人から離れ，仲間の子どもたちと過ごし，仲間集団の「開拓者の正義」に従って暮らしていた。こうした厳しい統制の形態が，母親の相対的でより受容的な行動を相殺することになっていたのかもしれない。さらに，性別によるしつけの厳しさの違いもあるだろう。筆者の観察では，男性の園長の方が女性の園長よりも厳しいしつけを行う傾向があったが，これは現在の男性が（過去においても）女性よりも子どもに厳しいということを示しているのかもしれない。

したがってほとんどの証拠から考えて，日本では多くの子どもたちに対して，**アメとムチ**の両方を組み合わせたしつけが行われていることが示唆される。多くの幼稚園や現代の親が子どもの行動を統制する際に**アメ**の側面を重視しているが，たけのこ幼稚園のようなところでは**ムチ**の要素も明らかに存在する。こ

第**4**章　役割重視型の幼稚園―アメとムチ―

うした厳しい指導法の中心的な要素は，中高生が通う**学習塾**や放課後のスポーツクラブでも確認されてきた。ローレン（Rohlen, 1983）は次のように述べている。「坊主頭，きびしい指導，リーダーの叱咤，厳格な規律，絶えざる挑戦，競争心の強調，コーチのやさしい励ましのことばは，両者に共通するものである」（邦訳 p. 190）。

　たけのこ幼稚園では，教師による比較的寛容なスタイルと，管理職による厳しいアプローチが合体し，強力な統制のシステムがつくり上げられていた。それはアメリカ人には「親切な警官とこわい警官（の組み合わせ）」としておなじみのパターンであった。ル・タンドル（LeTendre, 1996）は，学校における養護教諭の温かさや共感性と，生徒指導主任の厳しい指導とを対比させることで，どのようにこの2つのスタイルが現在の中学校ではたらきあっているかを説明している。養護教諭は次のようにこのシステムを説明する。「生徒指導主任は**厳しい**指導をし，私は**優しい**指導をするのです」。

　結局のところ，アメリカの場合と同様日本でも，体罰のような，行動に依拠する方法の効果は，体罰をする側とされる側の双方にとって，それが何を意味しているかによって違うのである。アメリカの研究論文では，何人かの研究者が，子どもの関心を最大限に生かそうとする指導法を自覚的に考え，そうした理論に基づいて体罰を用いる親と，ストレスや怒りや子どもを侮辱しようという意図から体罰をふるう親とを区別しようとしている（たとえば Baumrind, 1989; Chao, 1994）。日本の家庭や学校で体罰が行われる場合，それはどのような意味を持つのだろうか？　それは「禅の僧侶が若い修行僧に喝を入れている」（Feiler, 1991, 邦訳 p. 46）ことと類似しているのだろうか？　厳しいしつけは長い歴史を持った文化モデルに根ざしており，ある種の日本人によって正当なものであるとみなされていることは明らかである。役割重視型幼稚園の園長との会話から，厳しい方法が複雑なシステムの中の一要素として行われていることが示唆される。したがってそうしたシステムの有効性を理解しようとするならば，特定の要素のみを取り上げてそれを評価するのではなく，システムを全体として研究しなくてはならないだろう。

CONTESTED CHILDHOOD

勉強を重視する幼稚園における緊張，葛藤，反抗

　高田園長が好む比喩は，独り立ちした職人はおいしい寿司を握ったり美しい庭を造るが，それは文化的に受け継がれ，認められた**型**を受け入れることで可能になるというものである。個々の職人はそうした**型**を身につけ，それに従いながら自分のスタイルを完璧にする方法を見出していく。受け入れた形式と自らの見解とを相乗的に融合させていくことが職人の目標であって，一方が他方を支配したり，従属させたりすることが目標なのではない。現実の幼稚園の世界では，こうした融合の試みは複雑で両義性に満ちている。プログラムを作り，改善する理想的な方法としての**型**を，誰が規定するかが問題である。幼児教育のピラミッドの頂点にいる人々（文部省）は，役割重視型幼稚園の園長が持っている価値観から遠ざかりつつある。結果としてこうした保守的な考え方を持つ園長は，皮肉なことに反体制の立場に立ち，大人の権威を尊敬することの復権を目指して破壊活動（！）に従事することになる。高田園長との会話を通じて，園長が現代の日本社会の多くの要素に怒りと不満を感じていることが非常に明確になっていった。高田園長の第一の敵は文部省だった。その理由は，文部省が学校にはたらきかけ，指導を個別化し，創造性と自己表現を育成し，国際的視野を子どもたちに持たせようとしている点にあった。高田園長は，こうした目標は西洋的であると考えており，アメリカの価値を受け容れることによって，日本人は国家のアイデンティティを弱めることになるとして，激しく反発していた。高田園長の意見では，日本社会の最近の問題の多くが伝統的な思想と実践を放棄したことに起因しているのである。

> 私は真の日本の文化を立て直したいと考えています。そのためには日本人としての**一貫性**を見出す必要があります。強固な信仰を持つ文化の中にいれば，強い人生哲学をつくり上げることもできるでしょう。しかし日本人は強い信仰を持っているわけではありません。ですから日本人が尊敬されるためには，**一貫性**を見出す必要があるのです。最近の日本の政治家のような，気の抜けたことはやめるべきです。私たちは強い柱を持つことが必要なのです。

　ここまで見てきたように，高田園長のような役割重視型幼稚園の園長は，文

第4章　役割重視型の幼稚園—アメとムチ—

部省の権威を拒みつつ，一方で教師と園児に対しては，自分たちの権威を強めるように強硬にふるまっている。勉強を重視するこうした幼稚園を観察するうちに，筆者は組織の中にはさまざまな緊張があることに気づいた。そうした緊張は，園長と園児の母親の間の意見の対立や，教職員と園長との不和，教師への園児の隠れた反抗などの形で表面に表れている。

◆—園長と母親の対立

　高田園長は，自分の幼稚園に通う園児の母親のことを強く批判していた。筆者がインタビューをした園長の大半がそうであるように，高田園長は，日本の母親は寛容でありすぎ，子どもに対して無頓着であるか，過保護であるかのいずれかであると確信していた。ある園長は，甘やかされて自己中心的で，不安が強くて適切に子どもを育てられない母親のことを軽蔑していた。別の園長は，父親や祖父母，その他叔父や叔母など拡大家族のメンバーによってかつては行われていた援助や手引きが，今の母親には行われていないことを認めていた。ほとんどすべての園長が，日本の家族の運命に対してとても悲観的だった。

　母親をこのように批判的に見ていることから，園長は母親との間に有意義な協力関係を築くことができるとは思っていないようであり，自分たちの役割と母親の役割が補い合うものであるとはみなしていなかった。ほとんどの園長は，唯一の現実的な解決策は，親を無視し，普段の幼稚園のプログラムによってできる限り深く子どもに影響を与えることであると考えていた★6。次の役割重視型幼稚園の主任の話はその典型である。

> お母さんたちは若く，幼児教育についての情報をたくさん持っています。彼女たちは，自分が最もよいと信じるやり方で子どもを教育したいと思っていますが，そうしたやり方は日本の教室にはうまくなじまないのです。お母さんたちはそれぞれが独自の観点を持っているので，明確な意見の一致がないままにさまざまな要求をしてきます。彼女たちはバイオリンや茶道のような，降園後の習いごとや勉強にはとても熱心ですが，しつけを大事だとはあまり思っていないようです。しつけは幼稚園の先生がするものだと思っているようなのです。お母さんたちは自分自身の生活を楽しみたいと思っていますし，自分の仕事も持っています。ようするに，お母さんたちはしつけがお金で買えると思っているのです。

Contested Childhood

　日本の母親を対象とした調査の結果は，母親は自分の子育ての能力に強い不安を感じているという，園長の認識を裏付けるものが多い（Bornstein et al., 1998; Shand, 1985; Shwalb & Nakazawa, 1999）。子育ては母親がひとりでするものではなく，家庭の責任であるとみなされていた時代であれば，母親は拡大家族から随時サポートを受けることができたが，現在の母親はそうしたサポートを受ける機会を失ってしまった（Uno, 1991a）。しかも生じている問題の中には，家族構造の変化や，父親が子育てに参加する機会を制限している企業のあり方に原因があるものが当然多く含まれているにも関わらず，母親たちは年長者から批判され，自分を責めるように仕向けられている。

　全国紙の1年分のコラムを分析した興味深い研究を読むと，日本の母親が外部の観察者からどのように圧力を受けているのかがよくわかる（McKinstry & McKinstry, 1991）。この研究では，家庭の問題について成人（ほとんどが女性）が書いた180通の手紙と，それに対する5人の主な回答者からの回答が分析された。子どもについて相談を寄せた人は，問題の原因のいくらかが母親にあるとして責められ，独力でその問題を解決するように迫られていた。少年鑑別所で1年間を過ごしたあとも昔の友だちと「ぶらつく」息子についてアドバイスを求めた母親への回答はそのようなものだった。

> 　私は，この少年が学校を出たばかりの若者らしい素直な楽しみを持たずに，そのようなだらしのない生活を送っていることに驚かざるを得ません。あなたのお子さんは，大人の生活に対する信頼を失ってしまったのだと思います。それは，お子さんが中学校での生活に適応しようとしているちょうどその時に，あなたが離婚したことによってお子さんの心に大きな打撃を与えたからではないでしょうか。しかしお子さんはまだ17歳です。希望を持ってもよい年齢です。……あなたのなさったことはお子さんを深く悩ませましたが，あなたの心の深いところには，お子さんと再び生き生きとふれ合うことのできる力が備わっているのです。……そう考えれば，他の誰よりもあなたがこの状況を乗り越える力を持っていると言えるのではないのでしょうか？　……解決のためにはくじけず，疲れたなどと言わないで，お母さんだけが持っている強い愛情を持って，あなたの気持ちがお子さんの心に届くまでがんばりましょう。お子さんの病気には他に薬はないのですよ（McKinstry & McKinstry, 1991, p. 191）。

　アメリカの幼稚園に関する文献でも，幼稚園や保育園の教師は親を批判する傾向があることがしばしば指摘されてきた（たとえばJoffe, 1977; Zinsser,

1991)。そうした傾向は，教職員の社会経済的な地位や学歴が親よりも高い場合に顕著だった（Kontos et al., 1983; Kontos & Wells, 1986）。しかしながら，アメリカにおける幼児教育の現場では，「親教育」といった上から見下ろすような用語から，「親とのパートナーシップ」とか「親をエンパワーする」というような新しい表現へと表現の仕方が徐々に変化してきている（Holloway & Fuller, 1999; Powell, 1994）。日本の幼児教育政策が親の関与について今後どのように移行するのかは興味深い。日本の母親たちも，ささやかにではあるが園長に明らかに挑戦するようになってきているが，プログラムに強い影響を与えるために必要な自信を欠いていることが多いようである。

◆──園長と他の教師との緊張関係

　高田園長と他の教師たちとの関係はどうなのだろうか？　他の私立幼稚園の場合と同様，高田園長も他の幼稚園に勤めていた教師を雇うことを避け，短大を卒業したばかりの若い女性を雇うことを好んだ。このようにするのは，経験のない教師の方が，たけのこ幼稚園の方法を身につけることが容易だからであり，他のシステムになじんだ教師よりも園の方針に従順だからだった。

　たけのこ幼稚園の教師には，管理職から大きな要求がのしかかっていた。筆者が最も多く観察した佐藤先生は，午前7時30分に幼稚園に来て，午後6時まではけっして帰ることはないと語っていた。通常の教師としての仕事に加えて，先生たちはいくつもの雑務を担っていた。たとえばある教師は，その日の新聞記事について先生の間で話し合いを行う際の司会役を毎日務めていた。ほとんどの日本の幼稚園教師がそうであるように，佐藤先生は定期的な掃除ばかりでなく，保育室の壁面の装飾も行わなくてはならなかった。これらの要求される基準に応えられないと，子どもに対して行われるのと同じ種類の非難を受けることになる。音楽の先生がやってくることは，先生たちにとっても特にストレスとなるようだった。

　　練習の終わりが近づくと，馬場先生は，先生に子どもたちが何週間も練習してきた歌を指揮するように言う。先生はピアノを弾き始めたが，数小節演奏したところで，馬場先

生が唐突に演奏をやめるよう合図をする。私の方を見て、馬場先生は大きな声で言う。「この先生は才能はありますが、とても気が弱くて消極的です」。馬場先生はクラスの子どもたちの方を見て断固とした様子で言った。「あなたたちはまだ5歳ですが、こういうふうにしてはいけません。韓国では、先生はもっと厳しくて、子どもたちはもっとお行儀よくします」。馬場先生はドアの方へ行き、先生のピアノの合図で子どもたちがお辞儀をする。お辞儀が馬場先生の基準を満たしていなかったので、馬場先生はより丁寧できびきびとしたお辞儀の手本を見せる。先生が馬場先生に謝る。しかし馬場先生はそっけなくこう言った。「謝らなくてもいいです。あなたは気が弱いんです」。

こうした扱いを教師たちはどのように感じていたのだろうか？　アメリカよりも日本の方が、幼稚園の教師に対する信望が厚いと言われているが、筆者の見方では、日本の教師は専門家として扱われてはいないようだった。日本の幼稚園教師は比較的よく訓練されていて給料も高いが、前述したように彼女たちは若く、現在の職場以外の経験がほとんどない。こうした理由から、教師たちはいくらか軽んじた扱いを受けることになっているものと思われる。多くの母親と同様に、教師たちは自分の知識や能力に自信がないようだった。このことは、特に役割重視型幼稚園で顕著だった。筆者は、こうした幼稚園の教師が、非常に些細なことについてさえ明らかに自分の意見を言いたがらないことに気がついた。

筆者が非常に強い好奇心を持って見ているにも関わらず、たけのこ幼稚園の先生が自分の仕事のあり方について何を感じているのかを知ることは難しかった。たけのこ幼稚園や、その他の役割重視型幼稚園の先生と話をする際に筆者が経験した難しさのひとつは、園長がいつもインタビューに同席しているため、幼稚園のプログラムへの率直な評価を聞きにくいという点だった。佐藤先生と話をする中で、佐藤先生は自分の教育技術に強い不安と疑問を持っていると言っていた。佐藤先生は子どもを統制する能力に不安を感じ、どのように教え方を改善すればよいか、筆者にアドバイスを求めたりもしたが、幼稚園や園長に対する批判は何も口にしなかった。

たけのこ幼稚園で、プログラムについての懸念を述べた教師はたった1人しかいなかった。子どもたちがどれほど多くのことを学んでいるのか肯定的にコメントした後で、この先生は以下のようにプログラムを批判した。

第**4**章　役割重視型の幼稚園―アメとムチ―

子どもたちには遊ぶ時間も先生といっしょにいる時間もありません。子どもたちは考えるように励まされることはけっしてありません。もし子どもたちに好きなように話をさせたり，好きなことをさせたりしたら，先生たちは困ってしまうでしょう。（おしゃべりをやめなかったら部屋から出るようにと子どもを脅した授業について）私はそんなふうに子どもを部屋から出て行かせるというようなことは言いたくないのです。

　こうしたわずかなデータからだけでは，たけのこ幼稚園の他の教師がこの先生の見方に同意するかどうかを結論づけることは難しい。とりわけ，たけのこ幼稚園では，すべての職員が管理職から監督されているために，筆者には内面の思考や感情を語ってもらえるほどの信頼感を先生たちとの間に形成する時間と機会がなかったのだった。

◆――子どもたちの反抗

　他のタイプの幼稚園を特徴づけている騒がしい活動とは対照的に，たけのこ幼稚園のような勉強重視の幼稚園は，通常静かで規律正しかった。特に移動時間の子どもの行動は際立っていた。一日のうち何度か，作業机として使用する小さいテーブルが取り払われ，壁際にかたづけられなくてはならなかった。これは，先生の指示がなくても子どもたちによってすばやく，効率的に行われた。子どもたちにはまた，先生が自由遊び時間の終わりを告げた時も速やかに反応していた。たとえばある雨の日に，昼食後の休憩時間を屋内で過ごすことになった。男の子5，6人のグループがレゴの入った大きな容器を引っ張り出した。子どもたちには遊ぶ時間が十分なかったので，何を作るか決めることに無駄に時間を使うわけにはいかなかった。子どもたちはすばやく作業した。けれども作品が完成する前に，すべてかたづけるようにと先生が声をかけた。子どもたちはすぐにそれに応え，作品を分解してレゴを容器に戻したのだった。

　しかしながら，行動統制についての節で見たように，間違った行動が出現することも時にはあった。表から見える従順さの陰に，先生の期待とは別の，あるいはそれと相反する第二の一連の規範と行動が存在していた。筆者がうさぎ組で過ごした5日の間に，光希という子どもがしばしば破壊的な出来事に関わっていることに気づいた。光希の確信に満ちた笑顔と，少しそっくり返った歩

き方は，自信と生きることへの熱意を反映していた。光希はユーモアを駆使して他の子どもたちの中にも大胆に入っていった。しばしば光希は，何かいたずらをしても先生を喜ばせることに成功していた。たとえば書き方の授業中に，ある先生が佐藤先生に伝言を持ってやってきたことがあった。訪問者が来ることは滅多にないので，子どもたちは驚いて先生たちを見上げていた。ところが光希だけは平気で「品川だ！　どろぼうがきた！」と叫んだ。子どもたちは笑い，佐藤先生はめんくらった様子だった。佐藤先生は光希のぶしつけな呼びかけ方を優しく叱った。「品川先生って言わないといけないでしょ」。

　光希のクラスでの主要な役割のひとつは，子どもたちの間のいざこざを仲裁することだった。筆者のフィールドノートの以下の引用から，光希がどのように仲間関係という裏の世界に関わっているかがわかるだろう。そこでは，勉強をするという表の世界の下でもうひとつの小さなドラマが演じられていた。

　　佐藤先生はクラスの子どもたちに制作活動の説明をしている。子どもたちは卵の形が描かれた紙を受け取るところだった。子どもたちはそこに父親の顔を描くように指示される。佐藤先生が紙を配り終え，子どもたちは描き始める。10分後，智香子が泣き出し，絵を隠しながら紙を覆うようにかがみ込む。智香子と同じテーブルの他の子どもたちは心配そうな表情をしている。「光希を呼ぼう」と囁く子どもたちの声が聞こえる。誰かが光希を見つけ，亨が智香子の絵をからかったと説明する。光希は軽くうなずきながら聞いていた。光希は亨のところへ歩み寄って亨を殴り，智香子の方を向いて頭を軽くなでた。そして光希は自分のテーブルに大股歩きで戻る。子どもたちは光希がテーブルに戻るのを見て，正義が実行されたことに明らかに満足したようだった。先生は部屋の反対側で他の子どもに関わるのに忙しく，このことには何も対応しなかった。

　光希の行動は，厳しく統制されたクラスにおいても，子どもたちは小さな隙間を見つけては反抗するのだということ（Tobin, 1995）を思い出させてくれた。たけのこ幼稚園では，昼食時間とそれに続く休憩を除くと，子どもたちは，先生が特にそうするように言わなければ，お互いに関わることはまったく期待されていなかった。たけのこ幼稚園の教職員は，子どもの集団行動を監視し制限し，子どもにも**当番**の形で統制の権限をいくらか与えていた。しかしながら，子どもたちは，大人に頼らずに子どもたち自身でいざこざに対処することを可能にする，もうひとつの隠れた統制の層をつくり出していた。

　たけのこ幼稚園に見られるさまざまなレベルの緊張や葛藤は，行動に関する

第4章 役割重視型の幼稚園—アメとムチ—

文化モデルが明示され,それが強制される環境においてさえ,いかに権威への反抗が服従と同時に生じるのかを明らかにする。これまで欧米の研究者は,権威によって命じられた規範を受け入れるか,または,それを拒否するかのいずれかに個人を分類したり,あるいは反抗や対処,承諾といった整然とした行動のカテゴリーを開発したりする傾向があった。コンドウ（1990）は,複雑な社会状況では,「特定の時点でも,人は異なったレベルで同時に承諾し,対処し,反抗する」（p. 224）と論じている。日本人は,外面的には権威に服従しながら,内面では反抗しているように描かれることがあるが,役割重視型幼稚園の分析から,反抗が断片的で状況に応じて形を変えるものであり,（同一人物の中でさえ）しばしば支配的な規範や実践の支持や受容と一体になって生じるものであることがわかる。

結　論

　役割重視型幼稚園では,たけのこ幼稚園の例が示しているように,子どもたちは,大人の提供する組織化された幅広い活動に従事することが求められる。園長はそのために,幼稚園の中に非常に構造化され,規則に支配された環境をつくる。そしてそのことによって,個人主義や甘やかされる危険性を回避しようとするのである。最終的な目標は,子どもに「感謝の気持ち」を持たせることである。それは先生や親に恩を感じることであり,厳しい仕事と,割り当てられた役割に専念することを通してのみ報いることができる。役割重視型幼稚園の園長の信念と実践は,日本社会に深く根ざした文化モデルから生まれたものであり,日本における社会化の物語の重要な一部をなしている。
　佐藤先生や,その他の役割重視型幼稚園の先生たちが支持する社会的関係についての見方は,キム（Kim, 1994）が社会的関係の「共存モード」と呼んだものに似ている。関係重視型幼稚園を特徴づける「関係モード」と同様に,共存モードは人間の持つ根本的に社会的な性質を強調する。しかし,共存モードはこうした社会的な性質を個人の欲望に敵対するものとみなす。キム（1994）

は以下のように論じている。「共存モードは私的自己を……公的自己から分離する。……公的自己は，家族への忠誠，集団内の団結，民族意識のような集団主義的価値に絡め取られていく。公的自己は，自己鍛錬や個人的奮闘という，個人主義的な価値を維持する私的自己と共存するものである」(p. 36)。こうしたタイプの二重性と役割演技との関連は明らかである。

> 公的な状況においては，社会的規範や役割が，個人の行動を指図する。集団的活動は，共同的で調和的に編成される必要がある。もしも個人の願望が社会からの要求と両立しない場合には，集団の調和のために，個人的関心を犠牲にするよう求められることが多い。このことは，個人が既存の社会的規範に必ず同意することを意味しているわけではない。文化的に期待されているのは，葛藤がある場合には，個人の欲望をおさえ，それらを私的領域に置いて，公的な領域では表に出さないようにすべきであるということである。個人は特定の地位と役割を持ち，社会的に規定されたやり方でその役割を果たしていくべきなのである (Kim, 1994, p. 37)。

役割重視型の園長にとっての課題は，公的自己に求められる要求を達成する能力を強化することだった。私的自己の存在は認められていたが，幼稚園時代にそれを育成することは適切ではないと考えられていた。園長は，私的自己の欲望に没入することよりも，集団の幸福を維持するための責任の感覚を伸ばしていくことの方を望んでいた。人生の初期において私的自己に過度にひたり込むようなことがなければ，役割を遂行するという厳しい仕事（時には個人の利己的な欲望を無視するよう求められる）は，不愉快な義務というよりも，むしろ報酬の源泉になると，園長たちは信じていた。

第3章で見たように，関係重視型の園長が信じているのは，社会的調和の達成は個人の人間関係を調整する技能，特に共感性の育成にかかっているということであった。こうした技能は，人間関係の文脈の中で発生し，洗練されると考えられていた。全体的に見れば，役割重視型幼稚園にもそうした志向性がないわけではなく，先生は合奏のような集団活動の中で子どもの共感性に訴えかけていた。しかし，役割重視型の園長は，状況が求めているものを判断し，行動を適切に調整する責任を持つことの方に，より頻繁に注意を向けていた。ひとり立ちした職人のように，子どもは一生懸命に勉強することが期待され，仲間や先生との関係を築く時間はほとんど与えられていなかった。このようにし

て，子どもは円滑に運営されるクラス，成功した学校，そして強い社会に寄与することが期待されていた。

役割重視型の園長は，自らに権威があることを示すことに，非常に心地よさを感じているようであり，幼稚園の組織内に明確な階層関係をつくっていた。それぞれのメンバーには，他のメンバーに対して行うことが期待される行動が定められていた。園長自身は政府の権威を否定していたが，その一方で自分の方針に教師と園児が全面的に服従することを期待していた。筆者は，幼稚園のコミュニティ内の権力の弱いメンバーの中にも反抗の要素があることを指摘してきたが，それらは断片的なものであり，存在を認識するのは容易なことではなかった。どのようにして組織内における権威（ジェンダーと結びついた権力も含め）が，その組織内で競合する文化モデルの層を生み出すことになるのかを十全に探究するには，より幅広い参加観察が必要であろう。

【第4章・注】

★1　（原注）日本の陶芸家に弟子入りしたアメリカ人のハース（Haase, 1998）とフィリップ（Philip, 1989）の自叙伝は，こうしたタイプの職人の親方に合致する文化モデルに関する洞察を与えてくれる。

★2　（訳注）アメリカの教育実践家。主に脳性麻痺児を対象とした訓練プログラムはドーマン法として知られている。

★3　（訳注）バイオリンを中心とした音楽の早期教育で世界的に知られる。スズキ・メッソドで有名。

★4　（訳注）漢字の早期教育プログラムの提唱者。プログラムは石井式漢字教育として知られている。

★5　（原注）子育ての方略についてランハムが行った1952年の調査では，72％の母親が体罰を行っていると報告している。その母親たちも子ども時代に同じように体罰を受けた記憶を持っていた（Lanham & Garrick, 1996）。

★6　（原注）わかば幼稚園園長の森本先生は例外だった。彼はカウンセリングや教育，園の活動への参加の機会を提供することで，活発に親やその他の地域の人々と共同していた（森本先生のこうした努力については第7章を参照）。

第5章
子ども重視型の幼稚園
—強い個人,よい集団—

賢次が忍者犬になると言い張っても小笠原先生は顔色ひとつ変えない。白い紙を引っ張り出し,「耳の形に切って,それをヘアバンドに貼ったらどうかな?」と言いながら賢次に渡しただけだった。賢次は,他の小さな忍者たちといっしょに基地にしている高い積木の塔から飛び降り,ハサミを見つけ,床に身を伏せる。数分後には幅の広いヘアバンドに2つの耳が貼り付けられ,たれ下がる。賢次は,耳の付いたヘアバンド,明るい青のリボンで結んだビニール袋の黒く短い服,黄色い折り紙の剣,そして裸足という全身忍者のいでたちで誇らしげに立つ。他の忍者たちは,その姿を吟味するように見ている。賢次は荒々しくワーっと大声を出し,古い牛乳パックを貼り合わせてミニチュアの村を静かに作っている男の子にぶつかりそうになりながら,基地のてっぺんの木の板に駆け上がり,床へ飛び降りる。賢次と達也は大声で叫びながら保育室を走り回り,部屋中の棚や机や他の子どもにぶつかりながら紙の剣で戦う。小笠原先生は何も言わないが,プラスチックボトルに小さい豆を入れてマラカスを作っている女の子のグループを手伝いながら,子どもたちにまなざしを注ぎ続けている。

賢次は「**手裏剣**が必要だ」と言い,いろいろな色の折り紙が置いてある小さいテーブルに駆け寄る。他の男の子たちも集まってきて折り紙を選び,**手裏剣**を作り始める。すでに折り方を習得している子どももいればまごついている子どももいる。小笠原先生はしばらくの間子どもたちの様子を見て,「折り紙で**手裏剣**を作るのが難しかったら,他のやり方で作りましょう」と言う。そして数分間その場を離れ,大きな厚紙を持って戻ってくる。「これは**手裏剣**の違う作り方です。折り紙で作るのが嫌だったら,この紙に型を写して切り取ればできあがりです。どちらの作り方がいい?」。2,3人の男の子は厚紙で作る方法を選び,ハサミを取りに走って行く。子どもたちが戻ってくると,小笠原先生は型紙用に**手裏剣**を切り取り,男の子の1人に手渡す。「形を写すときは,型紙を動かさないでね」と注意し,部屋を出る。それから15分間,男の子たちは**手裏剣**をたくさん作るべく懸命に作業した。

賢次と仲間の忍者たちが通っている幼稚園は「子ども重視型」プログラムを実施している幼稚園の一例である。こうした幼稚園では，子どもたちは一日の大半を自由遊びに費やす。その間先生は個別の子どもや小グループの子どもたちに，自由に参加できる活動を紹介する。役割重視型幼稚園とは違い，読み書きや他の科目があからさまに指導されることはまったくない。また関係重視型幼稚園と比べると，ひとりで使ったり，クラスの他の子どもといっしょに使ったりするための教材ははるかにたくさん用意されている。発表会も運動会も簡素で練習期間は短く，子どもたちはリラックスして参加している。

　ひばり幼稚園を訪問した当初，筆者は園長が欧米の幼児教育に強く影響されているのだと思い込んでいた。たしかに何人かの園長は，文部省（現文部科学省）の幼稚園教育要領に対応させて個人主義的なアプローチを採用していると語っており，また，文部省の教育要領自体がほとんどの園長から西洋的価値観を反映したものであるとみなされていた。さらに，筆者が訪問したキリスト教系幼稚園はすべて子ども重視型であり，このことも西洋思想の影響があることを示しているように思われた。しかし観察を続けるうちに，こうしたプログラムが単なるアメリカの保育実践の複製ではないこと，特にその思想的な基盤は，アメリカにおけるよい実践についての定義のもとにある文化的諸前提とは異なるものであることが徐々にわかってきた。

　子ども重視型幼稚園に見られる思想や教育活動を説明するため，ここでは2つの幼稚園に焦点をあてる。賢次が通っている公立のひばり幼稚園と，B市郊外にあるキリスト教系のかなりや幼稚園である。一方は文部省，他方はプロテスタント系の教会と結びつきがあり，連携している団体は異なっていた。にも関わらず，両幼稚園の園長や先生たちが持っている子どもに対する教育の目的と方法についての見解は類似したものであった。本章では，教師が子どもたちの自由遊びや集団活動における仲間との相互作用をどのようにして支えているのか，またそれによって，他の子どもや大人との有意味な関係に参加するのに必要な人格的・社会的能力をどのように育成しようとしているのかについて述べる。

　筆者が訪問した時，ひばり幼稚園には，4歳児クラスに21名と，5歳児クラスに21名，合計42名の園児しか在籍していなかった。過去数年間で50％の園

児数が減少していた。園児が非常に少ないため，裕福な地域で非常に地価の高い場所にあるにも関わらず，園内は広々としていた。保育室は広く，2つのクラスで大きな多目的室を共有している。この幼稚園は小学校と敷地を共有しており，小学校の校長が園長を兼任していたが，幼稚園の日々の運営は，元気な中年女性の村田先生が取り仕切っていた。

　2つの大都市の中間にある郊外の丘の上に，かなりや幼稚園はあった。かなりや幼稚園は100年以上にわたって地域の子どもを受け入れてきた。かなりや幼稚園はキリスト教系幼稚園であるが，いかなる宗教的背景の子どもでも歓迎している[★1]。園児数は150名で，ひばり幼稚園より大きいものの，かなりや幼稚園もまた数年前から園児数の減少に悩んでいる。特定宗教との関係の有無に関わらず，かなりや幼稚園のような私立幼稚園は，公立幼稚園とは違って財政上一定の園児数を維持する必要がある。しかしながら，これまでかなりや幼稚園の職員は，新たな園児をひきつけるためにプログラムを変更しようという誘惑に抵抗してきた。

強い個人と効果的な集団の育成

　両幼稚園の中心的な思想となる文化モデルは，子どもはそれぞれが尊敬に値する個人であるという観念である。かなりや幼稚園の西崎副園長は，「子ども一人ひとりを観察すると，それぞれの子どもが独特の**個性**を持っていることがわかります。ありのままの子どもを受けとめた時，初めて教育が始まると信じています」と述べていた。ひばり幼稚園の村田先生も同様の考えだった。そして，教育の専門家として個性化の重要性を理解するきっかけとなった，自分の娘との個人的な経験について語った。

> 私は個人的には最小で5名，最大で15名程度のクラスが，子どもの面倒を最もよく見られる状態だと思っています。……それ以上の人数になると，先生は指示や禁止が多くなります。人数が多くなればなるほど先生は自分の権力に頼るようになるのです。子ども一人ひとりの最もよいところを引き出し，それぞれが自分の特徴を出していくことが大

切なのです。それぞれの子どもが自分自身に自信を持つことも重要です。本当のことを言いますと、私の娘は……3年間摂食障害でした。……幼稚園教諭として教育に深く関わってきたせいか、私は娘を統制しすぎたようです。今は娘の個性を無視してきたことを後悔しています。

両園に共通する第二の文化モデルは、「強い」子どもは自分の持っている技能によって「よい」集団づくりに貢献することができるという信念であった。子ども重視型幼稚園の教職員は、子どもたちが自分でさまざまな技能を身につけ、自分の関心を明確にすることで、集団の幸福に貢献することができると信じていた。西崎副園長は、集団を個人間の関係と子どもどうしのやりとりという点から、以下のように自分の考えを説明した。

集団は個人から成り立っています。それぞれの子どもが成長すれば、集団全体もよくなっていきます。私たちはいくつかの集団活動を行っています。ひとつは、まず集団をつくり、それから子どもたちにやるべきことを告げるという方法、もうひとつは、子どもたちにさまざまな考えを示し、その後でそれをまとめていくという方法です。最終的な結果は同じですが、過程が異なるのです。

ナンシー・サトウ（Nancy Sato, 1996）による日本の小学校についてのエスノグラフィーでも、教師は「個人の能力の育成」と「集団コミュニティの育成」を相補的なものとみなしていた。サトウは「多様性の出発点としての均一性、創造性の触媒としての標準化、集団志向の手段としての個人化を発見した」（p. 120）。サトウが観察した学校では、「個人の発達は互いに学び合うコミュニティのメンバーであることと結びついており、またそのことで高められる。さらに、その同じコミュニティが個人の能力の増大によって強化されるのである。個人とコミュニティは互いに補いあい、互いの成長を助けている」（pp. 121-22）。個人の能力と集団の強さの間にある相補的な関係の強調は、筆者の研究対象となった子ども重視型幼稚園を特徴づけるものでもあった。対照的に、役割重視型幼稚園の教職員は、個性は自然に開花するものと考えていた。ただし、それは集団活動への参加によって確固たる共通の基盤が確立されたあとで、おそらく成人になってから開花するものであった。この見方では、職人は必要な形式を習得するために何年もの徒弟修業を経験したあとでのみ、独自のスタイルを開発することができるのである。また関係重視型幼稚園では、先生は子

第5章　子ども重視型の幼稚園—強い個人，よい集団—

どもたちに個人差があることを認識しており，できるかぎりそれを調整しようとする。しかし，子どもの興味を育てることやコミュニケーション能力を高めること，自分自身の感情を理解することを援助することなどについては，カリキュラムの主な要素としては考えていなかった。子ども重視型幼稚園では，これらがすべて重要な目標であった。

　「個人の能力の育成」と「集団コミュニティの育成」という目標を達成するため，子ども重視型幼稚園の先生は，長時間の自由遊びとさまざまなグループ活動を融合させており，このバランスの取り方は関係重視型幼稚園のものと似ていた。けれども芸術や構成的な活動，空想遊びで広範な教材を使用する点については関係重視型幼稚園とは異なっていた。ひばり幼稚園では，いくつか適当に区切られた活動スペースに，自由遊びの時間に子どもが使いやすいよう，多様な教材が配置されていた。絵本コーナーには本棚や子どもサイズのソファがあり，楽器が用意されたコーナーもあった。ままごとコーナーや折り紙用の場所もあった。ラベルが貼られたいくつもの棚には芸術活動に用いられる教材が収納されていた。また，卵の容器や牛乳パック，厚紙の筒，布切れなどの入った箱もたくさんあった。多目的室には長さが4フィート（約120cm）もあるものを含め，100個以上のブロックがあり，子どもたちはそこで基地や家，障害物コースなどを作って遊んでいた。先生の作ったものが飾られていることが多い他の幼稚園とは違い，子どもの制作物が壁中を覆っていた。

　かなりや幼稚園の保育室もこうしたさまざまな教材であふれていた。ある日のこと，かなりや幼稚園の4歳児がブロックや芸術用の教材，指先で操作するおもちゃの置いてある場所の間を動き回っているのを観察していた。子どもたちは，ブロックでほぼ実物大のボウリングのレーンを作ったり，掲示板に飾るために折り紙を折ったり，フェルトの切れ端でコラージュを作ったり，簡単な織機を使ってより糸を織ったり，運動会で行われる人形劇に使う大きな厚紙に色を塗ったりしていた。午前中ずっと，どの子どもたちもこうした教材をすべて使うことができた。

　子ども重視型幼稚園のカリキュラムの根底にある基本的な教育方法は，子どもが個人として自分に合った活動と教材を自由に選ぶべきであるというもので，教師の役割は，教材が子どもにとって興味深く，適切なものであるように

することだけだった。西崎副園長は以下のように述べている。

> 私たちは，それぞれの子どもの発達段階だけでなく，子どもの興味と欲求を考慮して環境を整えなければなりません。子どもが朝登園するとすぐに，面白い教材で遊ぶことができる環境を整えたいと思っています。私たちは**自由活動**をとても重要なものだと考えています。子どもはその年齢，興味，欲求によって異なる活動や教材に関心を持ちます。

子ども重視型幼稚園ではカリキュラムがあらかじめ計画されていたが，子ども一人ひとりの必要に応じて毎日変更されていた。この過程を西崎副園長が説明している。

> 私たちにとって重要なのは，子どもが何に興味を持っているかを注意深く観察し，気づくことです。私たちは，子どもがその教材で満足しているかどうかをチェックし，確かめなければなりません。また，子どもが次に何をしたいのか理解することも私たちにとっては重要です。子どもを理解することが私たちの課題なのです。

関係重視型幼稚園では，教師は年度始めに作成された毎日のカリキュラムに従う傾向があり，カリキュラムには全クラスに共通する活動が示されていた。

砂場でさまざまな道具を使って遊ぶ子どもたち。

第5章　子ども重視型の幼稚園―強い個人，よい集団―

一方子ども重視型幼稚園では，教師は自らの観察に基づいて率直に行動しているように見えた。そして，子どもの現時点での興味を反映し，能力を伸ばす教材を与えているようだった。かなりや幼稚園では，4歳児の各クラスがそれぞれ異なった活動を同時に進行させていた。

◆──子どもの社会的技能の足場づくりをする

　筆者はここまで，遊びを豊かなものとするために教材がどのように使われているかを説明してきた。こうした記述を読むと，欧米の教育者たちは，教師が子どもの認知的発達を促進するという目標を掲げていると結論づけたくなるかもしれない。しかし筆者が話をした教師は，こうした活動が認知的な刺激を与えることを目的にしたものであるとは考えていなかった。むしろ，それを協調的な行動と関連する社会的行動能力や，共感性のような社会認知的技能を促進するものとみているようだった。集団活動の時間や自由遊びの時間に，先生は子どもの行動や子どもどうしのやりとりを手助けしていくが，筆者がその理由を尋ねるたびに，先生は次の西崎副園長の言葉にあるような社会的技能の重要性を持ち出していた。

> 自由遊びの間，子どもは異なる考えを持った友だちと関わります。そうした関わりを通して，子どもたちの間には違いがあることを理解するようになります。……そして，徐々に他の人といっしょに生活していくということが理解できるようになるのです。

　以下に示す2つのエピソードは，仲間との関係を築く能力を育てるために，先生が孤立した2人の子どもとどのように関わったのかを示すものである。ひばり幼稚園で筆者は，小笠原先生が恥ずかしがりやの女の子が他の子どもといっしょに遊ぶのをくり返し援助している様子を観察した。

> 奈緒子はお家ごっこをしている女の子のグループを見ながらひとりで座っていた。奈緒子は夢見がちな様子でマラカスを振っている。マラカスはその日の活動の中でプラスチックボトルに小さい豆を入れて作ったものだった。小笠原先生は豆粒がボトルからこぼれ出たのに気づき，奈緒子がボトルにテープを貼るのを手伝う。小笠原先生は音楽に合わせてマラカスを振ってみせながら，奈緒子といっしょに歌を歌う。その時他の子ども

から声がかかり、先生はそちらに向かう。奈緒子はマラカスを振りながら小笠原先生について歩くが、他の子どもとは関わらない。小笠原先生は奈緒子がラジカセにチャチャチャのテープを入れるのを手伝い、別の女の子にこっちに来てブロックで作った小さなステージの上でいっしょに歌おうと声をかける。2人の女の子と小笠原先生はステージに立ち、マラカスを振りながら歌う。それから小笠原先生はステージを降り、女の子たちの方を向きいっしょに歌いながら、歌い続けるよう励ます。数分後、小笠原先生は徐々にその場を離れようとする。女の子たちはしばらく歌い続けるが、曲が終わるともう1人の女の子は走り去り、奈緒子はひとり取り残され、することがなくなってしまう。奈緒子は小笠原先生を探し、再びあとをついて回る。小笠原先生は、お家ごっこをしている女の子たちの小グループに近づき、「晩ごはんにこの子を招待してくれませんか？コンサートの後で、とってもおなかがすいているんです」と言う。女の子の1人が静かにうなずく。奈緒子は笑って「お家」に入るが、何も言わず、そこに所在なげに立つ。小笠原先生は「奈緒子ちゃん、晩ごはん食べた？　いっしょにどう？　何か食べない？おいしそうよ」と声をかける。奈緒子はうなずき、女の子が粘土の「食べ物」で作った料理を2皿運んでくる。小笠原先生は様子を少し見て、その場を静かに離れる。

　このエピソードは、奈緒子が他の子どもたちと遊べるように小笠原先生がくり返し行った試みのほんの一部にすぎない。先生は奈緒子がしていることに注意を向け、たとえそれがぼんやりとマラカスを振ることであってもそれを取り上げ、仲間との活動に結びつけていった。小笠原先生は、しばしば望まれる行動の手本を示し、奈緒子にいっしょにその行動をするよう促した。いったん奈緒子が活動に参加すると、小笠原先生は脇に退き、奈緒子がひとりで仲間と関わるようにしていた。

　また、子ども重視型幼稚園の教師は、子どもたちが自分の考えや気持ちを言葉にするよう促していた。こうした目標は、子どもと先生の間で一言二言以上続く会話がほとんど見られなかった役割重視型幼稚園や関係重視型幼稚園では強調されないものだった。けれども子ども重視型幼稚園では、先生は子どもと長い時間、話をする。昼食時には子どもたちは1時間ほどかけてゆったりと食べ、おしゃべりをするが、そうした時に先生はしばしば横に座り、子どもの話に付き合う。以下は小笠原先生と陽一の昼食での会話の一例である。陽一は聡明な子どもだが、小笠原先生は陽一のことを幼く社会的に不器用であると見ていた。

小笠原先生：陽一くん、この前つかまえたトンボはどのくらいの大きさだったの？

第 5 章　子ども重視型の幼稚園—強い個人，よい集団—

陽　　一：〇〇（学術名）トンボって言うんだよ。
小笠原先生：それでどのくらいの大きさだったの？
陽　　一：（手で大きさを示す）。明日ドライブに行くんだ。
小笠原先生：どこに行くの？
陽　　一：お父さんの隣の席に座って行くの。
小笠原先生：お母さんは？
陽　　一：お母さんは家にいるの。昆虫をたくさん見に行くの。
小笠原先生：いいねぇ。幼稚園に来たら，何の昆虫を見たか教えてくれる？
陽　　一：たぶんバッタつかまえるよ。
小笠原先生：そしたら，幼稚園に持ってきて，ここでみんなで飼ってもいいかな？
陽　　一：バッタがたくさんいるとこ知ってる。
小笠原先生：それって今年の夏休みに行ったところ？　今は雪が積もってるかもしれないね。
陽　　一：そこでお話した人がコオロギを見つけたの。

　このやりとりの間中，小笠原先生は陽一が昆虫に興味を持っていることや夏休みを過ごした場所など，陽一についてすでに知っている情報を利用して会話をしていた。奈緒子の場合と同様に，先生が足場を（会話に形と一貫性を持たせることでまとまりを作りながら）与えていた。けれども実のところ，陽一の

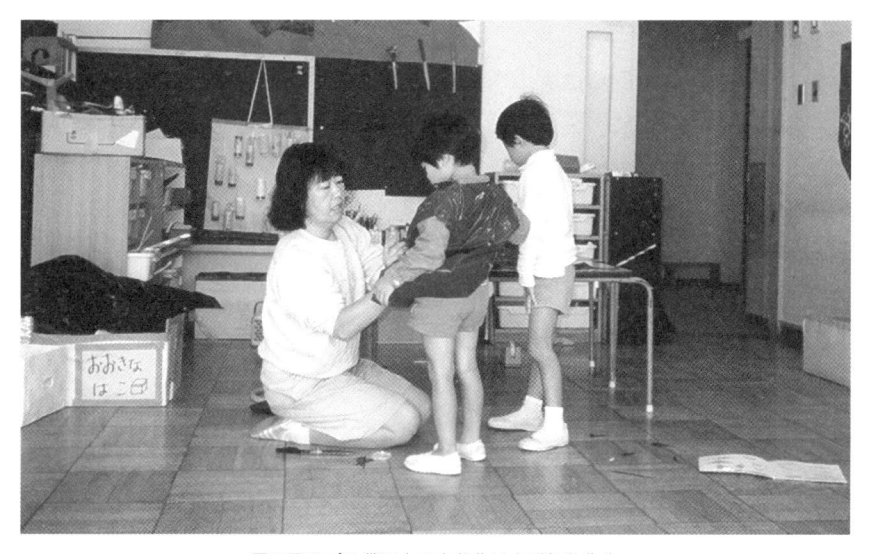

男の子のゴミ袋による衣装作りを手伝う先生。

能力の範囲で会話に参加できるようにしていたのだった。いくつか脈絡のない応答があることは無視して，その前に言ったことと関連しているかどうかに関わらず，陽一の発話に基づいて話すようにしていた。また，陽一が見つけたものをクラスの子どもたちと共有するかどうか尋ねることで，陽一の個人的体験と幼稚園の生活をこの会話の中で2度にわたって結びつけようとしていた。後に小笠原先生は，陽一は科学技術的な語彙は豊富だが，会話を維持することがほとんどできないのだと説明してくれた。他の子どもとのやりとりの多くは，たたいたり，叫んだり，奇声を発することで成り立っていた。そこで，小笠原先生は陽一の語彙を増やし，日常会話の能力を高めるため，できるだけ頻繁に会話をするようにしているということであった。

　ここで興味深い点は，小笠原先生が陽一の興味に基づいて他者と効果的に会話する能力を伸ばすことを手助けしていたことである。こうした足場づくりの方法は，多くのアメリカの幼稚園で見られるものとそれほど違うものではなかった。しかしその目標は，他者と関わる能力の育成を援助することであって，アメリカの教師が顕著に持つような目標，たとえば陽一の昆虫に対する個人的興味を広げることや他の認知的能力の獲得を目指すことではなかった。

◆──子どもが自分の感情に気づき，表現できるよう手助けする

　小笠原先生は毎日多くの機会をとらえて子どもが自分の感情について考え，表現することを促していた。子どもたちが言い争っている場合，他のタイプの幼稚園の教師は，大人の仲裁なしで子どもたちが自分の行動の結果を体験することを大抵の場合容認していた（Tobin et al., 1989参照）。しかし子ども重視型幼稚園の教師は，子どもが自分自身の感情と反応を理解できるよう，より頻繁に言い争いに介入していた。深刻なけんかの場合であれば，小笠原先生は，両方の子どもにそれぞれの言い分を言うよう促し，仲裁するだろう。それぞれの子どもが語った事件の内容を要約することも時どきはあるが，仲直りするように指図することは避けていた。子どもが怒りや嫉妬，あるいは他の強い感情を経験しているかもしれない場合，子どもが自分の感情が何であるのかを見出し，それを言葉で表現することを手助けしようとしていた。

第5章 子ども重視型の幼稚園—強い個人，よい集団—

　小笠原先生はジャンケン大会をしていた。何組かのペアが一斉にジャンケンをし，勝った子どもはさらに他の子どもとジャンケンをしていく。決勝戦に残った2人の試合はドラマチックだ。他の子どもたちはみな，円形に集まって2人を囲み，自分の好きな子を応援する。決勝戦で勝った麻美は，手を高く上げ，部屋中を大喜びで歩き回る。小笠原先生はクラスの子どもといっしょに拍手，喝采する。「麻美ちゃんはどうしてこんなにジャンケンが強いのかな。麻美ちゃんがうらやましい人，手を挙げて」。子どもの手が勢いよく上がる。「全部勝ちたい人，手を挙げて」。笑いながら子どもたちは再び手を挙げる。「麻美ちゃん，どうすればジャンケンに強くなれるの？」と小笠原先生は尋ねる。何人かの子どもは他の活動の方に移っていく。小笠原先生は，残った子どもたちとジャンケンをし始める。先生はどの試合でも多かれ少なかれ「負ける」ことにしている。

　小笠原先生と西崎副園長は，仲間どうしのいざこざについては特に心配しておらず，時として生じる攻撃的態度も深刻な問題の兆候であるとはみなしていなかった。また，自分の欲求が満たされない時にこそ子どもは自分の感情が他者と異なることを理解するようになるのだと語り，こうしたことも学習経験であると考えていた。2人によれば，こうした経験を通じて子どもは個人の感情や経験の多様性について考えるようになるのであり，それは最終的に他者を受容し，理解することにつながるのである。

　幼稚園の生活ではけんかは重要な経験になります。あなた（子ども）が自分のやり方を望むことからけんかが起こるのです。けんかは相手の立場を理解しないことからも起こります。こうした経験をすることで，あなたの体が傷つくだけでなく心も傷つくかもしれません。また，感情的な痛みだけでなく，肉体的な痛みも感じるかもしれません。あなたは自分とは異なる人がたくさんいるという事実を知るでしょう。けれども，それと同時にその人たちが自分の友だちであり，自分がその人たちのことを愛しているということも理解するのです。このような言い方は少し一般的すぎるかもしれません。けれども互いに理解し合い，けんかし合うことを通して，子どもはさまざまなタイプの人がいることをわかっていくのです。私はこうした理解の仕方がとても大事だと思っています。

　ひばり幼稚園の先生は，遊びに使えるおもちゃの数を制限することで，いさかいを意図的に引き起こそうとすることさえあった。

　子どもが他の子どものことを理解できるようになっていく時期には，私たちはわざと十分な数のおもちゃを与えず，おもちゃの取り合いになるようにさせます。そうすることによって，私たちは子どもに自分が欲しい物は他の子も欲しいのだということに気づかせようとしているのです。……肝心なのは，他の子どもも感情を持っているということを理解することです。

99

CONTESTED CHILDHOOD

◆──子どもが物を操作し，困難な課題をやり遂げることを学ぶように援助する

　カリキュラムの主だった内容を自由遊びにすれば，おのずからそこでどのような問題が生じるのか，またその問題を解決するのにどのような方法を用いるべきなのかが決まってくる。これまで見てきたように，子ども重視型幼稚園の教師は，子どもが傷つかないよう気を配りながら，子どもたちがいざこざを体験し，それを解決する建設的な方法を見つけ出すよう励ますことで，子どもが葛藤を自分で解決する能力を身につけていくための「足場づくり」を行おうとしていた。また，子ども重視型幼稚園では自由遊びに使うことのできる材料の量が大変に多いので，教師の努力の大部分は，子どもがその材料を適切に使えるように手助けし，子どもたちを多少とも組織化し，遊びが終わったらかたづけるようし向けざるを得なかった。この目的を達成するために，先生たちはやんわりとした助言に加え，褒めることを重視していた。たとえば，子どもたちのグループが1時間ほど切り貼り遊びをして床が細かい紙屑だらけになった時，小笠原先生は次のように言って子どもたちを励ましていた。「床には小さい紙屑がたくさん落ちています。全部きれいにできるか見せてくれるかな」。子どもたちが掃除を始めると，先生は子どもといっしょに作業し，随時熱心な子どもを褒めていた。「**えらいね。すごい。**床がまたきれいに光ってるね。幸恵ちゃんを見てごらん。幸恵ちゃんはとってもたくさん紙屑を拾ってくれました。えらい！」。

　掃除をしようという小笠原先生の提案を子どもが露骨に無視する時でも，小笠原先生はおだやかに対応する傾向にあった。たとえば以下の出来事は，多目的室のかたづけをする時間だと子どもたちに先生が告げた後で生じた出来事である。

　　小笠原先生は部屋いっぱいに作られた大きな積み木の建物をかたづけ始めた。建物のいくつかは高さが5フィート（1.5m）以上もあり，面積が40から50平方フィート（約4㎡）もある。大きな積み木はとても重く，大人でさえかろうじて動かせる程度である。先生が積み木を引きずってかたづけ始めると，2，3人の子どもたちが先生を手伝う。けれども他の何人かは遊び続け，別の部屋に行ってしまう。それでも先生はその子どもたちを注意しない。2人の子どもが言い争いを始め，1人が小笠原先生のそばに寄ってきて

第5章 子ども重視型の幼稚園―強い個人，よい集団―

言う。「先生，和男が僕のこと嫌いだって言った」。先生は優しく「それは残念ねぇ」と返事をし，積み木をかたづけ続ける。男の子たちがかたづけの手伝いをせずに言い争いを続け，その場を離れて行っても他には何も言わない。

子ども重視型幼稚園における個性化の重視は，ルールの存在を軽視することでもなければ，個人の能力を高め，行動の改善を奨励することを妨げるものでもない。こうした幼稚園で最も重視されているのは，子どもは簡単にあきらめたり気まぐれであったりすべきではなく，課題が困難で楽しくなくても不屈であるべきであり，努力を継続することをむしろ学ぶべきであるということなのである。努力と忍耐（「**がんばる**」こと）が文化的に重要性を持つことは，日本の教育環境を観察した多くの観察者が記している（たとえばHolloway, 1988; Holloway et al., 1986）。実際，忍耐の育成は勉強を重視する幼稚園の園長の第一目標であった。役割重視型幼稚園の園長は，努力が最終的には自己を磨き，完成することにつながるものであるとしても，それは自己否定と厳しいしつけに結びついているのだと強調する傾向があった。しかし，幅広く受け入れられている忍耐の重要性に関する文化モデルは多様で，さまざまな解釈が競合しており，子ども重視型幼稚園の間でさえ異なった姿をとって表れている。ひばり幼稚園の村田先生は，子どもがすぐに解決できないことであっても，そうした困難に出会い，それに耐えることは重要であると考えていた。いつも言うことを聞かない浩太に対し，村田先生は，子どもの個性を受容するとしても，今の快適な状況を乗り越えていくように励ますことも大事なのではないかと考えていた。

> 幼稚園教諭としての経験の中で，私はしばしば先生が子どもに「年長さんのクラスにいるんだから，もっとお行儀よくしなさい」と言っているのを聞いてきました。でも，浩太くんはいつも自分のペースで動いています。私たちは大人の基準や都合だけを考えて（浩太くんのペースに合わせることを）拒むべきではありません。浩太くんが何を考え，どのように育てられてきたのかをよく考えることが重要です。そして，浩太くんの性格を観察することが大切です。浩太くんの行動が他の人の邪魔をしない限りは，やりたいことをさせるようにすることも大事です。……浩太くんは興味のあることはやりますから。浩太くんは，お母さんに会社員にはなりたくないと言ったことがあったそうです。なるほどと思いました。浩太くんはフリーランスの仕事につくでしょう。でも，浩太くんには言うんですよ。「時どきは，できるだけがんばろうね」って。

Contested Childhood

◆──集団活動を通じて仲間関係を強める

　子ども重視型幼稚園のカリキュラムでは自由遊びが核となっているが，クラスの子どもたちが集団として，ともに集う時間もある。一般に集団活動は，教師によって促される話し合いの形式をとっていた。筆者はこの活動の基本的なパターンを2つ観察した。1つ目は，前の制作の時間にそれぞれの子どもが作った作品について話し合うために集まっていた時のものだった。この話し合いについては，第7章でキリスト教系幼稚園について分析する時に詳しく述べる。2つ目は，近々行われる行事やプロジェクトの計画を立てるというものである。西崎副園長によれば，こうした活動の目的は，それぞれの子どもに「自分と他の子どもとの違いを理解する」機会を与えることにある。教師の役割は話し合いを刺激することであり，それによって「子どもは他の子どものすばらしいところを見つけ，さらに他の子どもが自分のどんなところをいいと思っているのか発見するかもしれません」。

　以下のエピソードは，5歳児クラスで行われた運動会の計画についての話し合いである。子どもたちは野球のボール投げゲームの構成について細かい点まで話し合っていた。前回の集まりでは，子どもたちは大きな段ボール箱の側面に穴を開けて的にすることを決めていた。選手はその穴をめがけてボールを投げるのである。梅田先生が箱をどのように飾ったらよいか尋ね，新たな話し合いが始まった。ある子どもは箱を顔にして，穴を口に見立てたらどうかと提案した。この提案は広く熱狂的に受け入れられた。子どもたちは次つぎにそれにつけ加える顔の特徴を提案し，やりとりが続いていった。

　　子ども1：体も作ろうよ。横で手が動くようにしよう。
　　子ども2：でもどうやって手を動かすの？
　　子ども3：わかった。誰かが箱の中に入って手を動かすんだ！

　　（何人かの男の子が椅子から飛び出して箱の中に入る。梅田先生は笑い，ふざけて力いっぱい箱を持ち上げようとしてうなり声をあげる）。

　　子ども4：だけどボールが飛んできたら中にいる人はけがしちゃうよ。
　　先　　生：うーん，中に誰かが入るのはいいアイデアだね。でも，みんながボールを投

　　　　　げるからけがをさせちゃうかもしれないね。他に意見がある人は？
子ども3：棒を使って外から腕を動かす。
子ども5：紙で腕を作る。箱を動かせば，腕も動くよ。
先　　生：明日ほんとにやってみようか？
子ども6：明日は手だけ作ろうよ。だって全部作っちゃって腕が動かなかったら，箱が
　　　　　だめになっちゃうから。
先　　生：箱には棒をつけられるかもしれないね。箱を動かすのにその棒が使えるかも。
　　　　　それじゃあ，明日はやりたい人が箱の作業をして，他の人は旗を作ろう。

　このように意見を出し合いながら話し合いが進む様子を見ると，この子どもたちが他の子どものアイデアを考慮してそれに基づいて話し合いを進めるだけでなく，自分たちで創造的なアイデアを考え出すことにも非常に熟練していることがわかる。また，アイデアを建設的に批判することも，批判を受けることもできていた。子どもたちは，自分たちが決めたことの影響についてじっくりと考え，うまくいかないことがある時には先生に頼るのではなく，自分たちで自発的に解決に取り組むといったように，問題解決のための多様な技能を持っていた。こうした技能は小学校に上がるとさらに効果を発揮するだろう。ルイス（Lewis, 1995）は次のように記している。「授業では，1時間全部，またはそれ以上の時間をかけて，ゆっくりとひとつの大きな問題について考え続けるよう先生が促すことがしばしばある。そこでは，先生は生徒の個人的な経験や活動を授業と結びつけるよう，たくさんの『誘いかけ』をする。そうした活動を通じて，子どもは（知的のみならず，しばしば身体的にも情緒的にも）その時学んでいることに関与するようになるのである」(p. 177)。

「内」と「外」：家庭と幼稚園で要求されることを区別する

　子ども重視型幼稚園と関係重視型幼稚園の教職員はともに，集団の一員となることの利益を考慮するだけでなく，個々の子どもの要求についても注意を払っていた。けれどもそれぞれのタイプの幼稚園が，時として競合するこうした目標のどちらを優先して実現させるのか，その重点の置き方は異なっている。

関係重視型幼稚園では，短く構造化された活動は，先生が設定した目標とペースに合わせることを子どもに教えるよう意図されていた。自由遊びは，社会的能力を育てるものであり，楽しいものであり，また子どもが構造化された活動に耐える動機にもなると考えられていた。子ども重視型幼稚園では，遊びは自己認識を深め，自分の感情や考えを表現するための手段とみなされていた。仲間との関係を通じて，子どもは自分自身についての重要な知識とともに社会的技能を獲得する。集団活動もまたカリキュラムの一部であったが，他のタイプの幼稚園の集団活動と比べると制限が少なく，参加型のものだった。活動の目標と特徴は，先生が注意深く足場を設けた上で行われる子どもたちの精力的な話し合いから生まれる。これまで見てきたように，先生は子どもそれぞれの性格的特徴をよく知っており，それに敬意をはらっていた。小笠原先生は，陽一が昆虫に興味を持っていることを知っており，それを使うことで陽一が長く会話を続けられるようにしていた。また，奈緒子が友だちと遊べるようにするために，彼女のささやかな積極性を巧みに利用した。子ども重視型幼稚園ではそれぞれの子どもの持つ特徴と要求が重視されるが，個人の発達と個性の表現は，集団的な構造の一員であることと固く結びついていた。

　一般的な文献でも学術的な文献でも日本の集団主義的な側面が過度に強調されてきたので，それを補償するためには日本の個人主義の現実が強調される必要があるかもしれない（Hofstede, 1994 も参照）。論点は日本に個人主義が存在するかどうかではなく，個人主義がどのように表現され，それがどのように受け入れられているのかという点にある（Mouer & Sugimoto, 1986, p. 193）。役割重視型幼稚園でさえ，個性の存在自体に異議が唱えられていたわけではなかったが，幼稚園で個性を伸ばすことは不必要であり，すべての人に共有される基本的な特性をしっかりと確立するまでは，有害でさえあるという意見の方が根強かった。

　子ども重視型幼稚園の園長が，子どもに自由に自分自身を表現するよう促すことを心地よいものとして感じている理由のひとつは，園長たちが幼稚園のことをインフォーマルでいくらか家庭的な環境であるとみなしているからである。日本では，**内**（家庭あるいは家庭のような環境）と**外**（公共の場）では異なる種類の行動が期待される。多くの公的な場で，人は適切なマナーで行動す

第5章 子ども重視型の幼稚園―強い個人,よい集団―

べきであるという強い圧力を経験する。人々は**遠慮**をし,他人の迷惑になるような行動や,奇妙に見えたり慣習にとらわれないように見えたりする行動は控えることが期待される。しかしながら,このシステムには安全弁が組み込まれている。この安全弁のおかげで誰もが時には外的基準という圧力から逃れることができる。親密でインフォーマルな**内**の状況では,他者の認知や評価をあまり気にすることなくくつろぐことができるし,開放的に自分を表現することができるのである。

　幼稚園は**内**なのだろうか,それとも**外**なのだろうか? 　ジョセフ・トービン(Joseph Tobin, 1992b)は,幼稚園は**内**と**外**の両方の要素を持っていると論じている。

> 大人になる過程で,日本の子どもは内側と外側,前と後ろ,公的と私的とを単純に区別する以上に複雑なことを学ばなければならない。自己について適切な二層の感覚を持つために,人は非常に流動的で微妙な区別を学ばなければならないのである。ひとつの会話の中にも表と裏の間にズレがあり,子どもはその間を行き来することを学ばなければならない。……したがって,日本の幼稚園で子どもたちが学ぶべき最も重要な教訓は,**表**,すなわち公的な状況で適切に行動することではなく,**けじめ**(表と裏の間を流動的に行き来するために必要な知識)を身につけることである。……日本の幼稚園は,子どもたちに母親や家庭とはまったく異なる世界を提示するのではなく,家(**内**)と家ではないもの(**外**),表と裏を同時に持つ世界,さらには自然に生じる人間的な感情(**本音**)と決められた形式で表現する見せかけ(**建前**)の両方を持つ世界を子どもたちに提示することにより,子どもがこうした二重になった自我を発達させ,統合させるのを助けているのだと思う(pp. 24-25)。

　この基本的な説明に加え,さまざまなタイプの幼稚園では,それぞれが独自に**内**と**外**の要素を組み合わせる方法を開発してきたことを指摘しておきたい。役割重視型幼稚園は,全体的に見て子どもが公的な世界(**外**)で活動することを要求していた。こうした幼稚園では,けっして子どもを甘やかしたり気ままにさせたりすることはなかった。子どもたちは,みな不満を言わず,一生懸命勉強し,子どもにとっては難しい身体的技能を習得し,甘い物はあまり食べないようにし,寒い時でも薄着でいることが奨励されていた。教師との間では,母親との間にあるような関係はまったく奨励されなかった。一方,関係重視型幼稚園では,一般的に**内**を背景に持った上で**外**の要素が取り入れられていた。

一日を通して，子どもたちは非常に構造化された日常の活動と，ほぼ完全な自由との間を行ったり来たりしていた。朝登園し，厳密な手順に従って服を着替え，それから最低限の先生の監督のもとで1時間ほど外で遊び回る。このサイクルは一日を通して続き，降園前に少し構造化された時間があって一巡する。トービン（J. Tobin）の記述は関係重視型幼稚園に最も当てはまっているだろう。

　筆者が訪れた子ども重視型幼稚園には明らかに強い**内**の要素があった。クラスの規模は小さく，教師が一人ひとりの子どもに十分な注意を注げるようになっていた。先生は，しばしば親と同じくらい多くの共感的技能（**思いやり**）を用いて子どもの欲求を予測し，時には子どもがまったく言葉にしなくても，子どもの欲求に応じた行動をしていた。注意深い観察を通して，子ども重視型幼稚園の先生は，クラスにいるそれぞれの子どもの現在の興味や成長段階に応じて，その環境下にある教材を調整しようとしていた。たとえば小笠原先生は，折り紙で手裏剣をうまく作れないでいる子どもがいるのに気づいた時には（子どもたちはそのことについて何も言わなかったが）別の教材を持ってきて代わりの方法を提案していた。

　しかしながら，子ども重視型幼稚園の環境がすべて**内**志向的であると結論するのは不正確だろう。本当に**内**の状況では，個人は自由に「気ままにふるまって」おり，個人を楽しませることはほとんどない。子ども重視型幼稚園では，先生は定期的に子どもを見ており，その活動を深めたり広げたりする機会を模索している。それが自由遊び，昼食，あるいは集団での話し合いの場面であっても，常に子どもが他の子どもとうまく関わり，クラスの中で適切に自分の能力を発揮できるよう気を配っていた。

3つのタイプの幼稚園に関する最後のコメント

　筆者が訪れた幼稚園のほとんどは，比較的容易に3つのタイプのうちのどれかに分類されたが，その数は何か特別なものでもなければ決定的なものでな

い。この分類法は関西地方の幼稚園にはうまく当てはまるが，その他の地方には当てはまらないかもしれない。本研究のサンプルでも，このカテゴリーに明確には当てはまらない幼稚園がいくつかあった。ある事例では，園長は教師たちが実際には完全には遂行していないと思われる目標を持っており，このことによって，より混合的なアプローチになっているようだった。また，園長と教師たちは時として，物質的な制約があるために自分たちの教育哲学を実現することができず，結果として実際のカリキュラムとの間に乖離（かいり）を生み出していた。2，3の幼稚園はより個人主義化されたカリキュラムへの移行の過程にあったが，まだ新しい目標が十分に明確にはなっていなかった。

しかし全体的に見るならば，異なるカテゴリーの間を行ったり来たりしている少数の幼稚園が存在しているという点よりも，データの規則正しさの方に驚かされる。教師は一般に園長の目標を忠実に実行しようとしており，それが幼稚園全体の一貫性を生み出しているようだった。教師は，勤務する幼稚園の現場で集中的に訓練を受け，ひとつの幼稚園に勤務し続けることによってカリキュラムと人間関係について特定の方向性を持つようになり，その意味で「純粋主義者」になっているようだった。より広い意味で見るならば，それぞれの幼稚園の特徴の中には長い月日をかけて日本で培われてきた文化モデルが浸透していた。文化モデルのプールは変化に富んでいるが，制限のないものではない。筆者がくり返し何度も見てきたのは，園長自身の経験や，ものの見方，現実的な目標によって改変を受けながらも，基本的なモデルが取り入れられているという点であった。

次章以降では，こうした文化モデルを生みだし，支え続けている社会的構造についてより詳細に考察していく。教育についての素朴な理論の中には，文化的漂流物として文化モデルのプールの周りを漂っているだけのものもあるかもしれないが，大抵の場合は社会階層や宗教組織など，社会の構成要素と結びついている。社会階層による環境の違い，宗教団体との関係の有無，公立か私立か，という3つの社会的要素が，園長の教育についての見方に影響する主要なものである。第6章から第8章では，これらの要素の影響を検討していく。

【第5章・注】

★1 （原注）第7章で述べるように，十九世紀後半に日本で最初の幼稚園がいくつか設立されたが，そこにはアメリカとヨーロッパの宣教師が関わっていた（Wollons, 1993）。キリスト教系であることを明言している幼稚園の数は，日本におけるキリスト教信者の数から考えると非常に多い。またアメリカにおける「キリスト教系幼稚園」という用語は，政治的には保守派に属する，布教活動に熱心なグループが経営する幼稚園に対して用いられるようになっているが，このことは日本の幼稚園には当てはまらない。日本のキリスト教系幼稚園は「主流派の」キリスト教団が経営している。

第6章
幼稚園と社会階層
―階層社会で幼児が経験すること―

　アメリカの資本主義を批判する人は，好んで日米企業における雇用者間の収入格差を比較する。アメリカ企業のCEO（最高経営責任者）には年収の最も低い雇用者の500倍もの給料が支払われているのに対し，日本企業のCEOが高額な給料やストックオプションを要求することは少なく，年収の最も低い雇用者の15倍の給料が支払われているに過ぎない。さらに，深刻な貧困や慢性的な失業，家庭の崩壊，犯罪，麻薬中毒などが日本では比較的少ないことも両国の相違としてよく挙げられる。日本経済は停滞し，失業や犯罪が特に若者の間で増加しているものの（"Japan's lingering recession", 1999），こうした見解は基本的に正しい。しかし，それは日本における社会階層差のすべてを説明するものではない。日本における社会階層による経済格差はアメリカほど歴然としてはいないものの，家庭での子育てや教育機会は社会階層と明らかに関係があり，子どもの将来の階層地位を決定する一因となっている点も否定できない。本章では，異なる社会階層に属する家族が通う2つの幼稚園を紹介し，比較する。ここで紹介する2つの幼稚園は，外観や教育方針，園内活動などの点で非常に異なっている。こうした比較を行うことにより，後の学業成績と階層差の関係に幼児期の体験が果たす役割について，何らかの仮説を導き出すことができるかもしれない。

日本の社会階層についての歴史的背景

　社会階層差は，日本の文化に深く根ざしている。1600年から1850年代まで，徳川幕府は確固とした階級制度を敷いていた。当時の階級制度では，皇族・華族が最上位に，続いてその下に，武士，農民，職人，商人という四階級が位置し，こうした四階級のさらに下には，被差別者の階層が存在した。それぞれの階級内にも多くの下位階級があり，個人が階級を移動する機会はほとんどなかった。階級制度の法的拘束は人々の生活の細部にまで及んでおり，生活様式，慣習，就業形態，特権などが各階級ごとに定められていた（Hunter, 1989）。また，子どもたちの生活も階級により異なっていた。裕福な家庭の息子や（男児ほどは一般的ではないが）娘は学校に通うことが許されていたが，農民，職人，商人の子どもたちは家業を手伝うか，あるいは裕福な家庭に奉公して家計を助けることが求められていた（Uno, 1991b; Walthall, 1991）。

　十九世紀初頭には，職業や経済的な豊かさが必ずしも社会階級とは結びつかなくなり，こうした階級制度は崩壊し始めた。ヨーロッパの貿易商人により推し進められた「開国」に続く政治的動乱の中，徳川幕府は，階級制度の終焉を宣言する下級武士集団によって打倒された。明治政府は社会統制を維持する手段として，長年続いた社会単位である**家**制度の道徳的，経済的機能を強化した。**家**は代々続く拡大家族であり，家の財産，職業，家名，地位の維持を目的としていた（Uno, 1991b）。社会構造の点から見ると，**家**自体の中にも強固な序列があり，家族の成員はそれぞれに定められた役割を果たしていた★¹。1900年代初頭の国家主義の時代には，政府は自らの政治的権力を増強させるため，こうした**家**による社会統制機構を一層強化し，増大させた。第二次世界大戦後，**家**制度の法的権力は占領軍の強制改革により解体され，民主主義国家の形成に向けてさまざまな改革が実施された。その中には，エリート主義的な教育改革も含まれていた（Hunter, 1989; Reischauer, 1981）。

第6章　幼稚園と社会階層―階層社会で幼児が経験すること―

現代日本における社会階層

　一部の元華族出身者は今もなお人と人とのつながりによって恩恵を受けているのかもしれないが（Hunter, 1989, p. 77），現代の日本社会における階層差は学歴と職業によってほぼ決定されている。ヴォーゲル（Vogel, 1963）は第二次世界大戦直後に「サラリーマン」と伝統的・非専門的職業に従事する人々の生活を比較研究し，家族のライフスタイルに見られる社会階層差を詳細に記している。大企業に勤めるサラリーマンは自営業者に比べると高収入を得ており，しかも終身雇用が保証されていた。それゆえサラリーマン家庭は，1950年代の経済成長に伴う消費拡大の波にのる余裕が十分にあった。しかし，高度経済成長に続いて起こった多くの変化が，新中流階級の家族関係に大きな影響を及ぼした。大家族は減少し，母親が子どもと過ごす時間は増え，父親は家庭から遠く離れた場所で仕事をするようになった。このような家族構造の変化の結果，母子関係は明らかに緊密になったが，その一方で，父親は子どもの生活の周辺に追いやられてしまった。

　さらに近年，中流階級家庭の子どもと勤労者階級家庭の子どもでは，学力向上や学業成績の面で異なる種類の経験をしていることが，さまざまな研究によって明らかにされている。たとえば，親がどのように就学前の子どもに小学校への準備をさせているのかについての日米比較研究では，日本における強い社会階層の影響が確認されている。11歳から12歳の日本人児童の学業成績を予測する上で最も強力な要因は，自分の子どもにどこまで進学させたいかという（子どもが3歳の時の）母親の期待感であり，それは社会階層と大きく関連している（東，1994a）。東（Azuma, 1996）はこの研究プロジェクトをふり返り，こうした結果に対する驚きを以下のように書いている。「日本は中流階級というひとつの社会階層しかない社会であると考えられてきたため，社会階層差はあまりないだろうと予測していた。しかし，結果を見ると，日本にはアメリカと同程度の社会階層差が見られた。さらに驚いたことに，小学校高学年までの追跡調査のデータからは，アメリカよりも日本において，より大きな社会階層差が見られたのだった」(p. 237)。

コンドウ（Kondo, 1990）のエスノグラフィーも，日本の都市部の家族の教育熱に社会階層が強い影響を与える様子を描き出している。この研究では，東京の下町に住む堅実な勤労者階級と，より洗練された感覚を持つと思われる山の手のエリート層を比較している。コンドウによれば，下町の人たちは，子どもたちが現在よりも高い社会的地位を得ることを強くは望んでおらず，わが子の学力の低さをあきらめつつも，素直に受け入れていたという。

子どもが高い社会的地位を得ること（あるいは現在すでに持っている高い社会的地位を維持すること）を望む日本の親たちは，子どもが質の高い高校，さらに有名大学に合格できるよう援助する。受験には実力主義的な側面があるものの，裕福な家庭では子どもが受験に成功するよう，あまり裕福でない家庭ができないことを子どもにしてやることができる。比較的裕福な家庭の母親は高学歴で，家計を助けるために働く必要が少ないので，子どもの勉強を手伝うことができる。また家庭教師を雇ったり，子どもを月謝の高い塾に送り込むこともできる。高い社会階層にいる子どもたちは，自分の勉強部屋を持ち，物を奪い合うきょうだいの数も少ないことが多い。また，たとえ受験に失敗したとしても，それほど優秀でない学生も受け入れてくれる，有名企業と良好な関係にある（高額な学費の）大学に入学することができる（Rohlen, 1983）。

家庭環境と学業成績の関連性を実証するその他の例として，日本のさまざまな地域における学校予算と幼稚園数を調査したデータがある。小中学校への1人あたりの支出は都道府県によって著しく異なり，東京のような大都市部での支出は2対1の割合で地方を上回っている（Smith, 1994）。また，幼稚園の就園率は全国均一に分布していないということを全国的なデータは示している。つまり，一般的に教育機会が多いとされる地域（たとえばエリート高校の多い地域など）や，高学歴の両親が多い地域では，就園率も高い傾向にある（Smith, 1994）★[2]。

本章では，非常に異なる社会階層に属する家族を対象にした2つの幼稚園を比較し，幼稚園間の社会階層差について考察する。さくら幼稚園は，非常に裕福な社会階層の家庭の子どもたちが通う幼稚園である。さくら幼稚園に通う子どもの父親は，ほとんどが大企業の部長か役員であり，母親のほとんど（専門職につく何名かの母親は例外として）は仕事を持っていない。一方，ひまわり

第 6 章　幼稚園と社会階層―階層社会で幼児が経験すること―

幼稚園は，都会の荒廃した工場地帯に位置している。ひまわり幼稚園に通う子どもの父親の大多数は，地域の小さな工場で働いているかサービス業に従事している。母親の多くは，自営業の手伝いや内職，あるいは小規模の商売に従事している。これら2つの幼稚園はともに私立であるため，園の経営は主に保育料に依存している。ひまわり幼稚園の保育料はさくら幼稚園に比べかなり低額であることから，さくら幼稚園に比べると，予算の上でより多くの制約を受けている。

　最初に，施設の状況や利用可能な教材，カリキュラム，幼稚園の掲げる教育目標に関する園長の見解などについて調査したさくら幼稚園の事例を取り上げる。また，教師と園児の関係や園児どうしの関わりなどについても述べる。続いてひまわり幼稚園について詳しく紹介したあとで，今回調査対象となった他の幼稚園で社会階層差がどのように現れているかを論じる。

弘子の一日：さくら幼稚園

弘子と母親は毎朝急な坂を登り，さくら幼稚園に通う。2人が幼稚園に近づくにつれ，道沿いの景色は高級マンションから大小の木々へと変わっていく。長い車道のカーブが緑の木々を抜け，幼稚園の門の前へと至る。9時までには，園の前の道路には，BMWやこの町の細く混み合った道に最適な小型ベンツのステーションワゴンなどがぎっしりと並ぶ。弘子と母親が幼稚園に着く頃には，高級な普段着に身を包んだ子どもたちも車から出てきて園舎に走っていく。

長く四角い幼稚園の玄関ホールは明るくて気持ちがよい。モザイクタイルの大きな壁面には，パンダ，キリン，白鳥などの動物が描かれている。建物の中に入ると，母親と子どもはグレーのタイル敷きの通路を通り，子どもの上履きが入っている靴箱へと向かう。靴箱の6フィート（約180cm）手前から，グレーのタイルは少し高い段差のある赤いフローリングの床に変わる。これは内部者，つまりこの場合には子どもたちだけが利用できる領域を示す象徴的な境界線となっている。弘子が靴箱の前に座って外靴から白い運動靴に履き替えている間，母親はこの境界線で立ち止まっている。弘子は小島園長への挨拶の列に加わり，順番が来ると，園長先生と同時に注意深くお辞儀をして「ごきげんよう」という丁寧な挨拶を交わす。

113

園長への格式ばった挨拶とお辞儀からなるさくら幼稚園の登園の儀式は独特であり，子どもたちとその家族が高い社会階層に属していることを示すものとなっている。「**ごきげんよう**」という言葉は，別れの際に相手の健康を願う若干古風な挨拶の表現である。こういった言い回しは，上品でとても丁寧な表現であると考えられているが，通常，幼稚園児が使うことは求められていないし，まして大人から子どもたちに向かって用いられることもない。さくら幼稚園の教師は，幼児と話す際に通常用いられる口語体のくだけた言葉を使わず，一日中きちんとした丁寧語を使って園児に話しかける。こうした丁寧語の使用は，ここに通う子どもたちが普通の子どもとは異なっていて，いくぶん特別な存在であり，配慮しなくてはならないという感覚を反映しているように思われる。また，こういったことがらは，子どもたちが「注目され，物的資源を与えられ，尊重されるに値する存在である」ということを象徴的に示している（Lareau, 1989）。

◆ さくら幼稚園の施設の状況

　弘子の教室は，クラスメート全員が入っても十分に余裕があるくらい大きい。さくら幼稚園も日本の多くの幼稚園と同様，床面積のほとんどを遊び場よりも机や椅子を置くスペースに割いている。しかし，4歳児用の保育室には，本物の畳を敷いたままごとコーナーがあり，本や積み木をしまったり，園児の作った作品を飾る棚がいくつも据え付けられている。掲示板には，子どもたちが描いて切り取った各自の大きな自画像が貼ってあり，絵にはそれぞれ子どもの名前と誕生日が貼り付けてある。また，子どもたちが色を塗った世界中の国旗が保育室内に紐でつるされている。

　園児たちはサッカー場の半分ほどの広さの園庭で遊ぶことができる。地価の高さは世界でも1, 2を争う都市で，この園庭の広さは並外れている。園庭の一方の端には，大きな砂場が2つ，ブランコが数台，滑り台，そしてさまざまなよじ登って遊ぶ遊具がある。天候が悪くて外で遊べない時には，園児はサッカーや鬼ごっこができるくらい広い大講堂で遊ぶことができる。幼稚園には屋外・屋内のそれぞれで使うさまざまな遊具が備えてある。屋外用には，ボール

第 6 章　幼稚園と社会階層——階層社会で幼児が経験すること——

保護者のボランティアに援助されてモンテッソーリの教具で学ぶ男の子。

やフラフープ，竹馬，備え付けの遊具のほかに，たくさんの砂遊び・水遊び用の遊具がある。教室内の遊具は一般的なアメリカの幼児教育施設に比べれば少ないが，日本の他の幼稚園に比べるとかなり多い。標準的な教室用の遊具に加え，運動会など特別な行事で使う用具や小道具も備えられている。

　ほとんどの幼稚園では，子どもたちはブレザーや帽子を着て登園し，園に着くとスモックに着替える。時には，通園用の服から園内用の服へというように，衣服をすべて着替えさせる幼稚園もある。ほとんどの幼稚園では，クラスごとに帽子の色が異なる。したがって，子どもたちはある幼稚園の園児であり，また園内ではあるクラスの園児であるというように容易に見分けられる。ところが，さくら幼稚園には制服が存在しない。園児はみな弁当箱やその他の持ち物を入れる小さな籐製のバスケットを持っていて，それによってのみ，さくら幼稚園の園児であることがわかる。このバスケットは，大抵の幼稚園の園児が持っているビニール製の幼稚園かばんとは大きく異なっている。園長によると，さくら幼稚園では園児に自己を表現する機会を与えるため，一般的な幼稚園の規範とは異なる方法を選択したという。こうした方針には，園児の服に泥がついたり傷んだりしても裕福な保護者であれば容易に買い換えることができるため，園生活から生じる服の破損を防ぐために制服を着せる必要がないという事

実も反映しているのかもしれない。

◆―遊びの中での社会関係，学校への準備，自己表現

　子どもたちが人間関係の築き方を学ぶ手助けをすることが園の主な教育目標であると，さくら幼稚園の小島園長は語ってくれた。園長は，自分の気持ちや考えを表現する能力と，他人と関係を築いていく能力を直接結びつけて考えている。

> 　私たちは，子どもたちに他人の気持ちを理解し，また「私はあなたが好きです」と素直に言える能力を育てたいと思っています。私たちの全体的な目標は，子どもたちが自分の気持ちを十分に表現でき，人の役に立ち，思いやりのある人間に育つよう手助けすることなのです。

　こうした社会的能力を育むために，園では，目には見えないが綿密に練った指導方針に従いながら，子どもたちに可能な限り自由遊びの時間を与えている。1週間に3日，弘子は園全体の朝礼に出席し，朝の体操をしたり，歌ったり，安全や今後の行事に関する園長の短い話を聞いたりする。午前中の残りの時間はずっと屋内や屋外で自由に遊ぶ。小島先生は，幼稚園で学校の勉強を導入することに対して慎重である。さくら幼稚園に通う子どもの多くは，幼稚園のあと，お稽古ごとや教室に通っているため，小島園長は園児にそれ以上のプレッシャーを与えないよう配慮している。

> 　母親たちにどれだけ（子どもたちをそうした教室に行かせないように）言っても，結局はそうします。ですから，私たちは**幼稚園**の方を，子どもたちがただひたすら遊ぶことができる場所に変えました。この**幼稚園**は，昔から子どもたちにとって楽しい場所でしたが，私の両親が経営していた頃は，遊びだけでなく，勉強もある程度は教えていたのです。

　さくら幼稚園では，学校での勉強の準備を強調することはまったくないが，園児は毎日の保育活動を通して知的刺激を受け，学校での勉強の準備につながる経験をしている。4歳児クラスの先生は，母の日にカードを作ったり，自分の将来の願いを書いたり，劇の練習では自分のセリフを読んだりといった，読

み書きを基本とする多様な活動を行っている。また，他の先生たちも，毎日の活動に数字を使うものを取り入れるようにしている。たとえば，園児たちはままごとコーナーでおもちゃのお金を使って数えたり，先生から配られた物を数えるように言われたりする。さくら幼稚園の先生たちは，子どもたちが楽しんでいるのであれば，このようにさまざまな経験を与えることはよいことだと感じていた。

　短大を卒業した橋本先生は，5年間さくら幼稚園で働いている。大抵の場合さくら幼稚園の教師の勤続年数は，日本の常勤の幼稚園教諭の平均勤続年数より長い。それに加え，さくら幼稚園の教師は，園児と親密な関係を築くことができるように2年間続けて同じクラスを担当する。さくら幼稚園の1クラスの園児数は少なく，また経済的に恵まれない地域の幼稚園教師がしなければならないような，掃除や教材作成などの雑用に時間をとられることも少ない。そのため，教師は園児一人ひとりと十分に関わることができる。

◆──思いやりと自立を促す強力な方策

4歳の弘子は，3歳児クラスの子どもたちがリレー競争の練習を終えるのを見ている。さくら幼稚園にはクラスが7つあるが，来週はそれぞれのクラスが親の前で音楽の発表とリレー競争をすることになっている。弘子のクラスの子どもたちが演奏の練習をするため園庭に移動した。それぞれ明るい色の旗を持ったクラスの園児が4列に並ぶ。ディズニーの音楽が園庭の傍らに置かれたスピーカーから流れると，子どもたちは旗を一斉に振りながら走って行く。クラスの担任や主任，園長の拍手と賞賛を受けながら，子どもたちは，ほとんど間違えることなくそうした動作を2度行う。弘子は先生が「練習は終わり」と言うまで静かに立っている。その後，子どもたちは自由遊びの時間となり，砂場に走って行く★3。

　昼食後，再度練習が行われる。今度は，弘子のクラスはリレー競争の練習を行う。4コースからなる楕円形の競技用トラックが園庭に描かれている。園児たちは列に並んで競技に備える。先生の合図があると，他の園児たちが大声で声援を送る中，最初の列の園児たちがスタートする。走者がトラックを一周し，次の走者にタッチすると，にぎやかな声援の中，次の走者がスタートする。1人の男の子が，自分のコースを離れてトラック内部を横切り，他の走者よりかなり早くトラックの反対側に到達する。その男の子がゴールに近づくと，主任の先生が走り寄り，手首をつかんでサイドラインまで引っ張っていく。他の子どもたちが走っている時には，先生はその男の子をサイドラインに残し

て自らがリレー競争に加わり、男の子の代わりに走る。男の子は競技が終わるまでその場にひとり立っている。

後にこの男の子の不正行為について尋ねたところ、主任は以下のように述べた。

> あの子は、比較的よくできる子どもですから、今回がリレー競争の単なるリハーサルであることはわかっています。ですから、自分は本気でやる必要はないと考えたのでしょう。他の子どもたちは、先生も真剣にやっているのだから、自分たちも真剣にするべきだと考えていたのでしょうが、ああいう行動によって、他の子どもたちも、どうしていいかわからなくなってしまいます。わざとああいう行動をとって他の子どもたちに迷惑をかけたと思うので、私が代わりに走り、あの子にはそれを見せることにしました。終わったあとで、担任の先生に何があったかを伝えるように言いましたが、そうしませんでした。私が担任に話したことを知って、あの子はあきらめて謝りました。放課後、担任があの子を私のところまで連れてきて、「言うことがあるでしょう」と言うと、「明日はちゃんとやって、一生懸命がんばります」と言いました。

子どもが故意にクラス活動を混乱させるような行動をとった場合、さくら幼稚園の教師たちがいかに真剣に対処するかをこの出来事は示している。この男の子のとった行動の結果は、レース中に他の子どもたちから隔離され、担任の先生や主任の先生へ謝罪しなければならなくなった。こういった罰はみなの前でおおっぴらに行われ、教職員による直接的な権力の行使を伴っていた。さくら幼稚園での観察を通して明らかになったのは、教師たちは園児が決められた日課を忠実にこなすことを重視していることであった。たとえば一日の終わりには、園児は一人ひとり園長のところに行ってお辞儀をし、きちんとしたさようならの言葉を言わなければならない。急いでいい加減なお辞儀をした子どもは、きちんとできるまでやり直しをさせられる。さくら幼稚園の教師たちも、他の幼稚園の教師と同様に、母親たちは自分で子どものしつけをしたがらない、またはできないと考えており、このような正しい社会的態度（**しつけ**）を指導することに対して特に強い責任を感じている。

◆——一日の終わり

リレー競争が終わると、子どもたちはそれぞれ教室に戻り、降園の準備をする。少しの

間ピアノのまわりに立って、歌をいくつか歌い、先生とクラスのみんなにお辞儀をして一日をしめくくる。子どもたちは教室の入口で列になってロビーまで進み、そこで園長にお辞儀をしてさようならの挨拶をする。母親たちはグレーのタイルのところで子どもたちを待っている。弘子は靴を履き替え、靴を靴箱に丁寧に揃えて入れる。母親に笑顔で挨拶し、2人は丘を下りて帰宅の途につく。

　まとめると、さくら幼稚園の園児たちは、子どもはそれぞれが異なる個性を持っていて、一人ひとり大切な存在であるという、一貫したメッセージを日々受け取っている。園児たちの個性は、制服の代わりに私服の着用が許されているという点でも強調されていた。また、園児は小規模クラスのおかげで、大勢のグループの一員ではなく、少数の中の1人であった。また、遊び道具を選ぶ際には、さまざまな遊具の中から自由に好きなものを選ぶことができた。担任の教師は一人ひとりの子どもと十分な時間をとって話をし、子どもたちが何か上手にできた時にはほめていた。また、洗練された表現や丁寧語を使うことによって、子どもたちには特権が与えられており、特別な地位にいるという感覚が授けられていた。

　しかしながら、教師は子どもたちが個人主義的になりすぎないように気を配っていた。子どもたちが自分で何かを選ぶ機会が多く、子ども一人ひとりにいきとどいた気配りがあることが、結果的に子どもの自己中心的なわがままにつながることのないよう、教師は他人の気持ちを思いやることや協力すること、集団活動に参加することなどを丹念に教えていた。自由遊びの時間は、クラスの活動が間にはいることによって時どき中断される。クラス活動では、まわりの子どものリズムに合わせなければならない。グループの目標や進行を意図的に無視する子どもに対しては厳しく対応する。総合的に見て、さくら幼稚園は子ども重視型のプログラムを実施している園であるといえるだろう。ただし、強く断定的なしつけ方法をとっている点は、こうしたプログラムを持つ幼稚園としては例外的である。こうしたしつけは、子ども一人ひとりへの気配りや物質的な豊かさが、子どもたちに与えてしまう悪影響を相殺するために意図されたものと考えられるだろう。

Contested Childhood

友子の一日：ひまわり幼稚園

友子は，母親が経営する美容院の前の水たまりを何度も行ったり来たり飛び越えながら，幼稚園の先生が迎えに来るのを待っている。友子はポリエステル製の濃紺のスカートとブレザーの制服を着ている。数分後，小林先生と数人のクラスメートが狭く曲がりくねった道をゆっくりとやってくるのを見つける。友子は，すでに最初の客の頭を洗っている母親に向かって手を振る。先生は笑顔で友子を迎え，子どもたちの列の後ろに並ぶよう指示する。子どもたちの列は，この下町に並ぶ食堂，食料品店，小さな商店などを通り過ぎて行く。通りは一車線で歩道がないため，車が通り過ぎる時には子どもたちはビルのそばに立ち止まってじっと待つ。

10分もたたずに幼稚園に到着する。門をくぐって園庭に入る。園庭は，奇抜な動物の漫画が描かれたコンクリート製の高い塀によって道路から隔てられている。何日か続いた雨のせいで，園庭には大きな池のような水たまりが1つと小さな水たまりがいくつもできている。先生は水たまりを避けて園庭の端の方を注意深く歩き，1950年代に建てられたコンクリート製の2階建て園舎の正面玄関まで子どもたちを連れて行く。

友子は保育室まで走っていき，そこでブレザーから水色のスモックに着替え，幼稚園の名前が入った明るい黄色のナイロン製の肩掛けかばんを置く。大抵の場合，友子は園に着いたあと1時間くらい保育室か園庭で遊ぶ。ひまわり幼稚園の園児の3分の2は，母親か教師と歩いて登園する。残り3分の1の園児は通園バスで登園する。通園バスは何度か往復するため，園児たちは9時から10時の間に到着する。今日はバスが故障したため，先生は最後のグループが到着するまで朝礼を遅らせることにした。

園庭はかなり濡れていて外で遊ぶことができないので，友子は園児でいっぱいの騒がしい保育室に残った。クラスメートの半数はすでに保育室で小さなグループに分かれ，おしゃべりしたり遊んだりしている。小林先生は発表会用の衣装を縫っているが，時どき手を休めて顔を上げ，子どもたちを静かにさせる。保育室内の空間のほとんどは3列に長く並ぶすり減った木製机で占められている。くすんだ色に塗られたコンクリートの壁は汚れていて，床から天井に向かってひび割れができていた。下水の臭いが洗面所から玄関まで漂っている。保育室の端には先生の机とオルガンが置てある。そのほかには，本棚が1つとカゴが2つあり，一方のカゴには大きなプラスチックのブロックが，もう一方には動物のぬいぐるみが詰まっている。保育室に園児たちの作品は飾られていない。

友子は少し立ち止まり，何をして遊ぶか考えている。友子は自分の道具入れの棚に走っていき，クレヨンと色鉛筆と粘土の入った箱を取り出す。友子は自分の机に粘土を持っていくが，その机ではすでに5，6人の子どもたちが粘土遊びやぬり絵をしている。友子はそこで20分ほど粘土遊びをする。まわりがどんどん騒がしくなっていく。何人かの男

の子がブロックで作った銃で撃ち合うふりをしながら部屋の中を走り回っている。他の子どもたちは，その様子を見たり，ぼんやりとしている。

◆―ひまわり幼稚園の施設の状況

　全体的に見て，ひまわり幼稚園の園舎はくたびれていて手入れも不十分である。園庭は梅雨の時期には利用できず，さくら幼稚園のように屋内で運動ができる広い場所もない。狭い保育室は園児でいっぱいだが，他に遊ぶ場所がないため，園児たちは天候が悪い日には一日中保育室の椅子に座って過ごさなければならない。遊具はいくつかのブロックとぬいぐるみだけしかないので，園児たちは主に鉛筆や画用紙や粘土で遊んでいる。先生は，発表会に必要な道具を購入する代わりに自分たちで作らなければならず，それにかなりの時間を費やす。通園バスのサービスは保護者にとっては便利だが，登園や降園時間がまちまちになりがちであり，たまにバスが故障した時には問題が生じる。ひまわり幼稚園は今回訪問した幼稚園の中でもかなり資源の乏しい幼稚園であったが，通園バスのサービスを行っている他の幼稚園でも，朝何度も行われるバスの往復に始業をあわせていると，園児の到着時間に1時間以上の幅ができてしまうことがあった。たとえばたんぽぽ幼稚園では，先生は最後のバスに乗った園児たちが到着するまで園に来ることができなかった。子どもたちが1時間近く教師の監督もなく放っておかれることに対して何人かの母親から心配の声が上がったため，園では，他の園児たちを待っている間，早く到着した園児たちに「書き方」のプリントをさせるようにした。

◆―社会的・認知的発達を導く教師の役割

　10時半に他の4歳児クラスの先生がやってきて，3歳児クラスの先生が病気で欠勤することを小林先生に伝える。こういった場合には，4歳児クラスの先生たちが3歳児クラスをみることになるだろう。数分後，3歳児クラスの園児の半数が自分の椅子を持って4歳児クラスの保育室に押し寄せる。小林先生は，椅子を対にして並べ，お絵かき用具や粘土を持ってくるように園児たちに指示する。園児たちはクレヨンや粘土を持ってすぐに戻ってくる。そして，それぞれ椅子の前に座り，箱から道具を取り出して遊び始める。その後30分間，園児たちはその姿勢のままで，隣り合った子どもとおしゃべりしながら絵を描いたり粘土で遊んだりする。

11時過ぎになると小林先生は縫い物をやめ、子どもたちに**発表会**の合奏の練習をすることを告げる。**発表会**は運動会と同様、日本の幼稚園では一般的な行事である。発表会は、子どもたちが楽器演奏、演劇、図画工作などの作品を披露する機会である。友子のクラスは演奏を2曲行う。小林先生は楽器の入った箱を机の後ろから取り出し、木琴、トライアングル、鈴などの楽器を子どもたちに渡す。友子は渡されたトライアングルを持ち、鳴らし始める。先生がオルガンのところに戻って和音を弾くと、子どもたちは途端に静かになり、2度目の和音で合奏と歌を始める。演奏が終わると、小林先生は子どもたちをほめ、今度は楽器の演奏がない2番目の歌の練習をするために和音を弾く。友子は先生に元気よく歌うように言われたことを覚えているようで、クラスメートと誰がいちばん大きい声を出せるか競うように大声で歌っている。

自分の席で昼食を食べたあとも、園庭はまだ濡れていて外で遊ぶことはできない。園児たちは再びブロックやぬいぐるみ、お絵かき道具や粘土などを取り出す。小林先生は園児の出席ノートが山積みになった自分の机に向かう。園児の声でまわりがどんどん騒がしくなる中、先生は各園児のノートに出席のスタンプを押しながら、ノートの山を整然と振り分けていく。

午後2時、小林先生は事務作業を終える。保育室にいる園児たちに降園の準備をするよう指示する。園児たちはスモックを脱いで帽子をかぶり、コートを身に着ける。みんなで歌を3曲歌い、先生とクラスメートに向かって一斉にお辞儀をして、園での一日を終える。園児たちがまだ濡れている園庭へと階段をかけ下りると、そこには母親たちが待っており、その中の何人かは自転車で来ている。集団下校をする友子と他の子どもたちは、小林先生の後ろに並んで列を作り、門を出て通りを歩いていく。

　ひまわり幼稚園の園児たちは、大人の監督をほとんど受けずに、一日の大半を自由に遊んで過ごしていた。教師が積極的に子どもの中に入っていくことがあまりないので、園児たちはさくら幼稚園の園児たちよりも自由に遊んでいた。しかし、自由遊びに使うことができる場所や遊具が少ないため、園児たちの活動の幅は限られていた。筆者の観察中、ひまわり幼稚園の先生が園児一人ひとりに話しかけることはめったになかった。あったとしても、それは非常に悪いことをした園児を叱る時だけであった。乱暴なふるまいや他の園児への暴力は通常、無視されるか、先生からの簡単な声かけや指示によっておさえられていた。ひまわり幼稚園に通う子どもの大部分は、先生と個人的な会話を一言もかわさないで一日を過ごすようであった。さくら幼稚園の子どもたちに比べると、ひまわり幼稚園の子どもは、教師から社会的相互作用を育むための明示的な指導や手助けを受けることがほとんどなかった。

第6章 幼稚園と社会階層―階層社会で幼児が経験すること―

　ひまわり幼稚園の園児たちは自由遊びの時間を十分に与えられていたが，遊び道具の選択肢は限られ，認知的な発達を刺激するような，物や教師と関わる活動にはほとんど関与していないようだった。お絵かきやごっこ遊びをして遊んでいる間も，子どもの現時点での能力や技能をさらに伸ばそうとするような教師からのはたらきかけは見られなかった。概してひまわり幼稚園の子どもたちは，教師からのいきとどいた気配りがなくても何とかやっていくことが求められていた。

　限られた場所と用具しかないことは，子どもが行うことができる活動の種類を確実に狭めていた。しかし，ここまで述べてきたひまわり幼稚園のカリキュラムが，制約された物的状況によってのみ決まっていると考えるのは間違いである。ひまわり幼稚園での毎日の活動は，すべてではないが，ある程度は園長の考え方とも合致したものとなっている。インタビューの際，宮野園長は社会的関係の形成を促進することの重要性を強調していた。園長によると，「子どもたちが人間関係を築くこと」は幼児教育の最も重要な目標であり，多くの日本人にとってもとりわけ重要な目標である。園長は子どもたちが豊かな感情を持ち，それを表現する能力を育てることを重視するとともに，「思いやりに満ちた心」を育むことを望んでいた。また園長は，子どもたちが幼稚園という共同体の一員であることを通して，こうした能力を培ってゆくことを願っていた。さらに，宮野園長は，他の幼稚園の園長と違い，園長自身が一人ひとりの子どもと親しくなれるように，入園者を150名以内に制限しているのだと言っていた。園長は公私ともにその地域で過ごしてきたため，地域の人々と深いつながりがあること，またその地域の住民や家族と長期にわたる関係を築いてきたことを誇りに思っていると語った。

　ひまわり幼稚園の宮野園長の教育方針がさくら幼稚園の職員の見解と異なるのは，教育目標そのものではなく，指導方法とそれを実践する度合いである。文部省（現文部科学省）が重視する個性化教育について質問した時，宮野園長はやや否定的な様子で肩をすくめて答えた。「私は，先生に個性化をすすめるよう言っています。そうした目的を達成するために，……先生たちは一人ひとりの子どもの欠点だけでなく長所も見つけなくてはなりません。そうして先生たちは，それぞれの子どもに合った指導をしていかなくてはならないのです」。

こうした個性化教育のすすめは，私自身が観察した光景とはまったく異なったものであった。園長は口では個性化教育を支持していたが，熱意に欠けた答えから，園長が個性化教育をあまり重視していないことがうかがえた。実際，大規模クラスと極端に少ない遊具の中で，教師たちがこうした一般的な指針を実行に移すのは，いかなる場合においても困難だろう★4。

　さくら幼稚園とひまわり幼稚園のもうひとつの決定的な違いは，子どもたちの認知的な発達と将来の学業面の達成を促進するという園の役割の中に見られる。インタビューの中で宮野園長は，欧米諸国の幼稚園でよく見られる，認知的刺激を子どもに与える指導方法に自分は同意できないと言っていた。園長の部屋にフレーベルの肖像画が掛けてあることからもわかるように，園長は有名な幼児教育者であるフレーベルの理論に精通している。しかし，認知的な教育活動を推し進めると，子どもたちが教師に反抗するようになったり自分に自信をなくしたりすると宮野園長は考えるため，子どもに「知的なこと」を教えることは好まなかったのである。宮野園長によれば，「枇杷の実は熟れる前につんではならない」のである。また，宮野園長は，大人と子どもの興味，能力の違いをはっきりと区別していた。子どもにとって一番大切なのは**子どもらしい**ことであり，大人の問題について子どもが真剣に話したり興味を持ったりするよう求めるのは非現実的なことであると信じていた。さくら幼稚園でも，教職員は子どもの発達を重視する視点に立っていたが，たとえば，読み書きの能力などは，幼稚園児に適切な活動であれば，行ってもよいのではないかと考えていた。

結論

　これら2つの事例は，裕福な家庭の子どもたちと勤労者階級の子どもたちを対象にしたそれぞれの幼稚園における子どもの社会化の過程について，さまざまなことを示唆している。エリート家庭の子どもが多い他の2つの幼稚園（こばと幼稚園と杉の子幼稚園）もまた，さくら幼稚園と似通った特徴を持ってい

た。たとえば，2つの幼稚園はどちらも私立で，郊外の高級住宅地に位置している。また，さくら幼稚園と同様，広大な園庭，広々とした園舎，少人数制のクラス，そして豊富な遊具を備えている。両幼稚園とも，子どもたちが降園後，音楽教室やスポーツ教室などに通うということもあってか，社会性と情緒の発達に重点を置いたカリキュラムを採用していた。両幼稚園の教職員は，他人への思いやりや集団に適応できる能力の発達を促進する一方で，どのようにしたら子どもたちに自己表現の機会や自発的選択の機会を与えられるか長時間にわたって議論していた。そして，両幼稚園の教職員は，子どもが自己中心的な理由からその場にふさわしくない行動をとった時には厳しく対応し，そうした行動をやめさせていた。

　さくら幼稚園とこばと幼稚園は，子ども重視型の幼稚園に分類できるだろう。自由遊びに必要なさまざまな遊具を十分に用意する資金がある上，1クラスの人数を制限することで，教師は一人ひとりの子どもに気を配ることができた。また，教師の給料は比較的高く，長く勤めやすいので，子どもは教師との間に長く継続する関係を形成することができた。

　しかし，裕福な家庭向けの幼稚園のすべてが子ども重視型というわけではなかった。特に，集団の規範に適応させるために教師が子どもへかける圧力の大きさは，園によって大きく異なっていた。杉の子幼稚園の園長は，他人に**迷惑**をかけないことを教えることの重要性を力強く語り，園長の妻は，軽い体罰は時には必要であると語った。前述したように，杉の子幼稚園で，与えられた量より多く牛乳を欲しがった子どもは叱られ，自分のわがままを謝らなければならなかった。さらに，幼稚園の敷地は広大で用具も豊富であったが，それらは自由遊びに使われるわけではなかった。代わりに園での一日は，担任の作った見本を見ながら作品作りをする図画工作活動のような，集団的経験を中心に構成されていた。よって，筆者は杉の子幼稚園を関係重視型幼稚園に分類した。

　今回訪問した幼稚園の中で，低所得者層の地域にある幼稚園は，ひまわり幼稚園と同様の問題に直面していた。ある大都市の中心部にある幼稚園では，子どもたちはほとんど何の遊具もない狭く暗い部屋で一日を過ごしていた。そのような状況の中，教職員は子どもたちが何かに集中できるよう，最善の努力をしていた。けれども教職員は，子どもたちの心理的問題が，孤独感や抑うつ，

不安，怒りなどの感情にさいなまれている母親と，狭いアパートで暮らさざるを得ないことから生じていると考えていた。そして，こうした問題に自分たちが十分対応できていないことにいらだちを感じていた。

　ひまわり幼稚園では認知的刺激があまり見受けられなかったが，これは勤労者階級の家庭が多い他の地域の小さな私立幼稚園においても同様であった。その幼稚園では，子どもたちの多くが，発表会に向けて練習をしている他の子どもたちの様子を見て一日の大半を過ごしていた。先生たちは長時間にわたって活発なクラス活動が行われないことに懸念を示していたものの，クラスの規模が縮小できなければ，子どもに一貫して継続した刺激を与えるプログラムを提供することは困難だろうとも感じていた。

　こうした低所得者層向けの幼稚園の事例は，物的資源の問題と園の教育方針とがいかに密接に絡まり合っているのかを示している。さくら幼稚園では，広い敷地と教師1人あたりの子どもの数が少ないことが，子ども重視型の教育方針を実現させ，追求していくことを可能にしていた。他方，ひまわり幼稚園では，子どもの過密した状況と劣化した園舎が深刻な障害となっていた。こうした状況のために，教職員が目標として掲げているにも関わらず，一人ひとりの子どもたちに気を配り，子どもたちの自己表現力を育てることは困難であった。筆者はひまわり幼稚園を関係重視型の幼稚園に分類したが，実際にはプログラム自体がかなり小規模なため，子どもたちの社会関係を深めるという教育目標を達成することは難しそうだった。役割重視型の幼稚園にも勤労者階級の家庭を対象としたものがあったが，第4章で述べたように，中流階級と勤労者階級の境界線上にいる家庭の親は，これらの幼稚園へ通うことが，子どもたちの将来の学業成績やそれに続く就職に有利にはたらくと考えていたようである。したがって，家族がどの社会階層に属するかによって利用できる幼稚園プログラムの幅はある程度限られていたかもしれないが，幼稚園プログラムの性質が社会階層によってすべて決定されるというわけではなかった。

　ここで示したデータはまた，豊かになり，産業化し都市化してもなお，日本においては協力や相互的義務といった集団主義的価値感が存続し続けていることを証明している。社会が地方での農業中心の構造から脱却すれば，集団的責任の社会的価値は減少し，個人の自由を重視するようになると主張する理論も

ある。しかし，さくら幼稚園のような幼稚園では，教職員が子どもの自己実現を促進する一方で，集団的義務の意識を植えつけるというように，不安定なバランスを保とうと努めていた。心理学者チデム・カイチバシ（Çigdem Kağitçibaşi, 1989）は，こうした姿勢が，伝統的に強い集団主義的価値感を持つ社会の都市部の現代エリート層に見られる特徴的なパターンであることを見出している。カイチバシによれば，このパターンに当てはまる家族は，伝統的な社会のようなしっかりした地域社会や親族のネットワークにあまり埋め込まれておらず，子どもは将来，両親の経済的・精神的支えとなるのではなく，当然自分の自立した生活を送るだろうと考えている。しかし，このパターンの親は，欧米の先進国に見られるような個人主義的な志向を持たない。むしろ，子どもたちの自主性を容認しつつ，その行動を厳しく統制することにより，家族への忠実さと個人への忠実さのバランスをとろうとしている。さくら幼稚園やその他の裕福な地域の幼稚園は，カイチバシが描いたエリート家庭と同様の目標を掲げていたようだった。

　さくら幼稚園とひまわり幼稚園の事例は，教育機関が子どもたちに習得させたいと考えている能力の種類によって，いかに階層構造が再生産されるのかを説明しているだろう（Joffe, 1977 の議論も参照）。さくら幼稚園の教師たち（教師自身も恵まれた階層の出身者が多い）は，子どもと深く関わり，子どもが自発的に活動に参加するよう促すことにより，子どもが自らの手で自分の行動を決定する機会が多くなるようにしていた。このような幼児教育を受けた子どもたちには，中流階級や専門的職業に求められる諸技能を発達させていくことが予想される。ひまわり幼稚園では，こうした教育を受ける機会は，敷地不足や各種用具の不足から制限されていた。子どもたちは自分の意見や希望を表現することよりも，むしろ与えられた環境に耐え，適応することを学ぶ。こうした経験は自立的決断や認知的刺激の少ない勤労者階級の職業でうまくやっていくためには有益かもしれないが，多くの家庭が目標としている中流階級の生活を手に入れるために必要な能力の発達を制限してしまうことになるのかもしれない。

【第6章・注】

★1 （原注）Uno（1991b）によれば，**家**の典型的な特徴は特に武士の家庭に特有のものである。「徳川時代を通じ，**家**の理念が地方や都会の庶民の間にどの程度広く普及していたかについては，誰もまだはっきりと証明していない」。

★2 （原注）学校の評判もまた自らが位置する社会階層に結びついている。志水（Shimizu, 1992）は通称**しんどい学校**と呼ばれる学校に通う子どもたちが，中流階層の子どもたちとは非常に異なる学校経験をしていることを見出している。

★3 （原注）園長と副園長は，発表会が迫っているので，特にこの日は通常よりも綿密に一日の計画が立てられているのだとくり返し強調していた。

★4 （原注）ひまわり幼稚園のプログラムは，固定的なものでも権威主義的なものでもなかったが，自立性を育てたり自己表現を奨励したりするようなものでもなかった。プログラムは，集団（ここでは幼稚園や地域社会）に対して共感と愛着を持つという伝統的な目標に向かって，筆者には理解できないような方法で進んでいっているようだった。宮野先生が自らの教育方針を詳細に説明することはなかったので，筆者はこの幼稚園のプログラムについて長所よりも短所に目が向くようになってしまったのかもしれない。筆者が園長の教育方針を誤解していることはあり得るし，園のプログラムが園長の教育方針を忠実に実践している可能性もある。おそらくひまわり幼稚園で実践している社会化教育は「滲み込み（osmosis）」（Azuma, 1994b; Hess & Azuma, 1991）という東の概念で最もうまく説明できるものであろう。直接的な言語教示による指導法とは対照的に，滲み込みとは「社会環境からの非意図的な影響力のことであり，教師の側からすれば主にモデリングによって，子どもの側から見れば偶発学習によって生じるものである」（p. 279）。

第7章
神道・仏教・キリスト教系の幼稚園

　一世紀以上もの間，神道と仏教とキリスト教は互いに絡み合いながら，宗教的で哲学的なタピストリーを織り上げつつ，日本の幼児教育に強い影響を与えてきた★1。これらまったく異なる思想がどのように融合してきたかを示す例として，フィラデルフィアのラトガース神学校を出たばかりのウィリアム・エリオット・グリフィス（William Elliot Griffis）が日本人にキリスト教による魂の救済を広めるために船で降り立った1870年の東京を思い浮かべてほしい。日本はそれより2年前にようやく250年にわたる孤立の時代に終止符を打ったばかりであり，その後，欧米との結びつきを強化すべく**文明開化**に取り組んでいる最中であった。当時は，生物と無生物の両方に神が宿ると考え，複数の神々を信仰する神道が，仏教とともに千年以上にわたって信仰されていた。

　東京での新しい生活に慣れるに従い，グリフィスは出会った人々に魅了されていった。グリフィスは多くの同僚の宣教師とは異なり，神道の儀式に興味を持った。また，来日から1年もたたないうちに，「神は『兄弟愛と慈悲という人間らしい信条』と『変わることなき道徳の堅固な基盤』とを持った仏教を創造された」（Rosenstone, 1988, 邦訳 p. 167）ことを感謝するようになる。時がたつにつれ，グリフィスは，キリスト教がはたして日本の人々に恵みを与えられるのか，疑問を感じ始める。この時グリフィスは次のように書き記している。「キリスト教文明の真の恩恵が生み出す数多くの贅沢や不必要な奢侈とともに，これら素朴な人々がかつて経験したことのない恐るべき悪や不幸もまた必然的

に生まれるのだと考えるなら，僕は心底からの躊躇を感ぜざるをえないのです」（邦訳p. 162）。ペリーによって強制的に開国させられた後，グリフィスのようなキリスト教宣教師は日本に足がかりを得ようとした。プロテスタント宣教団は，外国との交易のために開港されていた4つの港に滞在を許されたが，キリスト教を禁じてきた幕府からの敵意に立ち向かわなければならなかった。そして1890年代には，反外国人，反キリスト教の動きが再燃し，旅行と滞在に対して新たな規制が設けられ，宣教団は結果的に少数の人々をキリスト教に改宗させることができただけであった。さらに，キリスト教では宗派が分裂していることも勢いを失わせる原因となった。宗派の複数状態は，国の中心となる宗教を通して国家の団結力を高めようとする，時代の潮流とは逆行するものだった。

歴史的視点から見た幼稚園と宗教の関係

　1872年に近代的な教育制度が確立したことに伴い，文部省（現文部科学省）によって最初の幼稚園がいくつか設立された。当時の学制は，明治初期の政府の自由主義的な指向性を反映し，学ぶことの個人主義的な性質と，個々人がそこから得る恩恵を強調していた（Wollons, 1993）。私立，公立幼稚園は，ともにドイツの幼稚園の考えに基づいてつくられ，個人の発達に重点を置く方針が採用されていた。キリスト教宣教団は，最初期から幼稚園の設立運動に関わっていたが，その過程で，教育制度について欧米が確立した価値観が日本人に受け入れられるものであることを知った（Reischauer, 1981）。1890年には，キリスト教系の幼稚園がいくつか設立された。中でも特によく知られているのが，アニー・ハウ（Annie Howe）が保育士養成学校（頌栄幼稚園保姆伝習所）とともに設立した頌栄幼稚園である。ハウの幼稚園は，ドイツの教育者であり「幼稚園の父」と称されるフレーベルの哲学を基につくられた。フレーベルの哲学はルソーやペスタロッチー，コメニウスのような哲学者や教育学者の思想と，自身の体験と宗教観とを統合したものであった（Beatty, 1995; Spodek et al., 1991)。その基本となる強調点は，人，自然，神を含む生きとし生けるものすべての根本的調和である。フレーベルが創出したカリキュラムは，子どもの遊びを手助けすると同時に，自然界の調和の概念を教えることを目指すものであった。

　ハウはしだいにフレーベルの考えを日本の環境に合うように適合させていった。フレーベルの著作を日本語に訳し，挿絵は日本人にとって馴染みある場面に描き直させた。ハウは最初，自身の所属する組合派教会の見方とやり方を遵守していたが，ついには日本の祝日を祝い，教室に天皇の写真を飾ることも許すようになる。ハウの保育士養成プログラムに参加した多くの日本人教師が自分たちの幼稚園を設立するようになるにつれ，ハウの影響はさらに大きなものとなっていった。

　しかし，1890年代に力を持った保守主義者たちは，ハウの思想をそのまま採用することに異議を唱え，それに変わって親孝行，忠誠心，身体の鍛錬や愛国心を養う道徳教育に重きを置くことを奨励した。国が支援する神道の影響力を高めるため，1899年には学校におけるキリスト教と仏教による宗教教育は公式に禁止された。宗教系学校の多くは非常に不利な立場に置かれることになったが，なんとか経営を続けていた。

　1912年に進歩主義的な大正時代が始まり，政治の風向きが再び変わるとともに，幼稚園のカリキュラムも多様なものとなっていった。1926年には天皇の勅令による「幼稚園令」が公布され，個々の幼稚園に独自のカリキュラムを決める自由が与えられた（Shwalb et al., 1992）。多くの幼稚園で，当時新しい手法であったモンテッソーリ・メソッドやデューイの思想が取り入れられ，宗教団体は以前よりオープンに幼児教育という市場に参入することができるようになった。1929年には，「乳幼児の教育の改善と発展」を目指し，日本仏教保育協会が設立された（日本仏教保育協会, 1998）。

　大正時代が終わりを告げると，国家主義的な気運が再度高まり，結果的に愛国主義と道徳教育を強調したカリキュラムへと再度の揺り戻しが起こった。幼稚園や保育園は，工場で働く母親の子どもたちのための「戦時託児所」に変わり，一年中開園している施設になった　（Shwalb et al., 1992）。第二次世界大戦の敗戦後，幼稚園は再び文部省の管轄となる。文部省は「保育要領」を出し

たが，それは「日本よりもアメリカの価値観や哲学を反映したもの（たとえば自由遊びを通して個性を育むことなど）」(Shwalb et al., 1992, p. 335) であった。これに続く教育要領の改訂[★2]については，次の第8章で，公立と私立の幼稚園を比較する際にふれることとする。

現在，特定の宗教的な信念に根ざしたカリキュラムを持つ幼稚園の正確な数を知ることは難しい。宗教団体によって設立された多くの幼稚園では，宗教的な観点が特に強調されているわけではなく（Tobin et al., 1989)，そうした幼稚園が経営されるのは主に財政的な理由からである。40％の仏教寺院が宗教とは無関係の活動から収入を得ており，これら宗教外の活動の中で，幼稚園経営は最も一般的なものである。特に熱心な仏教系幼稚園の経営者が日本仏教保育協会の会員として活動していると考えられるが，この団体には598の保育園と763の幼稚園が会員として名を連ねている（日本仏教保育協会, 1998)。キリスト教系の幼稚園の数はさらにはっきりしており，1990年度の数字で見ると，日本には1636のキリスト教系幼稚園があり，そのうち3分の2はプロテスタント系，3分の1がカトリック系である。この数は，日本全体で14,988の幼稚園があるうちの10％強を占めている（キリスト教年鑑, 1990）[★3]。

本章は，4つの仏教系幼稚園，4つのキリスト教系幼稚園（カトリックと長老派教会）と，2つの神道系幼稚園の園長の話をもとに構成されている。訪問したすべての宗教系幼稚園で，園長は自らの信仰と幼稚園カリキュラムの関係について明言していた[★4]。筆者の観察では，その深さと幅に違いはあるものの，子どもたちはすべての幼稚園で何らかの表立った宗教的活動に参加していた。たとえばキリスト教系の幼稚園では，朝と食事の前後に毎日お祈りがあり，また週に1回，何らかの形で教会の行事に出席することも一般的に行われていた。またクリスマスには，子どもたちはキリスト降誕の劇を含むさまざまな宗教活動に参加していた。

こうした宗教系幼稚園は少数派かもしれないが，さまざまな文化モデルを浮き彫りにしている点で興味深い。そうした文化モデルは多くの場合，薄められた形ではあるが，宗教と無関係な幼稚園にも見られる。神道や仏教は日本社会の中に千年以上も存在し続けてきたので，その宗教的信念が子どもの本質や保育に関する人々の考え方の中に抜きがたく浸透している。だからこそ，宗教系

第**7**章　神道・仏教・キリスト教系の幼稚園

幼稚園でも宗教とは無関係な幼稚園でも，文化モデルは同じように現れるのである。大都市の繁華街にある公立幼稚園の園長は，園にある鳥小屋やウサギ小屋，やぎの飼育を神道の自然観に結びつけることはなかったが，子どもがこうした動物を世話することで何を学ぶかという点に関しては，生き物の中に宿る神性についてはっきりと述べる神主の見方とよく似た考え方を持っていた。

神戸の長老派教会系幼稚園

くるみ幼稚園は繁華街の古い町並みの中にある。狭い道沿いに，伝統的な瓦屋根の木造家屋に混ざってコンクリート造りの新しい建物が立ち並ぶ。通りにはたくさんの小さな商店が互いに押しのけあうように並んでおり，魚屋や豆腐屋，果物屋や八百屋が狭い敷地にひしめきあっている。筆者が幼稚園に着いた時，園長は自分が牧師をしている長老派教会の前に立っていた。小さな教会の前庭を通って，園長は筆者と同僚を幼稚園の園庭へと案内した。庭の一方に1950年代に建てられた簡素な1階建ての建物があり，中は3つの保育室になっていた。暖かな日だったため，保育室の大きな引き戸は開けられており，3人の先生がそれぞれの保育室の前でおおらかにほほえみながら筆者たちの到着を待っていた。筆者たちは保育室へと案内され，まず，園長とともにお茶を飲み，話をすることから始まった。

　会話の中で田村園長は，くるみ幼稚園がとても小さく，3つの保育室に55名の子どもしかいないと説明した。園にはもっとたくさんの園児を受け入れる余地があるが，需要はそう多くはない。なぜなら，町の中心部の子どもはどんどん減っており，家族は郊外へ移り住んでいるからである。園長は園児がもっと多く入園することを歓迎しているが，同時に，クラスが小さいことで園の使命を果たすことができるとも考えている。

◆―神の子ども：自己表現と社会参加とのバランス

　田村園長は，キリスト教の教えの根本には神の愛があるという考えを中心にして幼稚園のプログラムを作成している。田村園長や他のキリスト教系の園長によれば，子どもは神からの贈り物であるのだから，**一人ひとりを大切**にしな

ければならない。たとえば，かなりや幼稚園の松田園長は次のように言う。

> イエス・キリストが神の愛の教えを運んでいらっしゃいました。神の愛とは，神が一人ひとりの子どもを愛していらっしゃるということです。子どもは一人ひとりが神様からの贈り物ですから尊いものです。両親を通じて，子どもはそれぞれ神様から授けられるのです。神様が子どもたちを授けて下さったことを深く感謝しています。

こうした園長が個人を尊重するひとつの方法は，自分がすることといつそれをするのかを子どもたちに自由に決めさせることであった。その結果，自由遊びがカリキュラムの基本を形づくることになった。田村園長は，欧米の宗教的な思想の中にある自己決定の根本的な重要性を知るにつれ，教師中心の活動を避けることが大切であるという確信を強めていったのである。

> 私たちは子どもの**自発的行動**を尊重しています。以前は子どもたちは教会のチャペルで週に1回お祈りをしていました。歩く時には，子どもたちは手をつないでいなければなりませんでした。これでは教師中心の活動ですし，大人の側が子どもにあれこれ指図することになります。子どもはそれにきちんと応えようとしていました。でも，この雰囲気を変えることにしました。私はそういうやり方が好きではなかったのです……。教師の求めることと子どもたちのしたいこととは違いますから。もしも子どもたちがお話の時間によく聞いていなかったとすれば，そのお話が子どもたちにとって面白くないものだったということです……。教師はそこでただ静かにしなさいと言えばいいというものではありません。

厳しい権威主義的な手法に対して田村園長は慎重なものごしで反対していた。こうした姿勢は，他のキリスト教系園長たちによる日本社会の一部の要素に対する批判的な意識とも共通するものだった。特に，集団への順応を強調しすぎていることを非難する人もいる。たとえば松田園長は，自分なりの道徳的判断のものさしを持たないように見える日本の人々を憂えていた。

> 結局，日本社会は文化の背景に集団主義的なものを持っているのです。他の人と同じようにしていれば安心です。でも，それでは大切な何かを失ってしまうかもしれません。実際，こうしたことが歴史の中で起こってきたのですから，子どもたちは自分自身で何が正しいか判断できるように育っていくべきなのです。

キリスト教には日本における長い苦闘の歴史がある。十九世紀のようにあか

第 **7** 章　神道・仏教・キリスト教系の幼稚園

らさまに差別を受けることはないが，それでも日本の社会では若干周辺的な位置に置かれている。キリスト教の教えに基づく道徳観だけでなく，こうした「部外者」としての道のりを考えると，キリスト教の教育者が，子ども個人の権利を尊重するという考えに向かうのも不思議ではない（Reischauer, 1981）。日本のキリスト教系幼稚園では，個人主義への志向を持つ教職員であっても集団の一員であることを学ぶことの重要性を否定しないが，日本の状況では，個人としての子どもは見過ごされがちであると感じているようだった。考えていた通り，訪問したキリスト教系幼稚園はすべてが（第5章でも説明したように）子ども重視型であった。

　教師たちは子どもに自発的な活動を経験させるだけでなく，集団での経験も準備することで，地域社会の共有意識を育てようとしていた。筆者が訪問した日には，森田先生のクラスでは「お集まり」の活動をしており，それぞれの子どもの「がらくた製作」★5について話し合っていた。くるみ幼稚園では子ども一人ひとりに注意を向けることを教育哲学としていた。それは子どもが他の子どもに関心を持ち，互いに関わり合う力を身につけることを助けるためであり，入念に行われた話し合いもそうした哲学と一致するものだった。

　子どもたちは各自1時間以上かけてテープや糊，ハサミを使い，家から持ってきた廃材で制作課題に取り組んでいた。休み時間を外で活発に遊んだあと，子どもたちは保育室に戻り，輪になって座った。森田先生は子どもたちの作品を一つひとつ手に取ってまわり，子どもたちを話し合いに引き込んでいった。ひもを引っぱると尾羽が起きあがる孔雀やステンドグラスに似せて小さく四角に切ったティッシュペーパーを貼り付けた厚紙の宝石箱，飾りの生姜とプラスチックのコップが添えられたお寿司セットなど，子どもたちの作品は想像力に溢れ，形も複雑だった。森田先生は何を作ったのか一人ひとりの子どもに尋ねていった。そして，一つひとつの作品のよさや特徴を見つけ出していった。先生が粘土の人形が入っている箱を手に取ると，それを作った和美が，男の人がお風呂に入っているところだと説明した。先生は，和美が箱の外側が木に見えるようにとてもうまく色が塗ってあるとほめ，クラスのみんなに向かってこう言った。「先生は，お風呂の内側の色が違うことにびっくりしました。みんなもびっくりしたでしょう？」。そして和美に，お風呂の中に水が入っていることを表現するために何か付け加えることを考えていたかどうか尋ねた。和美は何も思いつかなかったと言った。そこで森田先生は子どもたちに尋ねた。「和美ちゃんに，ここをこうしたらいいよ，と言ってくれる人はいますか？」。何人かの子どもがストローを小さく切って使うのはどうか，とか青い紙を細長くして使うのはどうか，といったアイデアを出した。森田先生がクラスの子ども

135

たちにどちらがいいか尋ねたところ，子どもたちは細長い紙を使う方がいいと言い，和美も賛成してうなずいた。

コトロフ（Kotloff, 1993）による日本のキリスト教系幼稚園のエスノグラフィーの中にも，子どもたちが作品についてグループで話し合う時間に関する記述が見られる。幼稚園では職員が，「子どもの成長と一人ひとりの創造性を育むことができるような，子どもどうしが互いに支え合うクラスをつくるため，グループと個人の活動を組み合わせた斬新なカリキュラムをつくりあげていた」（p. 19）。筆者が調査した子ども重視型幼稚園と同様に，コトロフが観察した教師も「子どもと遊び，子どもからの質問に答え，何をするか選ぶのを手助けし，子どもたちの説明や計画を聞き，教材や道具を配りながら保育室内を歩き回っていた」。そして，作品を作り終えたあとの「お集まり」では，何人かの子どもたちに自分の作ったものについて説明させ，どうやって作ったか，作る過程でどういうところに苦心したか尋ねていった。コトロフは，教師が上手に子どもたちを話し合いに引き込む様子を明快に記している。コトロフの記述は，森田先生のやり方の特徴をうまく言い表している。

> 教師は，一人ひとりの子どもがクラスの他の子どもたちから肯定的な意見を得られるよう工夫していた。子どもの発表を熱心に聞くことで，その場での適切な行動をみなに示していた。……熱心な声の調子で興味があることをはっきりと示しながら，子どもの作品を尊重していることを伝えた。子どもたちに質問をしたり意見を求めたりすることで，聞いている子どもたちの注意と参加の意識を保とうとしていた。さらに，発表している子どもを直接ほめるのでなく，その作品をみなの前でほめ，「すごいと思わない？　きれいにできたわね。黒のクレヨンと，黄色のクレヨンと……」と言いながら他の子どもたちからも同意を引きだそうとしていた。こうしたやり方は，子どもたちの注意を他の子どもの作品のよい面に向けるだけでなく，教師が自分だけの意見を述べているのではなく，子どもたちの肯定的な意見をみんなの代表として言っているという印象を与えるものでもあった（p. 22）。

くるみ幼稚園の森田先生や他の教師たちは，芸術においても言語表現においても，想像力と自己表現能力を伸ばすことに関心を持っていた。さらに，このように個人の活動に注意を向けることと，集団での関わりに注意を向けることとの間でバランスをとることにも気を配っていた。森田先生は次のように語っている。

3歳児はただ単に箱をいくつか横に並べただけで、「できた」と言うことが多いようです……。でも、自分だけが何を作ったのかわかっているのです。その後、自分が作ったものを他の人は違うように見ることに気づいていきます。そうやって他の人が自分の作ったものをどう見るか知ることの重要性に気づくのです。作品作りを通して、子どもたちは**共通理解**を発達させていくのです。これが私の目標とするところです。1人の子どもが何か特定のことを学ぶのではなく、すべての子どもが共同での学習活動に参加することを目指しています。

キリスト教系幼稚園では、思いやりの気持ちや他の子どもたちと仲良くいっしょに活動する技能を身につける機会を大切にしているため、障害のある子どもを特に積極的に受け入れていた。障害のない子どもにとって、自分と明らかに異なる特徴を持った人々と出会う貴重な機会になると感じていたからである。くるみ幼稚園のある先生は次のように言っている。

お気づきかと思いますが、クラスには障害のある子どもがいます。私はこの子を特に注意して見るようにしていますが、他の子どもたちにも、「先生が他の子といる時には、助けてあげてね」と言っています。最初、その子どもが学習をしたり作業をしたりするスピードは他の子どもたちとずいぶん違っていました。他の子どもとうまくやっていくのが難しかったからです。でも、だんだん他の子どもとも接するようになっていきました。その中で、子どもたちは一人ひとりの違いを理解するようになり、それぞれの子どもの特徴を認め合うようになりました。私は、このプロセスが子どもたち相互のやりとり全般についても当てはまると思っています。

幼児教育について西洋の理論から学ぶこと

キリスト教系幼稚園の園長は、西洋の宗教的信念を理解しているせいかもしれないが、筆者が訪ねた他の幼稚園園長よりも、欧米の幼児教育の理論を学び、それを適用することに関心があるようだった。たとえば、多くのカトリック系幼稚園が、アメリカのカトリック系幼稚園と同じようにモンテッソーリ・メソッドを採用している。筆者が訪問したあるカトリック系幼稚園では、教師全員がモンテッソーリ・メソッド公認の資格を持っており、園ではモンテッソー

リ・メソッドの教具をすべて備えていることを誇りにしていた。教師はモンテッソーリ・メソッドで認められたやり方で子どもたちに接していた。たとえば，子どもが新しい「課題」に取り組むことができそうだと考えた時には，個人や小グループの子どもに対して短い授業を行っていた。モンテッソーリ・メソッドでは，読み書きや算数を指導するカリキュラムが用意されているため，この園の子どもたちはくるみ幼稚園の子どもたちよりも早くからこれらの学習課題に取り組むことになる。くるみ幼稚園の教師は，そういったものは小学校からでよいと考えていた。

もうひとつのキリスト教系幼稚園であるゆりかご幼稚園では，プレリテラシー★6に焦点をあてた構成主義的カリキュラムを実行に移している最中だった。ゆりかご幼稚園の酒井園長は，幼児教育について欧米の理論から広く学ぼうとしてきた。酒井園長が通った地元のキリスト教系大学の教育は，フレーベルの方法に重点を置いていたが，園長はモンテッソーリ・メソッドの講習を受け，ワークショップにも参加していた。そして，印刷物をふんだんに導入し，書いてみる機会を作ることで，プレリテラシーの活動を援助する方法も学んでいた。

ゆりかご幼稚園の保育室は，酒井園長のプレリテラシーに対する知識を反映していた。各保育室には子どもたちの絵が飾られ，それを描いた子どもによる説明が書き添えられていた。筆者が訪問した日の活動は，読み書きの能力を伸ばす機会にあふれていた。4歳児は，説明文が書かれた挿し絵つきのレシピを使って野菜スープを作っていた。5歳児は夏祭りでの体験を作品にしていた。大きなダンボール箱を使って，食べ物や遊びの屋台を作っていた。子どもたちの文字を書く能力は，看板やメニュー，値札その他を作るのに役立っていた。

幼児期からの読み書きの導入はアメリカではかなり一般的であるが，日本ではあまり広まっていない。酒井園長は最初，こうした新しい考えを試すのに，「罪悪感」があったという。

> 私が（大学で）学んだやり方は，子どもが実際にしていることともやりたいと思っていることとも違っています。もし子どもたちが読み書きを学びたいのなら，よいやり方があれば，たとえそれが3歳児であっても教えるべきだと思います。こうした活動は遊びの中に組み入れることが可能だからです。……私たちも最初はとても躊躇しましたし，答えはすぐには見つかりませんでした。けれども，私たちはだんだんに，自分たちのや

第7章　神道・仏教・キリスト教系の幼稚園

っていることが間違ってはいないと考えるようになりました。

　本研究の目的は，園長を動機づけている考え方を理解することであって，それを評価することではない。しかし，日本のキリスト教系幼稚園は，社会的，個人的，認知的な目標の間にバランスを求めるアメリカの教育者たちに多くのよい実践例を示すことができるだろう★7。日本の幼稚園に対する（欧米の）研究者からの肯定的な評価が，多くの場合，もっぱらキリスト教系幼稚園に対して行われてきたのも不思議なことではない（たとえばKotloff, 1993）。もし，アメリカの「主流に位置する」幼児教育関係者に対して，日本の幼稚園の最良の例をひとつだけ選ばなければならないとすれば，筆者はこれらキリスト教系幼稚園を選ぶだろう。教師がキリスト教の個人を重視する見方と，調和のとれた社会的関係に関する日本の文化モデルを融合させるために教師が用いているさまざまな手法は非常に説得力のあるものとなっている。日本のキリスト教系幼稚園では，アメリカの児童中心主義の施設と同様，社会性の発達と個人の発達はひとつに織り合わされるべきものと考えられている。他人を尊重するようになった子どもは，自分自身のことについても何事かを学んでいるだろうし，

キリスト教系の幼稚園で野菜スープの下ごしらえをする子ども。壁に貼られたレシピには，絵と簡単な言葉によって調理の手順が説明されている。

139

自分に自信を持ち，安心感を持つようになった子どもは，社会的な関係を築く準備も整っていると考えられているからである。

アメリカの幼稚園教師は知的な目標をより重視するよう圧力を受けつつあり，子どもの社会的，情緒的な能力を育むという目標は以前ほど重視されなくなっている。けれども，幼児教育の際立った目的が後の学校教育の準備にあると考えられるようになっても，日本のキリスト教幼稚園はアメリカ人に全体論的なアプローチの利点を気づかせてくれるだろう。

神道系の幼稚園

◆―日本における神道と仏教の歴史

日本で最初に神道的な慣習の兆しが現れたのは，紀元前250年の弥生時代である。この時期に，日本に暮らすさまざまな集団からもたらされた多様な宗教的要素が融合したものと思われる。その考え方の顕著な特徴は，神聖な魂，つまり**神**への信仰であった。神道における**神**という言葉を英語ではよく「ゴッド(gods)」と訳すが，以下に引用する津田の包括的な定義が，この複雑な言葉をより詳細に言い表している(Tsuda, 1966, Kitagawa, 1987, p. 44 からの引用)。「(**神**は) 神聖で潜在的な力を持った物質，あるいは形を持った精霊と解釈できるし，身体を持たない精霊とも解釈される。どちらにしても，神は魔術的な力を備えていると信じられ，崇拝の対象となった」。形を持つものの中で**神**とみなされるのは，火，石，ある種の動物，太陽や月のような自然界の要素，あるいは剣や鏡など人工的に作られたものである。具体的な形を持たない**神**は，自然や人に強い力を及ぼすあらゆる要素を含む。初期の頃から，特別な**神**が崇拝の対象となってきた。たとえば富士山などがその顕著な例である。

神道は常に日本の国家体制と強い結びつきを持ってきたが，神道は宗教そのものというよりは，一般には信仰の体系として考えられている。弥生時代の次の古墳時代は550年頃まで続いたが，その頃から伝わる神聖な文献には，日本

の国家としての成立に**神**の果たした役割が記されている（Kitagawa, 1987）。古墳時代の政治構造は，氏族（**氏**）の同盟によって構成されていた。**氏**は社会的，経済的，政治的，軍隊的，宗教的役割を担っていた。各氏族はそれぞれ特別の**神**と結びついており，その**神**は氏族の長によって祀られていた。古墳時代に発展した基本的な儀式が現在も神道と結びついて残っている。それは，お清めをし，お供えをし，祝詞をあげること，神聖な儀式に参加することなどを含む（Nelson, 1996）。

　五世紀になると中国や朝鮮との接触が増え，日本に仏教がもたらされた。仏教は日本固有の信仰体系と融合できるだけの柔軟性があったが，普遍性への志向を持つ仏教と，日本の国家と直接に結びついている神道との間には緊張があった。神道の役目のひとつは，万物を創造した**神**と皇室の間に直接の結びつきがあることによって，皇室には日本を治める権利があることを示すことであった。この時代の支配者は2つの信仰体系のバランスを（儒教も含めて）とろうと試みたが，結局は神道がより大きな力を持つこととなった。仏教の微妙なニュアンスは，日本語で仏典にふれることがほとんどない日本の民衆の間では消えていったが，民衆は仏教が来世だけでなく現世においても精神的，物質的に利益をもたらしてくれることに感謝し，受け入れていった。神道と仏教は十六世紀まで互いに影響を与え続け，仏教の概念に神道の**神**の概念が融合した新しい仏教宗派が生み出されることになった。

　続く江戸時代を通じ，仏教と神道集団の相対的な力関係は，政治的同盟者の勢力の変化に伴い，強くなったり弱くなったりしていた。1600年代には，仏教の聖職者たちは徳川幕府の支配者と結びつくことによって大きな勢力を得た。すべての家庭が仏教寺院への登録を義務づけられ，これにより，僧侶は効率的に「思想統制」の任務を果たすことになった（Kitagawa, 1987, p. 161）。この制度は，1500年代から日本にやってきだしたイエズス会を中心とするカトリック宣教団の影響に対抗するために作られた。天皇家の神聖な起源に関する神道の概念もまた徳川家の将軍たちによって利用された。こうして幕府は封建君主たちを厳しく統制しつつ，250年にわたって平和を維持し続けた。後に**国学**運動が起こり，日本の歴史と日本語とを強調し，儒教と仏教の思想の影響を消し去った「純粋な」神道づくりが試みられた。1800年代の後半になると，

CONTESTED CHILDHOOD

　これら民族主義的な勢力が数を増し，協力して徳川幕府を倒すことになった。こうして成立した明治政府の指導者は，将軍のかわりに天皇に忠誠を誓うこととなった。

　明治政府はさらに仏教を弱体化させることに努め，僧侶を還俗させたり神主にさせたりし，さらに，多くの仏教寺院を破壊した。天皇の権力を強めるため，政府は国家神道をつくりあげた。国家神道は自民族中心主義的な愛国心と天皇崇拝，そしてゆるやかな形で儒教的な価値を取り入れた道徳規範を特徴とする，非宗教的な祭式の体系である。国家神道は，政府の帝国主義的で国家主義的な目的のために二十世紀前半まで力を尽くし，第二次世界大戦では絶頂を極めた。けれども敗戦に伴う強制的な改革によって，神道は政府との特権的な結びつきを奪われることになった。信仰の自由が認められ，天皇は神ではなく，人間であることが宣言されたのである。戦後しばらくの間，神道は過去の政府との関係のため遠ざけられたが，その後名声を取り戻し，90,000以上の神社による，日本最大の（準）宗教団体として存続し続けている（Nelson, 1996）。神道とは正式に関係のない多数の人々が，新車の交通安全祈願や合格祈願のために神社を訪れ，神道の儀式に参加している（Nelson, 1996）。

◆——神社の参拝

　わかば幼稚園のもも組の子どもたちは大きな木の下に静かに立っていた。繁華街にある神社の入り口は木陰になっており，子どもたちは，恐ろしげな顔をした大きな狛犬の像と十二支の動物が描かれた絵を厳粛な面持ちで見つめている。瓦屋根がせり出し，その影になって建物の細い廊下を見通すのは難しい。時間だけが経ち，何も起こらない。庭は100人以上の園児でいっぱいだったが，本当に静かだった。やがて太鼓が鳴り始め，それに続いて，笛の音が聞こえ始めた。突然神社の外に背の高い男が現れた。男は明るい金色の錦織の装束と紫色の絹の袴を身に付けていた。足にはかかとの平らな黒い皮靴を履いており，頭には黒い烏帽子を被り，金色の紐をあごのところで結わえていた。男は長い棒を持っており，先には白い布の房がついていた。男は棒を前後に振り，不意にふり返ったと思うと神社の中へ大股で歩いていった。音楽は神社の外にまで響きわたり，11月の冷気を満たしていた。誰も動かず，誰一人として口を開かなかった。

　数分後音楽がやみ，装束をつけた男がまた現れる。今回はゆっくりと歩き，優しくリラックスした笑顔だった。ようやく子どもたちは，それがいつもの優しい園長先生の顔で

あることに気づいた。園長は子どもたちに言った。「先生は神様とお話をするためにこういう格好をしています。神様に、みんなが元気で大きく立派になるようお願いしました。さあ、クラスの先生からおみやげをもらいましょう。おうちに帰るまで開けないようにね」。子どもたちは興奮気味におしゃべりを始め、丁寧に包まれたプレゼントが入った袋を持った2人の女性の前に並んだ。

　キリスト教系と仏教系幼稚園の園長たちは、各々の宗教的な志向と幼稚園プログラムとの間の多くの明確な関連性について語っていた。一方、神道の場合、幼稚園教育との関係はもっと漠然としたもののように思われた。神道は洗練された哲学的基盤を持つ複雑な宗教ではない。さらに、第二次世界大戦後、国家の政治的権力から切り離される過程で大きく変化してきた。しかし、神道的なものの見方は日本の社会に織り込まれており、幼稚園の多くの一般的な活動の軌跡をたどると、神道の信仰にたどり着くことができる。神道系の幼稚園を注意深く観察すれば、そこには神道の原理が最も意識的な形で示されていることがわかるし、神道系ではない幼稚園で、神道の要素がどのように暗黙のうちに影響を及ぼしているかについてもよくわかるだろう。

七五三の行事　神主でもある園長からお祓いを受ける子どもたち。

Contested Childhood

　訪問した幼稚園の園長は，神道における，自然への感謝と，伝統的な日本の祭りや儀式の遵守という2つの側面が幼稚園のプログラムに影響を与えていると認識していた。この2つの要素に加え，筆者の目には3つ目の要素が神道系の幼稚園の園長たちを特徴づけているように見えた。子どもたちの地域社会とのつながりの気持ちを強化したいという願いである。

◆―自然への感謝

　自然は日本の芸術や文学によく見られるテーマである。日本人による自然の賛美は，富士山のような神聖な場所だけでなく，虫のようなどこにでもいる生き物にも及ぶ。この繊細な感受性は，元をたどれば，**神**がこれら自然の要素に宿るとする神道的な信仰にたどり着く。仏教の生き物に対する賞賛もこの考えと一致する。

　筆者が訪問した神道系幼稚園の園長は，子どもたちが植物や動物に親しむことの大切さを強調しており，生き物を世話することによって，子どもたちが植物や動物に対する感受性だけでなく，さらには人間に対する感受性をも豊かにすると信じていた。大都市の中心部にあるわかば幼稚園では，たくさんの動物が飼われていた。園庭の鳥小屋には10種類以上もの鳥がおり，さらにウサギやモルモットが何匹か飼われていた。敷地内にはさまざまな種類の果物の木が植えられ，小さな菜園や花壇があった。生き物を大切にする姿勢は，幼稚園のパンフレットに最も明瞭に表れている。パンフレットには25ページにわたって幼稚園の動物や植物の写真が説明文つきで載っていた。各ページは，4，5枚の鳥や動植物の写真で構成されていた。サヤエンドウまでもが成長の段階ごとにクローズアップの写真入りで紹介され，さらに，さやの外側と内側の絵が添えられていた。

　わかば幼稚園が取り組む特別活動の多くが自然を中心として展開されていた。ある日，筆者は，子どもたちが幼稚園に植えてある何本もの柿の木から1,000個以上もの実を採っているのを目にした。教師と事務職員は，その日の午後と夜を費やして皮をむいて紐でしばり，ベランダのへりにそって屋根からぶらさげた。翌日子どもたちが園庭に入って，いつもの見なれた建物が明るい

オレンジ色の柿のカーテンによって彩られているのを見た時の効果は抜群だった。伝統に従い，甘くなって食べられるようになるまで，柿は外気に当てて乾燥されることになっていた。わかば幼稚園の子どもたちは，田舎への遠足やいも掘り，みかん狩り，落ち葉拾いやドングリ集め，ぶどう狩りなどを行い，多くの季節の訪れを体験していた。5歳児にとって1年中で一番の楽しみは，山中にある幼稚園の山小屋で1泊することであった。

◆―伝統的な祭りと儀式の遵守

　ネルソン（Nelson, 1996）が書き記しているように，特別な行事を大切にするというのは日本社会の重要な特徴である。「西洋でステレオタイプになっている日本のあらゆる側面の中で……もっと知られるべき文化的特徴のひとつに，日本人が行事を儀礼に従って行うことを好む点が挙げられる。幼稚園の入園，新しい車を買う時，会社に入る時，結婚する時など，大切な時や人生の節目を儀礼に従って承認する行為は，日本人であることの意味づけに深く関わっている」（p. 34）。神主はこうした特別な式典のすべてに重要な役割を果たしている。神道系幼稚園では，宗教とは関係のない幼稚園に比べ，伝統的な祭りや式典を熱心に祝っている。たとえば，**七五三**では3歳，5歳，7歳になった子どもが着物に身を包み，家族といっしょに神社に参拝するが，神道系幼稚園では3歳児・5歳児クラスの子どもを神社での特別な儀式に参加させることで，この日をより一層特別なものにしている。神道系幼稚園で強調されている文化的行事としては，この他にも精巧な飾りつけを施した**神輿**作りが含まれている。伝統的な祭りでは，**神輿**をかついで通りを練り歩く。わかば幼稚園の保護者向けの冊子には，短いズボンにあざやかな柄の**はっぴ**姿で神輿をかつぐ子どもたちが写っている。写真の説明文には，「雨だったけど，みんなで頑張った！」と書いてあった。

　わかば幼稚園の特別な点は，母体となる神社が**相撲**力士の宿舎となっていることである。そのための施設として，力士の住居や土俵，力士の基本食である栄養に富んだスープ（ちゃんこ鍋）を作る台所，そして4人の大きな男性がいっぺんに入れる風呂などがある。幼稚園では，力士が子どもたちと綱引きなど

のゲームを行う催しも主催しており，力士たちは卒園式にもやってくる。園長が卒業証書を子どもたちに手渡すのを**お相撲さん**が手伝ってくれる。

儀式や祭礼に見られる神道の信仰が，教職員の子ども観や子どもへの対応の仕方にどのように浸透しているかを検討するのは興味深いことである。前述のもも組の子どもたちによる神社への参拝には，典型的な神道儀式の要素が含まれている。**神**から加護と助けを授かるために神主がお祓い，お供え，祈願をし，子どもたちが参拝する。紙か長い布がついた棒（**祓い串**）を振ることに象徴される清めの観念は特に興味深い。園長は清めの儀式を行うことで，子どもたちに蓄積し，**神**から授かった生命エネルギーの再生を妨げる「**罪**」（けがれ，罪悪，不純さなど）を取り除いていった。この「けがれ」は徳や調和と対立するものではない。「けがれは，**神**も含めた私たちすべてを苦しめるために存在しているだけで，（これらの）儀式によって後に罪の要素を残すことなく，完全に消し去ることができる……」（Nelson, 1996, p. 104）。

けがれについての2つの強力な観念，すなわち，けがれは本人の過ちから生じるものではなく，また正しい手順に従って取り除くことができるという観念は，西洋社会に多大な影響を与えてきた原罪についてのカルバン派の見方ときわめて対照的である。「けがれ」は偶然の成り行きで一時的にそこにあるだけであるという神道の信念は，子どもは基本的によい心を持っており，社会の中でどのように行動するかを詳細に，優しく教えるだけでよいという，日本人に共通した見方の一因となっていることは疑う余地がない（White & LeVine, 1987）。日本の教師は子どもが間違った行動をした場合，非難したりそれをもともとの性格のせいにしたりするよりも，正しい行動の必要性を子どもに理解させることに注力する傾向があるが，その傾向を助長するのがこうした子ども観なのである。

◆―地域社会の中で生きる

わかば幼稚園の森本園長によると，さまざまな儀式や祭礼の重要な役割のひとつは，歴史や日本文化に子どもたちを慣れ親しませるだけでなく，地元の地域社会とのつながりの気持ちを持たせることだという。園長自身，神主として

の普段の仕事の枠を越えて地域の人々との関係を広げてきた。森本園長は，宗教者として，園長として，またカウンセラーとして，地域の家族を支えていく倫理的義務があると感じている。園長は「幼稚園の役割は，子どもだけでなく，お母さんやお父さんたちにも勉強する場を与えることです。幼稚園は，子どもと大人の両方にとってカウンセリングセンターの役割を果たします」と信念を語った。森本園長も他の多くの園長と同じように，日本の家族の多くが，都市化や拡大家族の崩壊，そして育児への父親の参加の欠如によって深刻な問題を抱えていると考えていた。また，現代の日本の親たちが，自分の子どもの育児について，自分たちが重要な役割を果たしているということをもはや信じていないのではないか，との危惧を持っていた。

> 30年ほど前，私がまだ子どもだった頃，子どもたちは母親の着物のそでにぶら下がって道を歩いたものです。母親が速く歩くと子どもは母親に引きずられて行きましたし，母親がふり返ると，遠心力のせいで子どもは足を浮かせて振り回されました。子どもたちは，親にしっかりしがみついていないと生きていけないことを知っていたのです。……今では人々は，子どもが親と離されても生きていけると思っています。母親にしっかりしがみついている子どもはいません。これは，子どもの側から見れば，保護者は母親だけに限らないと思っていることを示しています。母親がきちんと教育されない限り，子どもを正しく育てることはできません。

森本園長は，教師たちに地域社会ともっと親しんでほしいと願っている。そうすることで，幼稚園で接する家族や子どもたちのことをよりよく理解できるからである。そのために，教師たちが園長のよく知っている地域社会の人たちと顔見知りになる機会を何度も設けている。

> 先生がたは他の地域から通って来ていますので，この地域のことを詳しく知らなければならないわけではありません。ただし，地域社会にもっとふれる必要があると思っています。そのために（一日の終わりに）先生が子どもたちを歩いて家まで送り届けるようにしています。そうしているうちに，先生たちは近所のことを学んでいくのです。子どもたちを家に送り届ける時にはお店の人から声をかけられたりします。先生たち自身がこの地域社会の一員にならない限り，ここでの子どもたちの生活を理解することはできません。この幼稚園の教職員の中で，私だけがこの地域の住人です。道を歩く時にはいつもお辞儀をし，挨拶をしなければなりません。

また，森本園長は教師たちに子どもたちを園外に連れて行くことを勧めている。そうすることで，その地域で行われている活動についての子どもたちの知識が深まるからである。

> あるクラスの子どもたちは，餃子屋さん（ごっこ）をしたいと思いました。そこで，駅前の餃子屋さんへ遠足に行きました。店長はよい人で，子どもたちが邪魔をしても快くどうやって餃子を作るか見せてくれました。子どもたちはいいにおいをかぎながら，どうやったら餃子がよく売れるのか尋ねました。店長は，「一生懸命に餃子を作って，お客さんにありがとうと言っていたら，たくさん餃子が売れるよ」と教えてくれました。次に子どもたちは交番に行きました。……警察官は冗談で子どもたちを捕まえ，車に乗せて，町を見せて回ってくれました。……遠足の目的は，子どもたちに実際のお店を経験させることです。本物を見ることで，地域社会がどんな風になっているのか……子どもたちは理解することができるのです。警察は餃子屋さんを守らなければいけない，ということにも子どもたちは気づきました。……そうやってその気づきを遊びの中に活かすことができるのです。

要約すると，神道のさまざまな考え方は，神道系幼稚園における実践の中に埋め込まれているように思われる。どのような小さな物にも神の心が表れているとする神道の観念は，これらの幼稚園で植物や動物に特別の注意がはらわれていることにも現れている。さらに，日本の生活の中にある独自の伝統と特徴を尊重する姿勢は，伝統的な祝日を祝い，**相撲**などの伝統的な活動をカリキュラムに取り入れることの中に明白に示されている。そして神主が，神社のある地元の地域社会の意味を明らかにし，それをサポートする役割を果たし続けていることもまた確かであった。森本園長のような創造的な人たちは，こうした伝統的役割を，現在日本の家族がかかえている問題に活用しようとしているのである。

筆者が話をした神道系幼稚園の園長たちは，ある種の子ども重視型の考え方を持っていた。他の関係重視型プログラムや子ども重視型プログラムの幼稚園職員と同じように，彼らは子どもたちが善良な心を持っていることを前提としているようであり，また認知的刺激や学校の勉強よりも，社会性の発達により関心を持っていた。しかし，子ども重視型幼稚園の園長のように，集団への参加に対して消極的であったり，創造性や個人の表現を特に強調しているわけではなかった。神道系幼稚園の園長が伝統を大切にし，地域社会の一員としての

第**7**章　神道・仏教・キリスト教系の幼稚園

結びつきを育てることを強調するのは，人間関係に基盤を置くアプローチであると考えることができる。

仏教系の幼稚園

　正面から見ると，あおば幼稚園は保険会社の建物のように見えた。堂々とした現代的な建物は3階建てで，窓には外から見えないように暗い色のガラスがはめ込んであった。しかし，通路を通って園庭に出ると，寺院の伝統的な尖った屋根が見えてくる。古い寺とオフィスビルのような幼稚園の建物は同じ敷地内にあったが，それは日本社会のそれぞれ異なる時代を思い起こさせるものだった。この幼稚園の教育哲学をよく見ていけば，仏教の伝統的要素と，小学校入学への準備についての強い現代的な関心とがいかに巧妙に統合されているかを知ることができるだろう。この方法はうまくいっているようだった。子どもの数は急激に減っているにも関わらず，この幼稚園は繁盛しており，21のクラスに600名もの園児がいた。

　まず，筆者があおば幼稚園で観察した，週1回のお祈りの会の場面から始めよう。

　　拓也は列に並び，寺院へ歩いていくのを待っていた。拓也は，濃紺の半ズボンのサスペンダーをいじりながら何回も飛び跳ねていた。午前中ずっと机で作業をしていたため，落ち着いていられないようだった。先生からの合図で，クラスの子どもたちは廊下へ出て，階段を降りていった。陽のあたる園庭を通り抜け，ヨーロッパのお城のような大きな遊具の横を通り，暗い寺の中へと入っていった。先生が手を振ると，他の教職員が静かに子どもたちを，先に入っていた3歳児クラスの列の後ろへ並ばせていった。

　　拓也は本堂に入り，クラスメートの隣りの床に正座した。天井は頭上25フィート（7.6m）もの高さがあった。部屋の端から端まで頑丈な杉の梁が渡されており，天井はその梁で支えられていた。きれいに磨かれた柱は子ども2人が手を広げてやっと届くくらいの直径があった。祭壇の前の杉の柱と畳の温かみのある色合いが調和して，内陣の金の仏像の美しさを際だたせていた。

子どもたちが全員寺院に入ると，副園長が短い講話を始めた。講話では，すべての生き物に優しく思いやりの心を持つことの大切さについて全般的な話がされた。それから，より具体的な話に移り，動物に石を投げてはいけないこと，そして生きている花に水をやるよう子どもたちに言った。次に内陣の一方の壁に掛けてある大きな掛け軸を指差した。掛け軸には，色とりどりの大きな尾羽をつけた空想上の鳥が描かれており，鳥は石や木や葦に囲まれていた。副園長は，鳥は動き回ることもできるし他の鳥たちと話をすることもできるが，人間の言葉は話せないので，私たちに鳥たちの問題を伝えることはできないのだと言った。人は生きるために魚や作物を食べるけれども，私たちはお米や魚に感謝しなければいけないと強調した。そして，感謝の気持ちを忘れないように子どもたちに言い，先生はすべてを見ることはできないが，お釈迦様は見ていて下さるので，子どもはみなお釈迦様に感謝することを忘れないように，という言葉で締めくくった。

沈黙があり，次に詠唱が寺院を包んだ。拓也は，何か月も練習をくり返してやっと覚えたフレーズをくり返したが，それらの言葉は古い日本語なのでまだ意味がわからなかった。10分の間，子どもたちの詠唱が寺に響き渡った。時どき拓也は言葉を間違えたが，他の子どもたちについていこうと頑張った。1か月のうちに，拓也とクラスメートは，大人の信徒たちといっしょに，特別な式典に参加することになっていた。

詠唱が終わると，副園長は子どもたちににっこりと微笑み，みんなだんだん上手になっていますよと言い，立ち上がるよう合図をした。拓也は立ち上がったが，30分近くも正座をしていたので足がしびれていた。お祈りの会は終盤に入り，子どもたちは園歌を歌った。手を後ろに回して，拓也は大きな声で歌った。その声は天井にまで届き，それは祭壇の線香から立ち上る煙のようであった。

◆──他人への慈愛：徳の基本的要素

人間の痛みや苦しみを取り除くためには慈愛が必要だと仏教徒は強調する。仏教の倫理では，「宇宙に存在する生命に対する深い感受性と，美的な洗練を責任感と結びつける生態学的な意識」を強調する（Dumoulin, 1994, p. 65）。仏教では特に信者に4つの奉仕活動を実行するよう促している。慈（他人の幸福を願う），悲（他人を苦悩から救い出す），喜（他人の幸福を見て喜ぶ），捨（とらわれない平静な心を持つ），の4つである。

あおば幼稚園で強調される，他人へのいたわりの心は仏教における慈愛の教えと一致するものである。あおば幼稚園の教職員によれば，徳の高い人になることの本質は，**いたわりの心**を育てることにある。親切心といたわりの心は他人に対してばかりでなく，動物や植物を含むすべての生き物に向けられるべき

であると教職員たちは考えている。前述したように，このメッセージは寺院で毎週行われるお祈りで強調される★8。また，幼稚園では実際に植物や動物の世話をするといった，教えと関連性のある経験を子どもにさせている。

たんぽぽ幼稚園の園長にとっては，毎日行われる略式のお祈りが慈愛を教えるために特に重要なことであった。

> さまざまな活動を通して，子どもたちにお釈迦様の心を感じ取ってほしいと思っています。お祈りで手を合わせることは一番大切なことであり，今日の社会では特にそうなのです。私たちは仏教の歌も教えていますし，お釈迦様の誕生をお祝いする時には祭壇にどうやって献花するかも教えています。小さい子どもたちがこうした行為の持つ深い哲学を理解していないのは明らかですが，先生には子どもたちに優しい気持ちを伝えてほしいのです。活動を通して子どもたちに，優しい気持ちを大切にするようになってほしいのです。日本人は食事をする前に手を合わせます。人々はそれを当然のことと思ってしてきました。キリスト教では，人々は「アーメン」と言いますが，これは仏教の「南無阿弥陀仏」に相当します。私たちは感謝の心を最も大切なものと考えています。しかし，今日の日本人は手を合わせることの大切さを忘れがちです。生活の基礎なのですが……。子どもたちは感謝を表してから食事をするべきです。そして，親にも感謝の気持ちを持つべきです。子どもたちはこれを習慣として身につけていきます。そしてそれが最も大切なことなのです★9。

◆──徳を構成する要素としての決断力

仏教系幼稚園の園長は，優しく親切であることを強調していたが，たんぽぽ幼稚園の園長は，仏教が強さと決断力も大切にしていることをすばやく付け加えた。

> **明るく素直で元気な子どもを育てることが私たちの教育哲学のすべてです。**これは，強く，幸せで素直であることを強調する仏教の教えからくるものです。仏教は何事に対しても寛容だと思われるかもしれませんが，必ずしもそうではありません。強く生きることは仏教では重要なことです。強くあるというのは，何事も自信と決断力を持って行うということです。

仏教系幼稚園の園長によれば，慈愛を持つ人間になる上で大きな障害のひとつは，人が生まれつき持っている利己的，自己中心的にふるまう傾向である。

園長は，子どもたちを幼稚園で飼いならすべき野生動物のように見ているようだった。あおば幼稚園では，3歳児は特に大変だと考えられていた。なぜなら3歳児は幼稚園のきまりが理解できず，結果的に「無秩序な」状態になり，先生たちを「戦争をしている」ような気持ちにさせるからである。ある先生は次のように述べている。

> 私は毎日子どもを順番にしつけようとしています。まず，適応性のある子どもから始めます。今日1人の子どもをしつけることはできるかもしれませんが，明日はどうなるかわかりません。……7月には（幼稚園が始まって4か月目)，まだわんぱくな数人の子どもを除けば，みな落ち着いて静かになりました。……今では（11月）その子たちも落ち着いて静かになっています。

たんぽぽ幼稚園の園長も同じような考え方をしている。

> 子どもの**個性**を育てる際には，自由に遊ばせると同時に，しつけることも重要であると考えています。でも，子どもたちは自分のやりたいことだけをしがちですし，自己中心的な個人主義になりがちです。そのため，愛と思いやりの心を無視することになるのです。ですから私たちは子どもたちをコントロールする必要があると感じるのです。これは，日本の教育ではとても重要な点です。

　子どもたちの基本的本性に関する見解は，子どもたちを神からの「尊い贈り物」とする日本のキリスト教徒の考え方とは著しい対照をなしている。興味深いことに仏教徒のこうした考え方は，アメリカの多くの保守的なキリスト教系の教育者の考え方に近い。すなわち，人間には本来邪悪な部分があり，子どもがそれに屈しないよう，大人たちは用心深くあらねばならない，という考え方である（Cleverley & Philips, 1996）。
　仏教系の園長が子どもたちをしっかりとコントロールすることに重点を置いていることから，他の幼稚園，特にキリスト教系の幼稚園よりも，さらに厳しいしつけを行っている可能性があることが示唆される。禅宗では，師が弟子の質問を拒絶したり，叱ったり，体罰を与えたりして，厳しく扱うことでよく知られている（Hori, 1996）。筆者が仏教系幼稚園を観察した時には，批判や，叱責，体罰といったことは見られなかったが，他の資料からは，幼稚園でも仏教

系の先生は特に厳しい対応を行っているのではないかという仮説が肯定されるようである。アリソン（Allison, 1996）は，仏教系幼稚園に通う子どもを持つ母親にインタビューを行ったが，母親たちは運動会での完璧な演技を目指して先生が子どもたちをみんなの前で叱ったり，批判したりするのを憂慮していた。多くの母親が保護者会で教師から非常に批判的な評価を受けたと言っていた。

> ある母親は，先生から自分の娘が年齢相応の課題や技能，行動がほとんどできていないと言われたという。例として，三角形を「正しいやり方」で描けないことが指摘された。この母親が言うには，娘はいつも家で三角形を描いているのに，筆順が間違っていると言われてしまうのである。個人的な会話の中で，私の友人は笑いながら，この先生のものの見方は堅すぎるし，この女の子への評価はばかげていると言っていた（p. 150）。

あおば幼稚園の教職員は，子どもたちが弱さを克服し，個人主義に陥るのを避けるために，大きな集団での活動をできるだけ多く経験させようとしていた。保護者向けのパンフレットの中で，クラスの規模が大きいことについて園長が自説を展開している。

> 多くの方（母親）は，5人から10人の子どもに先生1人といった小規模なクラスの方がお子さんによいと考えていらっしゃることと思いますが，私はそうは考えません。20人から30人のお友だちがクラスにいることによって，お互いに競い合い，学ぼうとする意欲が生まれるのです。ですから，5人，10人といった規模のクラスではだめなのです。もちろん親の**過保護**もよくありません。4・5歳の子どもには集団が必要なのです。

仏教系幼稚園で用いられるもうひとつの方法は，子どもの長所や興味のあることだけに焦点をあてるのではなく，「弱点」を伸ばそうとすることである。この考え方は保護者向けのパンフレットでも述べられている。「幼い子どもたちには，音楽，知性，創造性，健康（運動能力），といった発達のあらゆる分野に目を向けた，バランスのとれた保育が必要です。将来芸術家になる子どももいるでしょうし，学者になる子どももいるでしょう。さらに，運動選手になるような子どももいるでしょうが，だからといって運動能力だけを伸ばしていくのはよいことではありません。たとえば，音楽が得意な子どもに音楽だけをさせていても，その子どもの能力は全体的に見てバランスのとれたものにはな

りません」。一人ひとりの子どもが，基本的な能力を他の子どもと同じように幅広く身につけるよう援助すべきであるということの強調は，第4章の役割重視型幼稚園でも議論された考え方である。

◆──知：知識を得るという目標

　仏教では，無知は欲とともに，この世に生きる苦しみからの救済を妨害するものとされている。知恵と信仰は救済への非常に重要な手がかりであり，知識を得るための主な方法は仏典を勉強することである。仏典自体が権威あるものとみなされるので，信者は「言葉の聞き手」ということになる。仏教徒としての信仰心を示すために，今でも価値のある行為とみなされている，「敬虔な気持ちで仏典を書き写すこと」すなわち写経が，伝統的に重視されてきた (Dumoulin, 1994, p. 55)。

　十八世紀から十九世紀の間，日本の学校では古典を特に集中して学ばせていた。武士階級には**藩校**，一般市民には**寺子屋**という2種類の学校があった。**藩校**の生徒は中国の古典から抜粋した文章を覚え，暗唱したが，僧侶によって設立された**寺子屋**では，生徒は古典の作品を含む教科書を写すことを要求された (Sato, 1998)。こうした仏教の学習方法（ホリ（Hori, 1996）のいう「儀式的形式主義」）は日本の禅道場でも用いられてきた。「儀式的形式主義という用語は，いくつかの行動を包括するために広い意味で定義されている。反復し，暗記し，伝統的な規定に則って行動することがそこには含まれる。儀式的形式主義では，生徒たちは内容や理由を必ずしも理解しないまま，形だけをまねる。そして，『何を』するかは教えられるものの，『なぜ』『どのように』やるかはほとんど教えられないのである」(Hori, 1996, p. 21)。

　私が訪問した仏教系幼稚園では，子どもたちは教科書や教師など，外側にある知識源に順応することを強く求められていた。あおば幼稚園では，寺院を訪れた時の説明にも記したように，子どもたちは古い日本語の長い一節を暗記しなければならなかった。さらに，一日の多くを机の前で過ごし，教師からの指導を受けていた。読み書きがカリキュラムの中心で，**漢字**の読み方や，**ひらがな**の書き方が教えられていた。また，子どもたちは，詩の読み書きや，文法の

第**7**章　神道・仏教・キリスト教系の幼稚園

お堂でのお祈りの会に参加する子どもたち。

基礎も学んでいた。たとえば，敬称の接頭辞である「お」の使い方を，**お当番**等の言葉を例として学習していた。子どもたちは**知能開発**のための活動にも参加していた。視知覚や記憶などの基礎的な認知的技能の発達を促進し，系列化やクラスの包摂関係といったピアジェの原理を教えるため，さまざまな教材が使われていた。さらに，子どもたちは美術やバレエ，英語，楽器の演奏，合唱の授業にも参加していた。

　風の子幼稚園では，前後の脈絡のない認知的刺激を特徴とした，さらに急進的なカリキュラムが実施されていた。子どもたちは，複雑な視覚的，聴覚的パターンを，その意味を考えることなしに覚えさせられていた。たとえば，ある聴覚的な記憶の訓練は，教師がさまざまな複雑なリズムを手でたたき，それを子どもたちがくり返すというものであった。また，世界中の国旗を覚えたり，

155

日本中の駅名に使われる**漢字**の読みを学習したり，古い詩を暗記したりもしていた。園長によると，これらの活動は事実を覚えることそれ自体が目的なのではなく，リズミカルで速いテンポの刺激を脳に与えることを目的とするものだという。

> 子どもたちの頭に知識を詰め込んでいくようなことをするのは間違っています。子どもたちに必要なのは，子どもの言語発達を促すために私たちが行っているような知的刺激です。読み書きのような視覚刺激は大切です。それによって子どもたちは環境から多くのことを吸収するからです。とはいえ，読み書きそのものを教えているわけではありません。読み書きを教えることを通じて子どもの脳のはたらきを強化しているのです。……今日ご覧になったように，刺激を与えることは子どもたちにとってよいことです。（活動の）リズムは非常に速いものですが，この速いリズムがなければ，子どもたちは何にも集中できないでしょう。リズムとテンポが大切なのです。……子どもは生まれた時から母親の心臓音のリズムを身につけているので，後になって速いリズムに合わせるのは簡単です。……速いリズムについていくのが難しい子どもにとってもこの刺激は必要です。子どもたちの変化には目を見張るものがあります。遅かった子どもが速く反応できるようになるのです。これは，幼児期にしか身につけることができないものです。

　風の子幼稚園の園長は，この教育哲学が日本中にある180の提携幼稚園で採用されてきたことを強調していた。これらの幼稚園を代表する団体による（英文の）パンフレットには次のように書かれている。「私たちの団体に加盟する幼稚園では，子どもの教育を，普通の知識や道徳，身体の運動だけに限定していません。私たちは知識，情緒，身体の三者を一体化するプログラムを作成しました。このプログラムは子どもの周りでよく目にする行動，言葉，リズムに基づいているので，子どもたちは自然に楽しくトレーニングに取り組んでいます」。

　仏教系幼稚園に共通しているのは，知識の源として，教科書と教師の絶対的な権威を強調することである。この考え方は，キリスト教系幼稚園の考え方とは対照的である。キリスト教では，知識は，教師の指導のもとでの友だちとの社会的な経験とともに，子ども一人ひとりが探求する結果得られるものである。すべての仏教系幼稚園で場面を設定した授業が実施されていたが，その内容は幼稚園によって違っていた。ある幼稚園では，前述のような急進的な方法を採用し，他の幼稚園では，小学校でよく見られる一般的な方法が実施されていた。

こうした学習に重きを置く方法は，文部省の指針とはまったく矛盾している。しかし，そのことによって多くの親がこうした幼稚園に惹きつけられてもいるのである。

◆─体：身体の大切さ

　禅宗では，座禅によって身体を落ち着かせ，正しく座り呼吸することは，より高い次元の意識にたどり着くために不可欠の修行であるとされている。身体的苦痛や感情，思考を空の状態にすることによって，心と体を一体化し，自己から離れることができる。身体の状態の道徳的な意味合いを分析することは，仏教においても俗世間においても，日本ではよく行われることである。仏教系に限らず多くの幼稚園では，子どもたちは背筋を伸ばして座り，足をそろえるようくり返し言われる。たとえば，わかば幼稚園の習字の先生は，姿勢と知能の関係について，姿勢のよい子どもは後々学校での成績もよいと言う。

　仏教系幼稚園では，よい姿勢は数多くある子どもの身体発達の目的のひとつとなっていた。たとえば風の子幼稚園では，だらしなく座るのを防ぎ，背筋を強化するため，子どもたちは椅子ではなく，背もたれのないベンチに座っていた。子どもたちはどうやって姿勢を保ち，体を動かすか常に注意されていた。先生が出席をとる時には，子どもは各自名前を呼ばれると手を挙げることになっていたが，先生は子どもの手が正しい角度に上がっているか，指がまっすぐにそろっているかどうか確かめていた。あおば幼稚園のパンフレットでは，姿勢と心を明確に結びつけて述べている。「お寺に行くと背筋がまっすぐになります。新しい自分になったような気がして，改まった真剣な気持ちになります。私たちみんなをお守り下さるお釈迦様への感謝の気持ちを持ちながら，人は成長するのです」。

　一日の大半が勉強や音楽の練習で占められているため，厳しい仏教系幼稚園に通う子どもたちが運動をする機会は少ない。運動をする時にはやり方が決まっており，先生が指示をする。たとえば，風の子幼稚園の子どもたちは，どうやってポールをよじ登るのかも指示されていた。一度に6人の子どもたちが各自のポールに近づき，ポールの下で待つ。先生の合図で，ポールをよじ登り，

157

先生が笛を吹くまでその姿勢を保つ。合図とともに滑り降り，次のグループと交替する。

　仏教系幼稚園での運動は，子どもを鍛え上げるために行われることもあった。これは特に風の子幼稚園について当てはまることで，第4章でもふれたように，子どもたちの身体を鍛えるために園長は遠足を計画したりもしていた。この園長が子どもを身体的にも情緒的にも鍛えるために行った行事の例として，お城へ遠足に行った時のエピソードがある。階段が狭く急で，手すりがついていないお城での話である。

（お城の）階段はとても急です。お城の人たちが言うには，幼稚園児が階段を使うのは許可されていないということでした。「これは規則ですから」と言われました。私たちは，「いずれにせよ，私たちはもうここまで来てしまっているのです」と言いましたが，「けがの心配をしているのです」と言われるわけです。けれども，ようやく説得し，お城の中へと入ることができました。（お城の職員は）子どもたちの礼儀正しさに驚いて，「こんなに行儀のいい幼稚園児は見たことがありません」と言っていましたよ。私は子どもたちがこのような体験をすることができてとてもよかったと思っています。

　仏教系幼稚園の園長たちは，適切な栄養と運動が心と体に及ぼす影響についても関心を持っていた。風の子幼稚園の園長は，日本の子どもたちが，運動不足と栄養の偏りのため，太りすぎで引き締まっておらず，「精神的にだらしのないところがある」ことを懸念していた。園長は，「体がとても弱い」という理由で子どもが激しい運動をするのを避ける母親のことを嘆いていた。

（そういう母親に対して）私は，「（お子さんの運動の免除を）望まれるのでしたら，子どもの人生すべてに責任を負うことになることを覚悟しておいて下さい」と答えます。そして，「あなたのお子さんは本質的に弱いわけではありません。もしお子さんが弱いのだとすれば，それはあなたがそうした機会や経験をお子さんに与えなかったからです」と言うでしょう。ですから，無理やりさせるようなことはしませんが，子どもたちに多くの機会と経験を与えるようにしています。……ご覧になったように，この幼稚園に肥満児はいません。子どもたちは身体的にも知的にも鍛えられているからです。子どもたちは精神的にもいい意味で緊張感を保っています。太りすぎなのは食べすぎだけでなく，精神的にもだらしないところがあるからです。

　あおば幼稚園のパンフレットには，栄養と集団への志向と精神的な自覚との

関係が要約されている。幼稚園の5つの特徴のうち，2つ目には次のように書いてある。「すばらしい給食設備!! みんなが同じものを食べ，出されたものは全部食べます。それは私たちの食べ物となる生き物への感謝の気持ちを表しているのです」。

◆―西洋の拒絶と伝統的日本の探求

　仏教系の園長は日本と西洋のふれ合いが広がることを好ましく思っていなかった。また，日本の問題の多くを西洋の影響に帰属させる傾向があった。「帝国軍人」を思い起こさせるかもしれないが，と前置きした上で，率直なものの言い方をする風の子幼稚園の園長は，西洋が日本の子どもたちに与える影響についての批判を躊躇することなく述べている。

> 最近は西洋化によって子どもの数が減り，核家族が増えました。母親は何もする必要がありません。何でもインスタントです。日本の子どもは悪くなってしまうでしょう。あるいはすでに悪くなっているのかもしれません。この状態を正すことが私たちの目標です。日本の急成長は西洋社会をまねることによって成し遂げられたということは認めます。けれども私たちは西洋文化を模倣すべきではありません。最悪なのはテレビやコンピュータゲームです。子どもは本を読みませんし，書くこともしません。車もよくありません。今はどこへ行くにも車を使いますから，人々は体を動かす機会を失っています。肉を食べすぎ，糖分を取りすぎています。西洋のライフスタイルをまねるのはよくありません。

　日本のフェミニストによると，日本女性の地位を男性の下におく社会的圧力として最も影響力が強かったのは仏教だという（Okano, 1995）。実際，仏教系幼稚園の園長によれば，西洋からの影響のうちで最悪なのは，男女平等が浸透しつつあることであるという。たんぽぽ幼稚園の園長は，女性が家庭における男性の権威ある役割を侵害しているという思いにかられていた。「いろいろな意味で，男性は自分たちが優しくしなければ女性は男性に魅力を感じないと思っています。……けれども私は男の子を強く育てるための方法を持たなければならないと信じています。……伝統的な価値観を守るために努力するつもりです」。今の日本の母親には個人主義が蔓延し，さらに，利己主義も増大したこ

とで，母親は伝統的な子育てのモデルから逸脱してしまったと園長は考えている。「母親は，自分が信じる最もよい方法で子どもを教育したいと思っています。その方法が日本の伝統的な慣習にうまく合わないのかもしれません。またそれぞれが独自のやり方を持っているので，母親たちの間での一致もありません」。

筆者が訪問したすべての仏教系幼稚園は役割重視型だといえるだろう。目標（勉強，道徳性の発達，身体の強さ）から方法（大きいグループでの指導，身体を鍛えること，厳しいしつけ）に至る仏教系幼稚園の基本的要素の分析から，仏教が巨視的なレベルで役割重視型の幼稚園に影響していることがわかるだろう。これは，仏教寺院とは直接の関係のないたけのこ幼稚園（第4章を参照）の場合にも当てはまる。

役割重視型幼稚園のプログラムの諸要素は，儒教の考え方とも一致している。儒教では階層的な人間関係が重視されており，「社会の秩序は，役割関係の中で各々の役割を果たすことにより保証される」という信念を強調している（Bond & Hwang, 1986, p. 216）。これら役割重視型幼稚園に儒教が果たしている役割についての詳しい分析はここでは行わない。なぜなら，園長たちが仏教を発想の源としているとはっきり述べたのに比べると，誰も儒教については直接言及しなかったからである。しかし，儒教は実際には強力な影響力を持っているのかもしれない。それはアメリカの子育てにおけるカルバン主義の遺産と対比しうるものであるのかもしれないが，儒教の影響力は相対的には拡散しており，間接的なものである。筆者は分析するにあたり，園長たちの「経験に近いところ」（Wikan, 1991）で影響を与えている宗教的な要素に目を向けようとしてきたつもりである。

役割重視型幼稚園は，市場からも強い影響を受けていることも指摘しておきたい。保守的な政治哲学を支持し，伝統的価値を忠実に守ろうとする幼稚園にとっての危機は，子どもに従順さと協調性を求めることを親たちが拒否するかもしれないということである。子どもに従順さと協調性を求めることは，現代化の傾向や，7歳以下の子どもは小さい宝なのだから寛大に扱われるべきだというもうひとつの強力な文化モデルにも沿っていない（Allison, 1996; Boocock, 1989; Vogel, 1996）★[10]。（こうした葛藤から）これらの幼稚園を救うのは，小

学校のプログラムにまで手を伸ばすことによって，教育熱心な親から自分たちの園が価値あるものとして認められることなのかもしれない。宗教とは無関係の役割重視型幼稚園の例で述べたように，中流階級の周縁部に位置する親にとっては，こういった幼稚園は学校教育でよいスタートを切るための非常に魅力的な方法であり続けるだろう★11。したがって，役割重視型幼稚園のカリキュラムは，伝統的な仏教の考え方と現在の市場の要素が混ざり合ったものであるといえるだろう。これから第8章で見ていくように，市場の状況は，政府から財政的援助を受けている公立幼稚園よりも，私立幼稚園においてカリキュラムを組む際に大きな役割を果たすことになる。

　この章では，キリスト教，神道，仏教のイデオロギーが日本の幼稚園に影響を与え続けている様子を具体的に見てきた。欧米の文献では，日本人は宗教的ではないといわれることが多いが，日本人の宗教観はアメリカの宗教観とは異なる形で表現されているといった方が正確だろう。日本人はむしろ自発的に宗教を融合し，宗教どうしを調和させているように見受けられる。誕生の時と結婚の時は神道に，死と向かい合う時には仏教に，といった具合である。こうした宗教的イデオロギーに根ざした文化モデルは，幼稚園を含む社会生活のあらゆる場面に広く浸透している。

【第7章・注】

★1　（原注）日本の宗教の概要としてはデュモリン（Dumoulin, 1994），ハンター（Hunter, 1989），キタガワ（Kitagawa, 1987），およびネルソン（Nelson, 1996）の文献が参考になる。世紀の変わり目に京都で暮らした若い女性の日記には，神道と仏教の活動が中流家庭の中にいかに浸透していたかが興味深く書かれている（Nakano, 1995）。十九世紀後半の武士階級の家庭生活を描いた杉本の回顧録（Sugimoto, 1925）では，僧侶から受けた教育と，後のキリスト教への改宗が美しい文章でつづられている。

★2　（訳注）1948（昭和23）年に学校教育法の制定に伴い，「保育要領」が公刊された。これは幼稚園教育ならびに保育所，家庭における保育の手引書となることが意図されていた。その後，1956（昭和31）年に，保育要領を改訂し，幼稚園教育の国の基準を示す「幼稚園教育要領」が告示された。

★3　（原注）神道系幼稚園の数に関する資料は見つからなかった。

CONTESTED CHILDHOOD

★4 （原注）神道は宗教そのものというよりは，信仰の体系と考えられているが，筆者は使いやすい呼称として，これらの幼稚園のことを指す時は「宗教的な」という言葉を使っている。教育法として，精神的アプローチを採っている学校に対しては，神道系，カトリック系，仏教系のすべてを含めて「宗教的な」という言葉を用いている。

★5 （訳注）空き箱や牛乳パック，プラスチックトレイ，巻紙の芯などの廃材を利用した造形を指す。

★6 （訳注）遊びの中に埋め込まれた読み書きに関わるさまざまな活動のこと。また，そうした活動を通じて，子どもたちに遊びを通じて読み書きの世界にふれさせていこうとする取り組みのことも指している。たとえば，実際にはまだ文字の読み書きが十分にできなくても，子どもたちは遊びの中で先生に手紙を書いたりレストランのメニューを作ったりして楽しんでいる。また，筆者はイマージェント・リテラシー（emergent literacy）という用語を用いているが，プレリテラシー（preliteracy）という語の方が一般的なので，ここではこちらを用いた。

★7 （原注）皮肉なことに，キリスト教系幼稚園は日本の社会的文脈の中ではどちらかというと受容的な方法をとる幼稚園の代表であるが，アメリカのキリスト教系幼稚園は典型的に保守的である。アメリカのキリスト教系幼稚園の職員は，しばしばアメリカ文化が過度に個人主義的な志向を持つことを嘆かわしく思い，神，教師，そして両親の権威に従う義務が子どもにあることを伝えるのに苦労している。どちらのグループもキリスト教の教義にそれなりに適合したものであるが，それは自分たちの環境の中で文化モデルに合わせた上でのことであるので，結果的に幼児教育をどのように解釈するかについて非常に異なった考えを持つに至っている。

★8 （原注）あおば幼稚園で強調される「感謝の気持ち」の大切さを伝えるための行事は仏教系の幼稚園としては珍しいものではない。筆者が訪問しなかった仏教系幼稚園の本の中にも同様の例が見られる。その幼稚園ではお釈迦様の誕生を祝い，6月には弘法大師の誕生を祝い，そしてお釈迦様が悟りを開いた日と亡くなった日にも式典が行われている。さらに，「合掌」（祈りの形に手を合わせること）や「慈悲」（生命の価値に慈悲の心を示すこと）といった仏教用語が特別な意識を強調するため毎月選ばれる。

★9 （原注）たんぽぽ幼稚園の園長と同様の見方は，あおば幼稚園のパンフレットの中にも見られる。日本の親は子どもたちに精神的な指導を十分行っていない，というものである。「最近では，子どもたちが家で手を合わせる機会はそう多くありません。（幼稚園で）このように静かな時を過ごすのは，とても貴重なことであるに違いありません。手を合わせて祈ることから非常に多くのものを得るのです」。

★10 （原注）日本の歴史をたどると，神道は政府の威信を支えるために使用され，自民族中心主義と極端な民族主義に結びついてきた。第二次世界大戦前はこの結びつきがきわめて強かった。しかし，筆者が訪問した神道系幼稚園の園長たちは，仏教系幼稚園で聞いたような民族主義的な感情を表すことはなかった。

★11 （原注）東洋教授からのコメントに示唆を受けた。

第8章
崩壊しつつある公立幼稚園

　幼稚園全体に対する公立幼稚園の割合は1950年以降増加したが，公立幼稚園の園児数は1955年の38％から1998年の20％へと確実に減少している（森上，1993, 1999）。こうした公立幼稚園から私立幼稚園へという動きは，一体何に起因しているのだろうか。また，教育目的だけでなく，営利目的を持って個人が経営する教育機関へ園児が流れると，将来どのような結果がもたらされることになるのだろうか。第8章では，このような日本とアメリカ双方の教育学者にとって非常に重要な問題を検証する。

　公立幼稚園と私立幼稚園の主要な違いを明らかにするため，A市中心部にある，私立幼稚園として定評のあるわかくさ幼稚園と，A市郊外にある公立幼稚園，ふじの森幼稚園を比較する。中でもそれぞれの園の教育方針が文部省（現文部科学省）の制定した幼稚園教育要領，特に園児の個性をさらに重視した指導法への要請にどの程度沿っているかに焦点をあてる。また，新たな文化モデルともいえる幼稚園教育要領を自分たちで解釈し，教育プログラムの中に盛り込もうと努力している教育者たちの苦悩を明らかにするため，幼稚園教育要領に沿うよう努力しているものの，あまり成功していない公立のたちばな幼稚園のケースについても論じる。さらに，宗教団体系列の幼稚園間の違いだけでなく，公立幼稚園と私立幼稚園の違いについての考察を深めるために行った，関西地方の園長を対象とするアンケート調査の結果についても述べる。

文部省による教育管理体制の歴史

　前世紀を通じて，日本政府は公立，私立幼稚園双方の運営において主要な役割を担ってきた。最初に設立された幼稚園は公立幼稚園（東京女子師範学校附属幼稚園）で，政府が1876年に創設し，75名の東京の裕福な家庭の子どもが入園した。このように早期から主導権を発揮したにも関わらず，政府は小学校以上の教育制度ほどには，幼稚園制度を積極的に発展させようとはしなかった。国の経済を築くために働く親を育児から解放しようという国家の発展計画の一環であった保育所と異なり，幼稚園は富裕層のための公共サービスとしか考えられていなかったからである（Uno, 1987）。実際，幼稚園教育はその後，半世紀にわたって普及せず，十九世紀中は民間の機関がその発展に大きな役割を果たしてきた（Shwalb et al., 1992）。そして，1899年の「幼稚園保育及設備規定」の発表とともに，幼稚園教育制度における政府の管理体制が確立された（Boocock, 1989）。幼稚園の数は1950年代まで実質的には増加しなかったが，戦後の教育制度が確立した結果，数が増え始めた。幼稚園の数は1955年に5,000園余りだったものが，1990年代には15,000園にまで増加している（森上, 1993, 1999）。

　日本で最初の幼稚園教育のガイドラインである「幼稚園保育及設備規定」が発表された1899年から，幼稚園教育要領の最新版（本書が執筆された当時の最新版）が発表された1989年にいたる90年間をふり返ってみると，時には文部省が幼稚園の教育内容に厳しい管理体制を敷き，また時には事実上何の管理も行わないというように，文部省の役割が変化していることがはっきりとわかる。最初の「幼稚園保育及設備規定」では遊嬉，唱歌，談話，手技という4つの領域が示されていた。しかし，それぞれの領域における適切な活動内容について詳細な指示が示されていたものの，園長はかなり自由に幼稚園のプログラムを実施することができていた（Ishigaki, 1992）。「幼稚園保育及設備規定」は1911年に廃止され，その結果，各幼稚園が独自のカリキュラムを組むことが可能になった。1926年，政府は禁止事項の設定よりもむしろ活動の提案をするというかたちで，「幼稚園保育及設備規定」を改訂し「幼稚園令」ならびに

「幼稚園令施行規則」を制定した。戦争中の幼稚園は愛国的な活動を重視し，戦時体制に備えることに主眼を置くよう求められた。戦後，1947年に新しいガイドラインとなる「保育要領」が発表されたが，それに基づき1956年に「幼稚園教育要領」が刊行され，1989年に再度改訂されて現在にいたっている。この章で見るように，こうした教育要領にほとんど注目していない園長が多い一方で，特に公立園の園長は教育要領を真剣に受けとめ，何らかのかたちでその内容を生かそうと試みている。

　戦後発表された3版の幼稚園教育要領の内容を比較すると，園児が習得すべき重要な要素と考えられていた能力（各版の英訳は，Ishigaki, 1992 を参照）について，時代とともに文化的な変化が見られる点で興味深い。一般的な領域として3つの領域，すなわち，健康と身体発達，社会的な関係，自然に対する正しい認識が含まれていることは，3版すべてに共通しているが，図画工作，遠足，劇，音楽などの教育活動重視から，発達過程重視へと方針の転換が起こっている。現在は園児の社会的能力の発達に加え，個人の能力の発達に重点が置かれている。たとえば，1947年の「保育要領」が「身の回りの社会生活や出来事に対するふさわしい態度」（Ishigaki, 1992, p. 127）を身につけるという教育目標を掲げているのに対し，新しい幼稚園教育要領では，園児が自分の考えを育て，感情を表現することを本質的に重視しているのである。1989年に改訂された幼稚園教育要領では，健康，人間関係，環境に加えて言葉と表現が重要なポイントになっており，これら5つの領域を通して，個性を強調する目標が掲げられている。たとえば，言葉についての3つの目標のひとつは，「人の言葉や話などをよく聞き，自分の経験したことや考えたことを話そうとする」（p. 134）となっている。また，表現についての項目は，感情表現（「感じたことや考えたことを自分なりに表現して楽しむ」，p. 134よりの引用）や想像力のみならず，創造性や美的感覚の育成を奨励している。幼稚園教育要領には，こういった目標を遊びや教師との温かなふれ合いを通して達成するよう明記されている。また，教師については，「幼児の生活経験がそれぞれ異なることなどを考慮して幼児一人一人の特性に応じ，発達の課題に即した指導を行うよう」（p. 131）求めている。教師が責任を持って一定の能力を身につけさせ，社会的な関係を築く手助けをすることを規定した初期の幼稚園教育要領に比べ，

CONTESTED CHILDHOOD

1989年改訂版では子どもの個性に焦点をあてている点が大きく異なっている。

筆者が行ったインタビューから，公立幼稚園の園長たちは1989年版の幼稚園教育要領に必ずしも全面的に賛成していたわけではないことが明らかになった。とはいえ，園長たちは教育要領を真剣に考慮し，教師と話し合い，教育要領の方針を何らかのかたちで取り入れようとしているように見受けられた。一方，私立幼稚園の園長の多くは教育要領にほとんど関心や理解を示さず，文部省への反感をあらわにしていた。1989年の幼稚園教育要領の改訂を受けて，多くの公立幼稚園の園長がカリキュラムを大幅に変更したのに対し，カリキュラムの変更を行った私立幼稚園の園長は皆無であったと言っても過言ではない。

筆者が実際に訪問したあおば幼稚園は，文部省に対して比較的否定的な見解を持っているという点で典型的な私立幼稚園であり，次節で詳しく紹介する。わかくさ幼稚園の教職員は，自分たち自身の持つ理念や，保護者からの要求，関心，要望などに基づき，入念に園の独自性を築き上げていた。

オリンピックサイズのプールで有名なあおば幼稚園

春男は少し震えながらプールのある建物に向かって，走って園庭を横切って行った。今日は週1回の水泳教室の日だ。この1月は冷たく陰鬱な大気が町を覆っていたが，ロッカールームに入ると，暖房の暖かい風が春男やクラスメートたちを迎え入れた。春男は今やもう慣れっこになった水泳パンツへの着替えをすばやくすませ，制服を丁寧にたたみ，小さなプラスチックのカゴにきちんとしまった。他の子たちよりも先に着替え終わり，大きな部屋で騒いでいる75名の子どもたちの喧騒にもひるむことなく，おとなしく座った。全員の準備が整うと先生が整列の合図をし，プールがある場所へと移動する。室内の気温は27度に暖められており，プールの平らでなめらかな水面が心を誘う。春男のクラスの38名の子どもたちがプールの片側を使い，他の4歳児のクラスがプールの反対側を使う。それぞれのクラスには担任の先生と水泳のインストラクターがつく。子どもたちは準備体操をし，2人の先生がプールに入ると，プールの縁に座り，バタバタと水を蹴り，跳ね上げ始めた。先生の号令でうつぶせになり，バタ足を始める。みなが勢いよく水を蹴り始めると，先生は列を見てまわり，まだ水にきちんと入っていない子どもに水をかけていく。こうして，短時間の水泳の授業は続いてゆく。授業内容は決まっ

第**8**章　崩壊しつつある公立幼稚園

週に一度行われる水泳教室に参加する子どもたち（幼稚園のプールで）。

た順序でうまく組織化され，完全に確立されており，先生が子どもの悪ふざけを注意するために時間を割くこともない。明るく楽しい雰囲気で，先生は笑顔で水を恐がる子どもを励ましている。笑顔と笑い声にあふれた授業だ。最後の15分間，子どもたちは浮き輪やビート板で遊んでよいことになっている。585名の園児のいる幼稚園で，ぎっしりと詰まったスケジュールのために自由に遊ぶ時間は限られてはいるが，春男とクラスメートたちは綿密に計画され，円滑に進められる授業を熱心に受けている。

　わかくさ幼稚園はＡ市の中心に位置している。大きく，近代的な園舎は広い敷地に建てられ，内部には，十分な数の教室だけでなく，会議室，職員室，広い講堂もある。プールとロッカールームは道路を挟んで反対側にある別の建物に設置されている。「うさぎ小屋」や「カプセルホテル」に住む人々で知られる日本の大都市の真ん中で，広々としたホールを歩き廻り，大きく風通しのよい教室，光がいっぱい注ぎ込む会議室，講堂と丁寧に手入れされた庭を通ることは驚きである。

　幼稚園のカリキュラムは3つの教育目標に的を絞っている。**体力**と持久力の向上，礼儀作法の教育（**しつけ**），**社会性**の育成である。体力は，週1回の水泳と体育の授業を通して身につけていく。寒さへの抵抗力をつけるために，

167

Contested Childhood

子どもたちは1年中短パンとシャツのみ，室内では裸足で過ごす。筆者が訪ねた雨の降る寒い冬の日も，建物内の暖房は最小限におさえられていた。第二の目標である礼儀作法に関しては，園長によると，「子どもが不作法なことをしたらすぐに叱る」ことで教えていく。社会性は状況に応じた正しいふるまいの判断（**けじめをつける**こと）を教えることにより，育成する。山本園長は次のように説明した。

> 遠足に出かける時，子どもたちが公の場（**外**）でのふるまいを必要とする状況に気づくよう促します。私たちは子どもたちが公の場（**外**）と私的な場（**内**）でのふるまいの違いに気づくよう願っています。幼稚園では，一部は**外**ですが，一部は**内**です。ある時にはしてよいことが，ある時にはしてはならないこともあるのです。

山本園長によると，わかくさ幼稚園のカリキュラムは，1940年代後半に設立された当初とあまり変わらず維持されている。山本園長に文部省の幼稚園教育要領の変更について質問すると，こう述べた。

> 文部省は教育が行われるべき領域を5つに定めました。私たちはその5領域で教育を行っているのです。文部省の幼稚園教育要領の決定によってカリキュラムの変更はしませんでした。なぜなら，常にこの5領域に基づいた教育を行ってきたからです。個性化の問題については特に意識したことはありません。私たちの目標は子どもたちが集団生活に慣れ，ルールに従い，きちんとした挨拶の仕方を学ぶのを促していくことです。この目標は過去30年間変わっていません。個性化の問題を特別に重視するようなことはありません。

集団生活に必要な能力を磨くというわかくさ幼稚園の指導方針については，主任の先生もくり返していたとおり，園児は特に園の行事への参加から多くのことを学ぶと考えていた。インタビューをした時は，**発表会**の入念なリハーサルの最後の週であった。各クラスで劇，合唱，合奏などをする。この行事は丸二日間，18クラスが午前の部と午後の部に分かれて発表する。主任の先生は，このための練習がいかに時間を要するか，そして，公立の園では教師が指導する集団活動にここまで時間を割くことはないだろうとコメントし，笑顔でこうつけ加えた。

私にとって，園児が**発表会**ですばらしい演技や演奏をすることが非常に重要であるということを認めなければなりません。他の先生方も同じように考えていらっしゃいますし，それに関してとても神経質になっています。よくないことかもしれませんが，どうにもできません。

　私立幼稚園の多くはわかくさ幼稚園のように役割重視型かまたは関係重視型であり，さくら幼稚園（第6章で紹介した裕福な子どもたちが通う幼稚園）とキリスト教系幼稚園だけが子ども中心のカリキュラムを組んでいる私立幼稚園であった。多くの私立幼稚園は山本園長と同様，文部省による個性化重視の教育には関心がなかった。文部省の考えに賛同する園長も何人かはいたが，1クラスあたりの園児数をできる限り多くしなければならない財政上の理由から，個別指導を強化するのは不可能だと感じているようだった。

公立ふじの森幼稚園

　ふじの森幼稚園の白井園長は，園児が安らぎと解放感を感じることができる，落ち着いた**のどか**な環境を形成したいと考えている。白井園長のこの目標は，通りの喧騒から離れた，園舎の裏にある園庭のデザインに反映されている。園庭は，よくある土のグラウンドではなく，芝生のグラウンドになっており，植えてある花の間をチョウチョが飛びまわり，トンボが小さな噴水の水しぶきの中を出たり入ったりしている。筆者がふじの森幼稚園を訪問した時，子どもたちは2つの保育室を行ったり来たりしていた。前日の遠足で取ってきたサツマイモの茎を取る幼稚園の教職員を片方のグループの子どもたちが手伝っている間，もう一方の小さなグループの子どもたちは教師とリレー競争をしていた。ふじの森幼稚園に通う41名の園児は，わかくさ幼稚園のような大きな私立幼稚園に見られるような強い指導を受けることはほとんどないように見受けられた。

　白井園長によれば，かつてはふじの森幼稚園も，教師の組み立てた集団活動にほとんどの時間を費やしていたそうだ。しかし，1989年の幼稚園教育要領

の改訂に伴い，教師はそれまで行っていたクラスでの一斉活動の大部分を削除し，代わりに園児に自由な遊び時間を与えるようにした。当初，教師は自由な遊び時間の中での自らの役割がよくわからず困惑したが，しだいに慣れてやりやすくなったという。以下の会話に見られるように，教師は**個性化**の理念に批判的ではあるが，それを自分のクラスで建設的に用いることができないだろうかと，慎重に考えている。

筆　者：新しい幼稚園教育要領で，文部省は子どもの**個性**を尊重する方針を強調していますが，これが先生方にとってどのような意味を持つのか伺いたいのですが。

先生1：**個性**とは，子どもに本来備わっている能力という意味です。世間では急に**個性**を重視し始めましたが，子どもに何でも好きなことをさせるというのは**個性化**教育ではないと思います。むしろ，私たち教師の考えでは，個性化とは，子ども一人ひとりが持っている長所を伸ばし，その子のよい面を引き出して育てることだと考えています。

先生2：他の人と同じことをしていれば，自分は孤立していないと感じる，という考え方があります。一部の子どもは自分の感情を表現することに抵抗を感じませんが，孤立したくないため，単純に他の子のまねをする子どももいます。たとえ自分が他の子と違う考え方をしているとしても，それは必ずしも間違いということではないし，けっして恥ずかしがるようなことではないのです。

先生3：子どもは一人ひとり違った考え方をしますので，私たちが柔軟に物事を考えれば考えるほど，認めてあげることのできる子どもたちの思考の幅も広がってくるのです。自分の考えを表現することは，自分自身にとってだけでなく，他の子にとっても好ましいことなのです。自分の考えを表現することから，人がみな違う意見を持っているということを学ぶのではないでしょうか。

第8章 崩壊しつつある公立幼稚園

先生1： 私は，**個性化**という言葉の中の**化**の意味がよくわかりません。**化**という言葉は，外部の力によって何かを変える，ということを意味するので，**個性**と**化**は両立しないのではないでしょうか。私は**個性**と**化**はミスマッチだと思います。

先生4： 子どものとった行動や考え方が世間一般に受け入れられないものであったとしても，それはその子の個性として捉えられなくてはなりませんし，誰しも人と違う面を持っているというのは，自然なことです。もし教師が子どもを受け入れ，一人ひとりの違いを尊重することができれば，子どもの**個性化**につながっていくのではないでしょうか。私は**個性化**についてあまりよく理解していないので，うまく自分の考えを表現できませんが……。
（この人物は，園の事務をしながら，将来教師になる準備をしている）

先生1： **個性化**には問題もあります。以前の幼稚園教育要領は，集団から得る経験の効果を重視していました。でも，現在の教育要領では，みんなで共通の目標に向かって何かをするということ以外，集団から得る経験の概念は完全になくなってしまっています。子どもたちがいっしょになって何かひとつのことを達成する，という概念はもはや私たち教師にもありません。今回，文部省は個性化を重視していますし……。ただ，こうした指導方針が問題なのは，私たち教師にとって，できる子がさらにできるようになるのを手伝うことはできても，できない子ができるようになるのを助けるのが難しくなるということなのです。たとえば，以前は，小学校の体育の授業で，教師は鉄棒で前回りのやり方を生徒全員に教えていました。でも今は，教師はテクニックややり方を教えるのではなく，鉄棒でどうすれば楽しく遊べるかを見せるだけです。たしかに，今まで日本人はスポーツの楽しみ方を知りませんでしたから，これはとても大切なことでしょう。こういった2つの相反する指導方針には，それぞれ長所も短所もあるのです。

CONTESTED CHILDHOOD

　ふじの森幼稚園の先生は，個性化教育は完全な自由を子どもに与えることとは違うと考えていることがこのインタビューから明らかになったが，次に見るように，同じ公立幼稚園でもたちばな幼稚園の先生はこの違いを理解していないように見受けられた。また，ふじの森幼稚園の先生は，子どもの個性化を促す教育方針をとるようにとの文部省から指導を受け入れているが，みんないっしょに作業をしたり遊んだりする方法を学びたいという，子どもの側の要求も見失いたくはないと考えている。そして，ただ単に子どもに慣れ親しんだ活動をさせるのではなく，特定の年齢において教えることができる，また教えるべき技能があるのだという考えを断念したくないと考えていた。

　第5章で，子ども重視型幼稚園でとられている方略を見てきたが，ふじの森幼稚園の先生はそういった方略の多くを用いている。先生は，子どもに自由に遊ばせる機会を多く与え，たとえば，友だちとの口論などの難しいやりとりの場に子どもを置くことによって，子どもの社会性を育成しようとしている。また，図画工作を通して，子どもが創造力と自己表現力を育成できるよう試みており，その際には，先生と子どもが一対一で十分に会話できるよう努力している。たとえば，ある先生はお人形作りで，どのように個性重視の指導を行ったかを説明している。

> 私たちは，先生が一人ひとりの子どもとなるべくたくさんふれ合えるよう，自由に遊ぶという設定の中で子どもにお人形を作らせています。たとえお人形が洋服を着ていなかったり，頭が2つあったりしても，とりあえず受け入れることにしています。私たちは「こうでなくてはならない」という基準を設けてはいません。たとえば，こいのぼりにはある決まった色がなければならない，と人は考えますよね。でも，そういった創造性の入り込む余地のない「型にはまった色の塗り方」という考えは私たちにはありません。今日の幼児教育では，子どもは作りたいものを作りたいように作ることができるのです。

　ふじの森幼稚園の先生は，自分たちの教育プログラムの利点が保護者には理解されないかもしれないという点に気づいていた。ある先生は次のように述べている。

> たとえ子どもが1年の大半を砂場で遊び続けたとしても，砂の感触や他の子どもとのふれ合いなど，多くのことを学ぶだろうと私たちは考えています。子どもたちは，幼稚園

第8章　崩壊しつつある公立幼稚園

での2年間をゆったりとした居心地のよい環境の中で過ごし，幼児期を十分に楽しむでしょう。でも，保護者は，先生が子どもに**ひらがな**を教えたり，楽器の演奏を教えるといった目に見える具体的な結果を求めます。また，小学校ではたくさんのことを子どもに詰め込む上，勉強のペースがとても速いので，幼稚園のゆったりした居心地のよい環境は，小学校での速いペースへの準備としてはよくないかもしれないと心配するのです。ですから，保護者は先生に文字や算数を教えて欲しいという強い要望を持っているわけで，こういったことが保護者に公立幼稚園よりも私立幼稚園を選ばせることにつながっているのです。

　ふじの森幼稚園の園児数は以前に比べ30％減少しているが，より多くの園児を幼稚園に惹きつけるために，幼稚園のプログラムを変更しようとは先生は考えていない。第5章で紹介したひばり幼稚園のように，もしふじの森幼稚園の園児数がさらに落ち込めば，幼稚園は閉園，もしくは他の幼稚園と合併されてしまうだろう。筆者自身はふじの森幼稚園に通う子どもの保護者と話をする機会には恵まれなかったが，先生がプログラムにどれほどの思いや力を注いでいるのか保護者たちは気づいているのかどうか，考え込んでしまった。

公立幼稚園の保育室の低い棚に並べられた遊具。自由遊びの時間に子どもたちはこれらの遊具を使うことができる。

173

Contested Childhood

過渡期にある幼稚園

　1989年の文部省による幼稚園教育要領の改訂を受け，教育カリキュラムに変更を加えた園長の中には，結果としてそれが本当にプログラムの向上につながったかどうかについては，少々懐疑的な人もいた。B市郊外の公立幼稚園，たちばな幼稚園を例にとると，杉山園長は，個性化の概念に関心を示している様子だが，それをどのように園で適用していくかについては模索中である。集団活動は，プログラムから実質的にすべて排除した。朝の体操も，音楽の練習もない。いくつかの歌と制作の時間を除き，実際には一日中，自由に遊ぶ時間に費やされる。子どもたちは園舎の室内外問わずどこでも自由に行ってよいことになっている。園舎の外には園児が自由に使うことのできる遊び道具がいくらか置いてあるが，室内にはあまりなく，保育室は子ども中心の教室のようにコーナーごとには仕切られていなかった。先生は，掃除や事務仕事，さらに，時おり起こるちょっとした事故や子どもどうしの口げんかへの対応に忙しそうで，保育室での存在感は薄かった。

　たちばな幼稚園のプログラムは，けっして場所の狭さや教材のための資金不足から無理を強いられているわけではない。特に園児の数が定員をはるかに下回っていることもあって園庭は広々としており，国や自治体からは十分な資金が供給されている様子であった。ワイドスクリーンテレビをはじめ，高価な機器もたくさん所有している。むしろ，職員は保育室を組織化された，豊かな環境にする必要性を感じていない様子である。

　子どもたちだけで考えられる活動内容には限りがあることや，先生が指導していないことは，子どもの日々の経験の中からも見てとれた。筆者が観察している間，何人かの子どもたちはずっと「ごっこ遊び」をしていたが，その他の子どもはひとつの遊びには集中できずにいるようだった。ある男の子のグループは，追いかけっこをして保育室を出たり入ったりしていたが，どの遊びに落ち着くこともなく，ただうろうろとしているだけの子どもたちもたくさんいた。

　杉山園長に，自身の教育哲学を尋ねたところ，次のように答えてくれた。

第8章　崩壊しつつある公立幼稚園

> 幼児教育では，子どもの個性を損なわないようにすることが非常に重要だと思います。私はこれが最も大切なことだと考えていますが，すべての先生方が賛成してくれているわけではありません。

また，この哲学をどのように実行に移しているか聞いてみると，次のような答えが返ってきた。

> 毎日，園児をよく観察するようにしています。時には保護者と面談することもありますが，そうすることで子どもたちの家庭での生活がわかりますし，子どもたちが毎日をどのように過ごしているのかが大体わかります。……まず何よりも，この幼稚園の方針は自由なのです。特に5歳児には自由を大事にしています。子どもたちは好きなことを自由に言ってよいのです。……まわりからの圧力や強制を受けずに，子どもたちが自由で安全に遊べるプログラムをつくることができたらよいのですが……私は遊びと友情が感受性を育てると思っていますから，子どもたちに自由に遊んで欲しいのです。……今日では，子どもたちは幼稚園でしか遊べません。帰宅後は，水泳やピアノのお稽古など，やることがたくさんあるからです。ですから，私たちは，子どもたちに遊ぶ機会，特に集団で遊ぶよい機会を与えてやらなければならないのです。

杉山園長はいかなる束縛もない自由の重要性を強調していた。しかし，自由遊びを基本としたカリキュラムをうまく利用するためには，どのような能力が子どもたちに必要かを説明することはなかった。また，子ども重視型幼稚園の園長とは異なり，いかに教師がそのようなプログラムの中で子どもどうしの関わり合いを広げたり，自分の考えや気持ちを伝える能力を伸ばしたり，集団内の力関係の中で自分の能力をうまく発揮することを学ばせることができるかといったことについての発言もなかった。これが幼稚園の役割や指導方針を不明確なものにしていた。

こうした状況から容易に予想できるように，たちばな幼稚園の先生は自分たちがやるべきことについてあまり自信がないようであった。5歳児担当の先生に彼女の役割について質問してみたところ，床のモップがけの手を休め，こう言った。

> 以前は先生が教えなければならないことがたくさんありましたが，今は何も教えず，指示を与える必要もありません。ですから，今は子どもたちが**主体性**を持って活動しています。以前は私たちが楽器をどのように演奏するかきちんと教えていました。今は私たちは楽器を与えるだけで，あとは子どもたちが自由に演奏します。私は単にカセットテ

―プレコーダーをセットするだけで，子どもたちは好きなように演奏するのです。私たちが演奏の仕方や技術を教えることはありません。その後で，私は一人ひとりにどう楽器を演奏したか聞き，集団活動としてどうだったかまとめます。

杉山園長は教師たちのとまどいに気づいていないわけではないようで，次のように言っている。

本当のことを言うと，先生全員が幼稚園教育要領を完璧に理解しているのかどうかは疑問です。とても難しいですからね。それに，先生にもそれぞれ個性や性格がありますから。先生方に私の望む指導方法を見てもらう機会があればと願っています。でも個性は重要ですから，強制はできません。

たちばな幼稚園の教職員が，自分たちにとって納得のいく形で個性化の概念を受け入れる道を見つける時がいつかは来るだろう。しかし，このような当惑が教職員の間に漂っている状況では，幼稚園が新しい家庭を惹きつけるのは難しいように思われる。危機的なのは，悪循環が起こりつつあるということだ。新入園児の数が減少すれば人気がないという評判が広がり，教師たちはやる気を失い，カリキュラムを活性化し，革新する熱意がそがれてゆくことになるだろう。

公立か私立か：親の選択

たちばな，ふじの森，わかくさ幼稚園の教育プログラムは，多くの保護者が私立幼稚園を選択してきた理由を明らかにする上で参考になる。初めに，私立幼稚園の方が保育料が著しく高い点を指摘しておく必要があるだろう。一般的に公立幼稚園の保育料は，私立の約4分の1でしかない（森上，1999）。

私立幼稚園のどのような点が保護者を惹きつけているのだろうか。私立のわかば幼稚園の森本園長の以下のコメントに，2つの重要な要因を見てとることができるだろう。1つ目は，私立幼稚園は，独自の魅力的な教育プログラムを提供しようと必死に努力しているという点であり，2つ目は私立幼稚園の方が

第8章 崩壊しつつある公立幼稚園

保護者の要望に応えているという点である。

> 公立幼稚園は，これまで社会に多大な貢献をしてきました。戦後，日本社会は何もかも初めから作らなければなりませんでしたが，公立幼稚園は国民全員に最低限の教育を保証するという点で非常に重要な役割を果たしました。……公立幼稚園は独自の教育方針をいくらかは付け加えていますが，基本的には文部省の幼稚園教育要領に沿っています。私立幼稚園も文部省の教育要領に沿ってはいますが，さらに多くのものを付け加えているのです。ですから，私立幼稚園は，地域や教師の個性によって独自の特色を出すことができますし，より創造的でもあるのです。
>
> 私立幼稚園の約70％が自由遊び重視で，残りの30％が能力開発重視の幼稚園です。私は幼稚園児向けの本を出版している出版社から，この割合を教えてもらったのですが，出版社はこの30％の幼稚園のために難しい本を売っているということになります。英才教育に力を入れているこの30％の幼稚園の中には，保護者の要求に従って漢字を教えている幼稚園もあります。

　森本園長によれば，保護者の要望に応えることの問題は，保護者の望むものが必ずしも子どもが実際に求めているものではないかもしれないという点である。また，私立幼稚園は特定の訓練を受けたり，教育に携わった経歴のない人でも創設することができる。たとえば，宗教団体や民間の公益法人，病院やデパートの職員，労働組合やその他さまざまな団体が幼稚園を設立することができるのである（Boocock, 1989）。政府の認可を受けるには，私立幼稚園はクラスの規模，職員の資格，教育時間数，物理的な空間や設備の点で，文部省の基準を遵守しなければならない。しかしながら，財政上の必要性から，常にこういった規則やその他の基準に従っているとは限らない。たとえば，わかくさ幼稚園を含め，多くの私立幼稚園で文部省が推奨する最大400名という園児数をはるかに上回る園児数を受け入れている。
　勉強を教えることは園児を集めるひとつの方法であるが，わかくさ幼稚園の水泳のように特別な授業や活動を提供することの方が，より一般的な方法になっているというのが筆者の印象である。また，私立幼稚園では，給食，通園バス，延長保育など，保護者にとって直接有益なサービスを提供する傾向があった。その上，新しい園児を入園させ，ひきとめておくために，大規模で入念な広報活動を実施していた。たとえば，わかくさ幼稚園の幼稚園案内は10ペー

ジにもおよぶ光沢のあるカラー刷りパンフレットで，専門の画家が描いた幼稚園の透視図や，プロカメラマンの撮影した理事，園庭，保育室，講堂，4台のスクールバス，プールなどなどの写真が合計15枚も載っている。それだけでなく，各部屋の面積が平方メートル単位で記された施設の全体図まで載っていた。15枚の写真のうちの1枚は園舎全体を写した航空写真で，子どもたちが園庭で隊形を組んで幼稚園の名前を描いている。このように，一般的に私立幼稚園が提供する資料には，その幼稚園独自の特徴を伝えようという明確な意図が見られ，またどのような施設を備え，子どもがどのような教育活動を受けることができるかについて具体的なイメージが伝わってくる。

　対照的に，ふじの森幼稚園の幼稚園案内はピンク色の紙が1枚，半分に折ってあるだけだった。パンフレットは，幼稚園のコピー機で複写されたチラシのようなもので，夏には水泳，秋にはいも掘りといったように季節ごとの活動をしている子どもと動物のイラストが手書きで描かれていた。本文は2段落にまとめられ，教育方針や年間の行事予定，園歌の歌詞が記されている。大抵の公立幼稚園のチラシはこのようなものだった。ほとんどが同じ活動を紹介しており，チラシに描かれた動物のイラストもみな同じに見えるほどだ。こういった公立幼稚園の幼稚園案内は，如才のない企業のようなイメージを嫌い，飾らないのんびりしたやり方を好む人々の心には訴えるものがあるのかもしれないが，幼稚園の教職員や園長が熱心に語っていた園の哲学は，このチラシからはまったく伝わってこなかった。

私立・公立幼稚園についてのアンケート調査

　インタビューの中で気づいた私立と公立幼稚園の違いが，全体の特徴によるものなのかどうかを探るため，関西地方の幼稚園園長を対象として補足的なアンケート調査を行った。この調査は教育目標，およびカリキュラムの主旨についてさらに知識を得ることを目的としている。インタビューの結果に基づいて，筆者はいくつもの仮説を立ててみた。公立，私立ともに社会的関係を重視して

いることが予測されるが，筆者の質的データから，この社会的関係をどのようなものと考え，育成するのかという点に関しては，幼稚園の間で重要な違いがあると考えられた。また，私立幼稚園の園長の目標は，公立幼稚園に比べると，小学校入学への準備をより重視し，自己表現力の育成はさほど重視していないだろうと推測した。私立幼稚園の方が英語や体育のような授業を充実させ，読み書きのような学習指導や，保護者に向けた発表会を行っていると予測された。また，筆者の質的データでは宗教系の幼稚園の間で明確な違いが見られたことから，宗教とは関係のない私立幼稚園と仏教系とキリスト教系幼稚園の考え方も比較することにした。

関西地方の公表されている全幼稚園のリストから，公・私立を幼稚園の数に応じて無作為に抽出し，合計300人の園長の名前と住所をリストアップした。標本（30％公立，70％私立）について，さまざまなタイプの私立幼稚園が含まれるように調整を行った。141人の園長（私立77％，公立23％）から完全な回答が得られた。私立幼稚園のうち，11園が仏教系，3園は神道系，12園はカトリック系，そして，20園がプロテスタント系であった。仏教系と神道系をひとつにまとめ，カトリック系とプロテスタント系をキリスト教系としてひとまとめにして分析を行った。

表8−1は私立幼稚園の3グループ（仏教・神道，キリスト教，無宗教）と公立幼稚園間の活動と園長の方針の違いを分散分析を用いて分析した結果である。分析は3つの側面から行われた。統計的に有意な差が公立幼稚園と私立幼稚園の間に認められる一方で（比較1），キリスト教系幼稚園は他のタイプの私立幼稚園よりも公立幼稚園に類似している（比較2）。さらに，仏教・神道系幼稚園は，項目によってはその他すべてのタイプの幼稚園と統計的に有意な差がある（比較3）。

宗教とは関係のない私立幼稚園の平均園児数が238名であるのに対し，公立幼稚園の平均園児数はたった73名である。公立幼稚園では系統だったカリキュラムも少ない。キリスト教と公立幼稚園の両方の園長が一日の約半分を自由遊びの時間にあてていると回答しているのに対し，宗教系でない私立幼稚園では平均40％，仏教・神道系幼稚園では28％のみとなっている。年間の発表会の回数は予想していたパターンには当てはまらなかった。キリスト教系幼稚園

■表 8 – 1　幼稚園の形態別比較

カリキュラム	仏教系と神道系	キリスト教系	私立	公立	公立 対 私立	仏教系・私立 対 キリスト教系・公立	仏教系 対 全タイプ
園児数	184.92	124.97	238.51	73.23	***	***	ns
自由に遊ぶ時間／1日 (%)	28.50	52.11	39.86	50.04	*	***	***
発表会回数／年	5.86	3.41	3.86	5.45	ns	ns	ns
拡充内容授業数	4.22	3.72	3.79	3.18	***	**	*
学習授業数[a]	1.86	1.58	1.73	1.52	***	**	*
子どもの目標（「重要ではない」(0) ～「非常に重要」(3) を 4 段階評価）							
園での生活に慣れる	2.78	2.57	2.71	2.58	–	–	–
自分自身の好き嫌いを発見する	2.17	2.75	2.41	2.85	**	**	ns
読み書きを習う	1.00	0.40	0.75	0.62	ns	*	ns
他の子どもと仲良くする	2.78	2.74	2.85	2.84	–	–	–
楽器の演奏を習う	1.50	1.20	1.27	1.14	–	–	–
体力づくり	2.50	1.92	2.24	1.95	ns	**	*
くつろぎ、楽しむ	2.64	2.97	2.88	2.92	ns	†	ns

a) ひらがな、漢字の読み、そろばん、算数を含む。

注：「園での生活に慣れる」「他の子どもと仲良くする」「楽器の演奏を習う」の 3 項目については有意差が見られなかった。「読み書きを習う」(F (3, 129) = 1.30, p = .09) を除いて、全体の分析で F 値が 5 ％水準で有意差が見られた場合に対間比較を行った。表の右側は対間比較の結果である。
ns 有意差なし； †p <.10； *p <.05； **p <.01； ***p <.001.

第8章　崩壊しつつある公立幼稚園

と無宗派の私立幼稚園では平均3回から4回であったが，仏教・神道系幼稚園と公立幼稚園ではそれぞれ平均5回以上行われている。読み書きや計算など教科学習的な中味の授業とその他の拡充した内容の授業の数はともに予想通りで，公立幼稚園が最も少なく，その次にわずかの差でキリスト教系幼稚園，それから無宗派の私立幼稚園，最後に仏教・神道系幼稚園という順であった。文部省の意向に反しているにも関わらず，公立幼稚園で何らかの学習指導を行っているという回答は意外だった。多くの公立幼稚園の園長が**ひらがな**の読みの指導を行っていると回答しており，また別の分野の指導も行っているという回答も数件あった。どのくらいの頻度で指導が行われるのか，すべての園児を対象としているのか，それとも5歳児だけなのか，何をどういった方法で指導しているのかなどについては，さらに詳しい調査が必要だろうと思われる。

　園長の掲げる教育目標を理解することは，園のプログラムの特徴に光をあてることにつながるだろう。園生活に慣れさせることと，他の子どもとうまくやっていけるようにするという2つの目標は全グループを通して高い割合を占めていた。「園での生活に慣れる」という言葉には，きちんと挨拶ができる，集団で活動する時には自分の行動をコントロールする，ハサミを使いこなすなどの技能を身につける，教師の話を聞く，といったことがらがすべて含まれている。統計的には有意ではないが，私立幼稚園と仏教・神道系幼稚園ではこうした傾向が強く，キリスト教系幼稚園や公立幼稚園よりも力を注いでいるというのは，注目に値する点である。こうした技能は，日常の決まりきった手順の習得を重視する役割重視型および関係重視型のアプローチと強い結びつきがあるものと考えられる。

　他人とうまくやっていくことを重視しながら，読み書きの能力の習得をそれほどは重要視していないという結果は，日本人が一貫して「集団志向」であるとか「集団主義的」であるといわれる理由を示唆している。しかしながら今回の単純な質問項目では，他人とうまくやっていくということが具体的に何を指すのか，またその習得をいかに促すのかについての多種多様な解釈までは明らかにすることはできなかった。

　グループ間で最も大きな違いが見られたのは，子どもが自分自身の好き嫌いを発見するのを助けるという目標への対応にある。公立幼稚園とキリスト教系

幼稚園の園長たちは大抵この目標を重視しており，仏教・神道系幼稚園の園長はあまりそうではなく，4段階評価で平均2.17点であった。筆者の質的データによれば，こうした自己発見と自己表現の重視は子ども重視型のプログラム（すべて公立幼稚園かキリスト教系幼稚園）を役割重視型と関係重視型の幼稚園から区別する大きな特徴である。仏教・神道系と無宗派の私立幼稚園では読み書きの習得や体力づくりが重要視される傾向にあるようだ。こうした特定の技能の習得を重視するのは役割重視型幼稚園の特徴であり，その半数は仏教系幼稚園であったが，公立幼稚園には役割重視型はなかった。仏教・神道系と無宗派の私立幼稚園では，くつろいだり，楽しむことをあまり重視しない傾向も見られた。この点も，質的データの結果と適合するものである。つまり，役割重視型幼稚園では，厳しさに耐え，困難な状況に屈しないことを重視する傾向があるという筆者の質的データと一致しているといえる。

　アンケート調査の結果を全体的に見ると，園長の掲げる教育目標とカリキュラムや活動の特徴の両方で私立と公立幼稚園の間には明らかに違いがあることが示唆される。しかしながら，私立幼稚園は異種混淆的なカテゴリーであり，どのような宗教団体に属しているかということも考慮に入れる必要があるだろう。たとえば，キリスト教系幼稚園は他のタイプの私立幼稚園よりも公立幼稚園に似ているのである。これらのことをふまえた上でなお，公立と私立という区分は幼稚園の多様性を理解するのに役立つものと結論づけることができるだろう。

まとめ

　筆者がここまで示してきた質的，量的データの双方から，公立幼稚園が私立幼稚園（キリスト教系を除く）よりも文部省の提言するよい実践についての諸原則を忠実に守っていることが明らかになった。現在のところ，公立幼稚園を選ぶ親の数は私立幼稚園を選ぶ親の数に比べると減少している。親は，3歳からの入園を受け入れ，延長保育を実施し，温かい給食や通園バスといった便利

第8章　崩壊しつつある公立幼稚園

なサービスを提供し，充実した幅広い授業を用意し，場合によっては読み書きの指導も行うような，そうした幼稚園に対しては喜んでお金を払い，子どもを通わせる。

　公立幼稚園の園長は，減少する園児の獲得競争で苦境に立たされている。園長たちは保護者の要望が不合理であり，子どものためにならないと感じているのかもしれない。つまり，単に入園児数を増やすためだけにそれに応えるのは不本意なのだろう。たとえば何人かの園長は，3歳のような早い時期から学習教材にふれさせることを深く憂慮し，市場（需要）重視の園長たちが，子どもがいかに学ぶのかという基本的な現実を無視している状況をばかげたことと思いながら不安を感じていた。公立幼稚園の園長が保護者の要望に合わせることを拒む理由として挙げた理由のいくつかはしっかりとした原則に基づいていたが，筆者には若干短絡的に感じられたこともある。たとえば何人かの園長は，3歳児にはまだ集団での経験は早すぎるとして，3歳児クラスの増設を断っている。ひばり幼稚園の園長になぜ入園児数が過去10年間で本来の大きさの4分の1に減ってしまったのかと質問すると，次のような答えが返ってきた。

> 私は，入園児数の減少は出生率の低下によるものだと自分に言い聞かせています。けれども多数の親子が私立のこころ幼稚園に向かうために，うちの幼稚園の前を通り過ぎて行くのも知っています。母親が子どもをあの幼稚園に通わせるのは，3歳児から受け入れているからだというのは知っていますが，私は個人的には3歳の子どもは幼稚園にいるべきではなく，母親と家にいるべきだと思うのです。

　園長は心からそう思っているのかもしれないが，狭いアパートで親子が2人で長い一日を過ごす時に感じる社会的孤立感について，どれほど敏感に受けとめているのだろうかと疑問も感じた（たとえばVogel, 1996）。

　公立幼稚園は，オリンピックサイズのプールのような魅力的なものに資金をつぎ込むことはできないだろうが，幼稚園の持つ基本的価値観と職業的倫理観を曲げずに保護者の要望や関心を取り入れる，何らかの方法があるかもしれない。一部のキリスト教系幼稚園では，保護者の要望を理解し，それに応えようと努力しながらも，同時に教育に対する誠実さを維持することに成功しているようである。たとえば，あるカトリック系幼稚園では，小学校で学ぶ読み書きや計算の準備を子どもにさせたいという保護者からの要望に応えるため，モン

183

テッソーリのカリキュラムを採用していた。

　若い親たちが感じているストレスだけでなく，出生率の減少も憂慮し，日本政府は，幼稚園に対してより一層保護者の要望に配慮した教育方針を構築するよう促している。1994年に文部省は，子どもが直面している問題や子どもに与えられる機会について親がどのように考えているのか調査を行っている。親たちは，子どもが自然とのふれ合いや，読書，友だちとの交流，ボランティアや地域活動に参加する機会が不足していることを心配していた。大多数の親は，親以外の大人も子どもの生活に積極的に関わっていくべきであると考えており，学校からのサポートなしにはうまくいかないということを認めていた。また，どのような教育体験が就学前の子どもにとって最適かという点については，親たちははっきりとはわからないと答えていた。こうした調査結果をふまえるならば，公立，私立幼稚園の双方ともが保護者の考えを理解し，幼稚園を選ぶという重要な選択を行う親の助けとなるよう，もっと積極的に動く必要があるのではないだろうか。

第9章
自分なりの道を探して

　文化的価値観がどれほど深く子育てや子どもの教育に関わっているのか痛感した瞬間を，筆者は今でもはっきりと覚えている。それは，筆者がハーバード大学の教育大学院で客員教授として授業を行った最初の学期のことで，子どもの社会的発達における家族の役割についての講義中の出来事だった。大学院には留学生が数多くいたが，その時の授業のテーマは「しつけ」だった。講義ではまず過去の関連文献を手短に紹介し，親による権威あるしつけの方法（つまり，一貫した民主的な関わり方）と，その結果を判断するにあたって使用する（学業成績，自信の程度，言葉による自己主張の程度などの）さまざまな指標の関係について話をした。講義は，時おり学生からの質問を受けながら進めていったが，インド出身のある学生（中年男性）から「どういった要因によって子どもが親を尊敬するようになるのかを調べた研究はあるのか」という質問を受けた。筆者は思わず「それは……うーん」と考え込んでしまった。この質問は，発達心理学のアキレス腱を浮き彫りにしたようなものだった。しつけの結果を判断する基準，つまり，子育てや教育の成果を評価する「絶対的な基準」というものが，実は文化に基づく価値観に深く影響されているという点である。判断基準の選択にあたって，われわれは文化的に望ましい結果を生み出すような方法を用いる親が「良い親」であり，そうでない親は「悪い親」と考えがちである。「目上の人を敬う」という視点は，アメリカの教育学研究者が望ましいと考える子どもの能力にはどうやら

含まれていないようだった。

　このインド出身の学生による質問をきっかけとして，学生からのまるで堰をきったような質問の波は，その学期中とどまるところを知らなかった。ジンバブエ出身のある学生は，自分の国では子どもは親よりもむしろ親戚によって育てられることを例に挙げて，授業で取り上げた「愛着」に関する研究に対し異議を唱えた。ミネソタ出身のネイティブ・アメリカンの学生は，「乳児には言葉による刺激が重要である」というある高名な発達心理学者が掲げた理論に対して疑問を投げかけ，自分の育った社会では子どもは黙って大人のすることを見て学ぶべきだと考えられていると述べた。またオーストラリアのアボリジニの学生は，社会化の過程では性差による役割区分は存在しないという近年の研究に疑問を呈した。こうした状況が，学期の終わる5月まで続いた。そこで，学期後半はクラスでさまざまな研究文献を調べることにした。当初の「子どもの成長を助けるのはどのような親か」という観点からはずれ，アメリカの研究文献で子育てに関して重要視されている概念は何かという点に焦点をあてた。また，こうした概念が白人中流階級家庭で実際にどのように機能しているのかという点についても検討した。というのは，アメリカにおけるこうした類いの研究は，被験者の90％以上が白人中流階級に属しているからだ（New, 1994）。さらには，こうした研究が白人中流社会以外の社会に属する子どもの発達に対して，どのような疑問を投げかけているのかといった点も検討した。

　子育てには文化的規範が存在する，ということを発見したのは筆者が初めてではないし，最初に発見した発達心理学者であるわけでもない。ハーバード大学でのこうした経験に先立つ約10年間，筆者は日本の子育てについて研究してきたが，その間に人類学者による研究を目にし，そうした研究者たちがすでに1960年代から70年代には子育てと文化的規範の関連性を指摘していることを知っていた（たとえばLeVine, 1974; Whiting & Whiting, 1975）。しかしながら，知的な理解が深く浸透し，すべての見方をすっかり変えてしまうまでにはしばらく時間がかかるものなのだ。

　その後の筆者の興味は，アメリカにおけるさまざまな地域社会において親がどのように子どもを育てているのかということや，親以外による子育てとしてはどのようなものが望ましいと考えられているのか，ということに向かってい

った。同時に，幼稚園の質を評価する際に，画一的な基準を設けようという研究者の試みに対して，不満を感じるようになっていった。研究者たちは一次元的な尺度に基づいてプログラムを評価し，その幼稚園での経験が子どもの発達に良い影響を与えるのか，悪い影響を与えるのかを判断しがちである。しかし，このような評価方法では，すべての幼稚園が「質が良い」から「質が悪い」までの一つの連続する直線上のどこかに位置づけられてしまう。こうした動向を目のあたりにして，筆者は1960～70年代頃のような，さまざまな幼稚園モデルに関する論争を復活させたいと考えるようになった。たとえその論争によって，幼稚園の教育的効果というものがはっきりとした結論の出ない，いらいらさせられるような問題であることが証明されたとしても，それはそれでかまわないと思うのである。

　筆者にとって，日本の幼稚園に関する研究は，幼児教育のモデルの多様性について考える良い機会であった。日本では，幼児教育がそもそも必要なのかどうかについて，アメリカの場合のように議論されてこなかった。たとえば，十九世紀まで母親の役割は日本とアメリカではまったく異なっていた。当時の日本女性は，嫁ぎ先の家の正式な一員とはみなされていなかった。女性は家における地位が低いばかりでなく，若くて体力があるので肉体的にきつい仕事をするのが当然とされていた。一方，子育てのような肉体的に比較的楽な仕事は，高齢の親族や使用人，兄弟姉妹などが行っていた（Uno, 1987）。二十世紀初頭には母親も近代国家の建設に参加すべきだと考えられるようになり，「良妻賢母」という言葉が頻繁に唱えられるようになった。ただし，政府は「良妻」を家計を支える役割を担う者として位置づけ，女性の「良妻化」を強調した。つまり，「母親」の役割が既婚女性の果たすべきさまざまな責任のうちの重要な一側面である，と考えられるようになったのは比較的最近のことなのである。また日本では，子どもを地域社会の中で育てるという考え方自体が一般に受け入れられているため，子どもを集団の中で育てるという考え方に対して疑問の声があがることなど皆無だが，アメリカではここ40年間，そうした考え方に対しては非難の声が絶えない（Fuller & Holloway, 1996）。

　筆者の行った調査やインタビューで園長がくり返し指摘していたように，

CONTESTED CHILDHOOD

　日本には，子どもは他人とうまくやっていく能力を身につける必要性があるという文化的コンセンサスが存在する。こうした能力は家庭だけでなく，家族以外の集団における経験からも身につける（Peak, 1991）。子どもが具体的に何を学ぶべきかということや，どうすればそれが身につくのかという点については，さまざまな意見があるが，総じて人間は生まれつき群れをなして生活する動物であり，自分たちの社会的能力を実現するためには，何らかのサポートが必要であると考えられている。このような社会的要請が存在し，また相当量の助成金もあるので，子どもを家庭から親から引き離すという行為に関して弁明する必要など，日本の幼児教育関係者にはないのである。しかしアメリカでは，集団の施設による保育がまだ論争の真っただ中にあるため，施設での幼児教育を支持する人々や幼児教育関係者は，政治家や政策立案者に対して一致団結して対応しなければならない。しかし，こうした人々は，どういった教育方法が最良の幼児教育であるかについての議論は，できれば避けたいと考えている。あとになってやっかいな弁明をさせられて専門家としてのイメージダウンを招きかねないからだ。また，幼児教育の専門家として，「おばあちゃんの知恵」とは違う高度な専門知識を備えているといったイメージを壊されたくはないのだ。一方，日本では幼児教育関係者は自分たちが実際に行っている教育方法について話し合ったり，他のやり方の長所や短所を討論したりすることができる。しかも，そのような議論が行われたからといって，その施設の存続が危うくなるようなことはあり得ない。

　筆者は日本でのこうした活発な議論に触発され，本研究を行うに至った。また，そうした活発な議論があったからこそ筆者の研究も続けてこられたのだ。本書でこれまで何度も述べてきたように，筆者はそれぞれ異なる環境に置かれていて，異なった考えを持つ人々からさまざまな意見を聞くことができた。こうした多様性が保証されるのは，次のような理由によるものと考えられる。第一に，文部省（現文部科学省）は幼稚園に対して経済的支援は行うけれども，フランスなどのような中央集権的なシステムを持つ国々ほど強くは自らの見解を強制したりはしない。第二に，日本には非常に多くの私立幼稚園（さまざまな宗教団体の系列幼稚園を含む）があるので，文部省の見解がそのまま議論の主導権を握ってしまうことがない。第三に，日本の研究者は日本における幼児

教育の効率性や有効性に関心を持つことが少なかったので，アメリカのように「優れた教育方法」として特定のモデルを提唱してこなかった。日本にこうした類いの研究の積み重ねがないことは，たしかに弱点といえば弱点といえるが，逆にいえば，だからこそ現場で教育を担っている先生たちの考えが尊重されてきたともいえるだろう。

　本書を通して明らかにしてきたように，日本における幼児教育論争の焦点は，子どもの将来をどう考えるのかという点や，子どもを立派な大人に育てるにはどうすればよいのかといった，文化に基づく教育のモデルについてであった。もちろんその中には，子どもの発達に関する科学的根拠に基づく知識も含まれていた。たとえば，倉橋惣三や鈴木鎮一といった名前が話題にのぼり，欧米の思想家ではフレーベルやモンテッソーリが引き合いに出される。しかし，筆者が話をした園長たちの多くは，自民族中心主義者がしばしば掲げるような「唯一最良の教育システム」を持つべきだなどとは考えていないようだった。むしろ幼児教育界で主流となっている外国で発展した教育方法に常に目を向けており，その結果しばしば相対主義に陥ることがあるようだった。したがって，日本の教育関係者が探し求めている「自分たちなりの道」というものは，自分たち自身の見解や価値観に合った道であり，それはただ欧米の文化モデルを単純に適用することでもなければ，日本の伝統的なモデルをそのまま受容することでもないのである。

「集団主義的な」社会における社会関係の多様性

　これまで考察してきたように，筆者が訪問した幼稚園の園長や教師が選択した教育方法は，どの文化モデルを適用することができるかによって方向づけられてきた。おしなべて言えば，教師との一対一の関わりを通してであれ，大きな集団の一員としてであれ，園長はみな，適切な社会的関係を築く能力を伸ばすことに関心を持っていた。しかし，そうした大きな目標は共有されていても，具体的にどのような技能を教えればよいのか，またどう教えれば

子どもが社会的関係を築く能力を習得できるのかという点に関しては，まったく異なるさまざまな教育方針が混在していた。筆者から見れば，こうした多様性こそが非常に深い意味を持っている。つまり，こうした多様性は，日本で子どもが社会化する際の原動力を理解する上で，「集団主義」と「個人主義」という二分法が実質的には何の役にも立たないことを示唆しているのである。

数々の教育方針の中でも，役割重視型幼稚園に代表される教育方針では，自己の役割を果たすことや，自己犠牲，自己規律などが重要視されていた。仏教系のたんぽぽ幼稚園の高田園長は，本人自身が仏教徒であったが，こうした堅固とした方針について次のように力強く語ってくれた。

> 今日では日本の母親と欧米の母親は，ライフスタイルや価値観，教育に対する考え方など多くの点でとてもよく似ています。日本の母親は欧米的なスタイルの教育を受けて育ったため，外見は黄色人種ですが内面は違っています。私たちは今，アジアに関心を寄せています。アジアの中に自分たちのアイデンティティを見出したいと考えているのです。アメリカ出身のあなたには失礼な言い方かもしれませんが，欧米のシステムの模倣による日本の欧米化は間違いであったということはすでに証明されているのです。私たちの目標は古くさいですが，しかしながら同時に新しいものでもあるのです。私たちは，自分たちがアジア人であることを主張します。私たちのこうした強い思いは心の内から沸き上がってくるものなのです。民主主義的な教育を実践する過程で，私たちは多くのものを失ってしまいました。私たちの掲げる目標を反動的だと思う人がいるかもしれません。あなたも私の反動的な意見には驚かれたでしょう。また，私たちが子どもをしつける方法は，帝国陸軍を想起させるかもしれません。しかし，そうした批判は非常に表面的な見方に過ぎません。私たちを批判する人たちは，私たちの教育理論を理解しようとせず，ほんの一部分だけを見て判断しているのです。うぬぼれに聞こえるかもしれませんが，当園では少なくとも欧米のものとは違った考え方に基づいて教育を行っています。私たちがなぜ今，再びアジア的な教育を必要としているのかを是非理解していただきたいのです。

役割重視型幼稚園では，園児一人ひとりに対し意見を求めることはまれであるし，園児に行動を選択させることもほとんどなかった。集団全体に対する指導が好まれ，活動内容には読み書きや楽器の演奏，マット運動等が含まれていた。また，子どもたちは長時間じっと座って先生の話をしんぼう強く聞くことや，次の授業のためにすばやく効率的に保育室を移動するといったことも学んでいた。しかし，このタイプの幼稚園の園長は，権威者によって定められた規則に子どもを単に従わせることを目標としていたわけではなかった。子どもが

大人による指導を素直に受け入れるだけでなく，その場にふさわしい行動を徐々に自分自身で判断できるようになっていって欲しいと考えていた。そのため，園長は園児の行動を注意深く観察し，必要に応じて園児のとる行動に修正を加えていた。つまり，自分自身に課せられた役割を果たすため，子どもには自律性や，正しい選択をする能力が，役割重視型幼稚園では要求されるのである。キム（Kim, 1994）は「共存」型社会関係の特徴として，集団の要求が個人的欲求よりも優先されると述べているが，キムのこの記述は，役割重視型幼稚園のすべてとは言わないまでも特徴の一部を表しているといえるだろう。たけのこ幼稚園をはじめとする役割重視型幼稚園では，子どもや先生はたしかに自分の欲求をおさえることを要求されていた。しかしながら，集団への従属ではなく集団との調和を目標とする高田園長のような園長は，集団全体の幸福に貢献することを前提とした上で，個人主義的な感覚も育成するのだ，というより複雑な見解を持っていた。

　役割重視型幼稚園で主流となっていた文化モデルは，その一部に仏教的要素を取り入れており，幼稚園だけでなく小中学校などにおいても見られるものである。ところが3，4歳の幼児を対象とした教育施設でこの種の文化モデルを適用している例がこれまであまりないため，日本国内においても論議を呼んでいる。役割重視型幼稚園が生き残っていけるかどうかは，小学校入学に向けた準備という点で，他の子どもたちに一歩先んじることができるかどうかにかかっている，というのが筆者の見解である。なぜなら，それがまさに現代社会のニーズに合っているからだ。役割重視型幼稚園で主流となっていた古典的文化モデルが今こうして生まれ変わり，まったく現代的な（しかも欧米からの影響を強く受けた）教育環境の中で支持されているというのは皮肉と言えば皮肉なことである。

　関係重視型幼稚園の園長は「真の」日本人とは何かということについて役割重視型幼稚園の園長とはまた異なったイメージを持っており，役割重視型園長の主張の正当性を疑問視している。関係重視型の園長は，日本の過去をふり返り，役割重視型幼稚園で行われている権威主義的イメージの教育モデルとは対照的な文化モデルを見出していた。関係重視型の園長が強調したのは，子どもは生まれつきすばらしいものであり，乳幼児期を楽しむべきだという点であっ

た。また，子どもは社会に対して強い関心を持っており，適切な指導があればそれを磨き上げ，完成させることができると考えていた。園長たちの教育方針の核心は，人間関係の形成が子どもにとっても最も重要であるという点であった。特に，思いやりや協調性といった人間関係を築く能力を，他の子どもたちと自由に遊びながら自然に身につけることが望ましいと考えていた。また楽しいグループ活動を通じて子どもたちがよりよく他者を理解し，協力し合う能力を身につけるようにしていた。

関係重視型幼稚園は，財政上の理由でクラスの規模が大きい傾向にあるが，そのような環境においても教育目標が達成されるようさまざまな工夫がなされていた。ほとんどの場合は1クラス35名までの園児を受け入れているため（以前はもっと多く受け入れていた），保育料を低くおさえることができ，したがってどの社会階層の家庭からも利用されている。しかしながら，状況は変わりつつある。出生率の低下に伴い，園児数が急激に減少しているのである。公立幼稚園は政府からの助成金を受けているが，援助のない私立幼稚園では，少人数クラス制を続けながら経営を維持することは難しい。対策として私立幼稚園では，英語や水泳などの特別授業を実施したり，積極的な園児募集活動を行ったりしている。さらには文部省による個人重視の指導要領や，子どもの知育重視の教育を求める保護者の声に配慮し，子どもの社会的能力を育成するという従来の教育方針の見直しも検討している。

裕福な家庭を対象とした幼稚園では，関係重視型モデルから別のモデルに切り替える傾向がある。このような幼稚園では十分な資金があるため，小人数クラスを維持することができる。カイチバシ（Kağitçibaşi, 1989）が述べているように，欧米以外の都市に住むエリート家庭では混合型の教育方針が推し進められ，子どもの社会的関係を重視すると同時に個性や自己表現力をも伸ばそうといった試みが行われている。こうした家庭には，子ども重視型幼稚園が人気がある。筆者が訪問した子ども重視型幼稚園では，社会的関係に関わる能力の育成にかなりの重点を置いていた。しかし同時に子どもの興味を大切にし，子どもが自分の願望や感情を理解した上で，それを他人にうまく表現できる能力の育成も重要視されていた。子ども重視型幼稚園の最終的な教育目標は，子ども一人ひとりの潜在能力 ―つまり，適切な社会的関係を保つ能力―を育成す

ることである。教師はそもそも個人主義を強調する社会で発展した文化モデルをいつでも採用することができた。たとえば，キリスト教系の幼稚園は宗教上の理念を直接文化モデルに結びつけていたし，公立幼稚園では欧米に起源を持つ教育方針に基づく文部省の幼稚園指導要領の実施に取り組んでいた。こうしたさまざまな文化モデルが混ざり合い，さらに日本古来の伝統的要素が加わり，結果として，こうした独特の教育手法が形成されてきた。また，子ども重視型幼稚園では十分な資金調達も可能であるため，教師対園児の比率を低く保つことができる。教師対園児の比率が高い場合には，当然ながら教師の目が一人ひとりの子どもに行き届きにくくなる。

　こうしたさまざまな教育方法は，日本の幼児教育の多様性を証明している。このような多様性が生じてきた背景には，これまで日本の教育関係者がさまざまな文化モデルを取り入れ，統合すると同時に，それぞれの幼稚園では選択した文化モデルをどのように自分たちなりに活用していくか試行錯誤してきた事実がある。その過程では当然さまざまな論争や変化が伴ってきたはずだ。ショア（Shore, 1996）の言葉を借りてこの論点の重要さを今，一度確認したいと思う。以下はショアがサモア諸島で研究調査を行った際の記述である。「筆者はこれまで，サモアの人々が母子間の排他的な愛着関係よりも広がりのある家族関係の方を大切にするという理由だけで，サモアでは個人より地域社会を重視すると決めつけていた。……こうした言葉にはたしかに真実も含まれているが，人間の行動が一面的なモデルのみによって引き起こされると考えている点で，人々の真の姿を捉えているとはいえないだろう。しかしながら……現実の社会には互いに矛盾するモデルや，自分の経験にはそぐわないモデルにより生じたジレンマが存在する。そしてこうしたジレンマの多くは解決が難しいため，常に部分的な解決しかあり得ないのである」(p. 302, 傍点は本書の筆者が付けたものである)。筆者はさらに，こうしたモデルの意味することや相対的な説得力は，政治的，経済的現実にも強く影響されるという点を付け加えておきたい。

CONTESTED CHILDHOOD

文化モデルをコントロールするのは誰か

　今回インタビューした園長たちが,「自分たちなりの道を探している」とたびたび語っていたように,過去の日本の習慣や思想を再現したものではなく,また欧米の教育関係者が発展させた教育方針の模倣でもない,独自の幼稚園プログラムを園長たちは編み出そうとしていた。
　「自分たちなりの道を探す」という比喩は,その概念を適切に表現しきれていないかもしれない。そうした比喩では,自分たちなりの「道」というものが個人的な好みや意思で自由に選ぶことができるという印象を与えてしまう恐れがあるからだ。しかしそれでは権力を持った組織や個人の影響を無視することになる。現実には,そうした権力者は自分たち好みの道を際立たせ,他者の選んだ道を巧みに隠ぺいするとともに自分たちに従属させようとするのである。人類学者は以前から,文化的な「メッセージ」というものが権力によってコントロールされることを指摘しているが,文化の研究に関してまだ比較的日の浅い心理学者の間では,こうしたことがまだあまり理解されていない（Shore, 1996; Turiel, 1999参照）。幼児教育の世界ではこうした権力の影響がさまざまなレベルにおいて,またさまざまな形を伴って見られる。

● 幼稚園の質を規定する際の政府の役割

　これまで述べてきたように,日本政府は幼稚園の施設状況を規定するだけでなく,プログラムの作成にあたってもある程度の影響力を持っている。しかし,このように文部省が一方的に定める規制に対して,私立幼稚園の園長の多くは難色を示していた。たしかにこうした規制の中には,過度に官僚的で幼稚園の現状とはかけ離れているものもあった。たとえば,ある日,わかば幼稚園の園長の森本先生は消火器の使用方法を**ひらがな**で表記することが禁じられていることを知った。つまり,**漢字**での表記が義務づけられており,もちろんそれでは10歳以下の子どもには解読不能である。多くの壁にぶつかりながらも,森本先生たち教職員は,地域社会で暮らす人々にとって意味のあるプログラムを提供するため,少しずつ官僚的な形式主義を排除していった。また別の園長は,

文部省の幼稚園指導要領が前提とする価値観と自らの価値観が根本的に相違することに疑問を感じていた。高田園長をはじめとする役割重視型幼稚園の園長は，文部省は日本が現在直面している問題の解決には適さない欧米の方針をうわべだけ模倣しているに過ぎないと考えていた。実際，園長らは文部省に対して不満を持つだけでなく，文部省の指導要領をまったく無視して，プログラムに自分たちの価値観のみを反映させていたようだった★1。

　教育改革における日本政府，特に文部省の役割に関する詳しい分析は本書の目的からはそれてしまうが（Horio, 1988参照），筆者が行ったインタビューの結果を見る限りでは，文部省が幼稚園カリキュラムの改革に関して効果的に機能しているとは言いがたい。同省に対し，保守派団体は欧米の制度や価値観にすりよっていると非難の声をあげており，また革新派団体は文部省を現代日本社会の現実からまるでかけ離れた専制的な組織であるとみなしていた。幼稚園については，日本では大半が私立幼稚園であるため，文部省の影響はほとんどない。文部省はたしかに公立幼稚園に対しては公的な権威者として多少の影響力を持つが，最終的な消費者である保護者に対してはまったく影響力を持たないのである。その結果，文部省の幼稚園指導要領に沿った公立幼稚園は，保護者と積極的に接点を持とうとする私立幼稚園に負かされつつある。

　さらに，文部省はプログラムの評価や教育分野における研究の促進といった自らの役割を十分に果たしているとは言いがたい。幼稚園の特徴を分析したり小学校入学の準備機関としての幼稚園の有効性を評価するような調査研究に対して積極的な財政援助を行わない上，わずかに行われている文部省自身による調査の結果さえ公開していない。文部省がどのような調査を行い，どのような記録が存在するのかをつきとめようとしたが，筆者にはほとんど不可能であった。数年前に一度幼稚園カリキュラムの実態についての調査が行われたと聞き，大学院生2人に文部省に行って関連する文書を探してきてくれるよう依頼した。この大学院生は数々の障害を乗り越えてようやく文書を見つけ出したが，持ち出しは断られてしまった。しかも文部省の図書室での閲覧こそ許可されたものの，館内のコピー機を使おうとしたところ，また断られた，ということだった。

195

CONTESTED CHILDHOOD

●母親と園長との権力のバランス

　最近の母親の育児能力に対しては，多くの教職員が懸念を示していた。母親が幼稚園に対して過度な期待をしていると憤慨し，わがままな母親にいらだちを隠せない教職員もいた★2。第4章で見てきたように，役割重視型幼稚園の園長は，母親に対して親としての役割をきちんと果たすよう厳しく求めていた。全体的に見ても，日本の母親はアメリカの母親に比べて，はるかに深く幼稚園と関わりを持つことが求められる。幼稚園の教師たちは母親に対して，たとえば，次のようなことがらを期待する。スモック・ぞうきん・座布団を手作りで作るか，あるいは購入する，子どもの持ち物にはすべて指定通りの名前ラベルを貼る，週5日間おいしい手作りのお弁当を子どもに持たせる，PTAの会合に出席する（しかし，幼稚園のカリキュラムや活動内容に関してはほとんど発言力を持たない），園児の発表会や式典に出席する，たとえ休日でも家庭においても幼稚園のきまりに沿って子どもの行動を規制する，などである（Allison, 1996参照）。

　筆者がインタビューした教師の大半は，幼稚園側が母親に求めているこうしたことがらは，子どもが楽しい幼稚園生活を送る上で非常に大切だと語っていた。しかし筆者は，子どもにとってそれほど意味のなさそうなことを，幼稚園側が母親に大変な手間をかけてやらせていることに疑問を感じた。本当の目的は一体何なのだろうか。本当に子どものためを思ってのことだろうか。それとも，教師が母親に子育ての知識が乏しいことを認識させ，それを学ばせようとしてのことなのだろうかと多少皮肉に考えたりもした。教師と保護者が権力を主張し合う中で，一番大切なはずの子どもの利益がおろそかになっている例もあった。たとえば，ある幼稚園では，お弁当の中身をめぐって母親と教師が対立していた。幼稚園側は，母親が子どもの栄養を考えたいろいろな食材を使ってお弁当を作ることがいかに大切であるかを強調し，お弁当の詰め方や飾り付けに対してもいろいろときまりを定め，そうしたことが母親の愛情を表すのだと主張していた。しかし，給食が出る幼稚園の多くで実際に出される給食の質は，標準以下である場合が多い。筆者が訪問した施設の中にも，給食はホットドッグと牛乳だけという幼稚園が数か所あった。皮肉な見方をすると，これはお弁当に関する権力闘争で母親たちに負けた園長が，子どもは昼食に十分な栄

養を取るべきであるという主張を早々に放棄し，経費の節約に走った結果とも解釈できる。

　筆者が訪問した幼稚園の園長の多くは，保護者が教育に関する意見を述べたり，自分の子どものことを先生と話し合ったり，プログラムの問題点を指摘したりする機会は十分にあると考えていた。また，保護者からのクレームについても常に筋の通った説明を行い，できる限りの対処をしていると述べていた。これに対する母親の見解について考察することも興味深いだろう。アリソン（Allison, 1996）の研究は，こうした問題について母親の視点から調査を行った数少ない研究の一例である。アリソンによれば，母親の多くは，幼稚園でのプログラムが子どもにとって適切でなかったり，悪影響があったりした場合でさえも自分自身ではどうにもできないと感じていた。それを回避する唯一の道は転園だが，母親たちは新しい環境への順応は子どもに負担がかかると考えているため，転園を実行する親は少ない。ある母親は「**仕方がない**。日本の母親はみな，とにかく**頑張る**しかないので，子どもにも同じように頑張らせている」(p. 150) と話していたが，この言葉がまさに日本の母親たちの心境を表しているようだった。

　日本の母親が実質的に最も権力を行使できるのは，幼稚園を選択するという最初の段階においてである。この時点では，幼稚園よりも母親が有利な立場にある。なぜなら，入園を希望する子どもの数よりも募集を行っている幼稚園の数の方が多いため，母親は多種多様なプログラムの中から選択できる上，保育料も妥当であるからだ。したがって，どの園長もこうした市場の状況にいくらかは配慮し，母親のさまざまな要望を満たそうと試みる。けれども，いったん子どもが入園してしまうと権力のバランスは園長側に傾き，卒園までその状態が続くのである。

● **園長と教師の権力のバランスにおける多様性**

　園長と教師の本質的な力関係については検討の余地がある。ただし日本の幼稚園にはさまざまなタイプがあるため，それぞれのタイプについての一般的な傾向のみを述べることにする。子ども重視型幼稚園では，教師はプログラム作成に際してかなりの自律性を持っているようだった。園長が理想とす

る，子ども一人ひとりの要求や興味に応じて環境を変化させていくという教育方針を実施するにあたっては，教師のこうした自律性が不可欠であり，園長の定めたカリキュラムに従っているだけでは実現不可能である。

　役割重視型幼稚園および関係重視型幼稚園ではカリキュラムは事前に作成され，指導方法も一定であった。教師は園長の指示に厳密に従っているようであり，特に役割重視型幼稚園では，教師も園児と同様の扱いを受けているように見えた。つまり，教師も熱心に働くことが求められるとともに，厳しく管理され，同僚の前で叱責されるのである。こうした自分の仕事について教師がどのように考えているのかをさらに深く調査できれば，非常に興味深いことであろう。また，教師にとってもおそらく厳しいものであったであろうこうした幼稚園への適応過程が，自らの「心を磨く」上で役立ったかどうかは非常に興味深い。しかし，これまで述べてきたように，教師が自分の勤める幼稚園のプログラムをどのように評価し，またプロとして自らの役割をどう考えているのかを知ることは，今回の調査では困難であった。

　教師と園長の関係について，さらに研究を行うべきこれからの課題は，両者の性別が関係構築においてどのような影響を及ぼしているのかという点であろう。筆者が調査した公立幼稚園の園長はほぼ全員が女性であった。園長はみな，教員としての専門教育を受けており，教師として実際に教えた経験も長い。一方，私立幼稚園は，他の側面と同様この点についてもさまざまであった。男性の園長が多く，中には教育分野で正式な教育を受けていない園長もいた。たとえば，仏教系幼稚園は通常，宗教的素養のある男性によって運営されていた。また，宗教色のない私立幼稚園では，個人が夫婦で経営していることもたびたびであった。そうした場合には，夫が主に経営面を担当し，毎日の幼稚園活動そのものは妻が行っていた。また，男性の園長が経験豊富な女性教師を副園長として雇っている例も少なくなかった。筆者の印象では，こうした性別，教育，経験の組み合わせもプログラムの性質に大きな影響を与えているように思われた。

　結論として言えるのは，幼稚園での教育を実践する際の権力の役割については，さらに深く研究する必要があるということである。ローゼンバーガー(Rosenberger, 1996) が論じたように，「象徴的なことがらに対する人々の反

応を当然のこととは決めつけず,それは強力な影響力を持つ社会制度間のさまざまな矛盾から生じているのではないかと考えて研究を進めるべきである」(p. 13)。日本では,特に女性の間では,社会制度に対する抵抗は「もろく一時的で……決定的に現状を変えるためというより,選択肢を増やすために行われる」(p. 37)。部外者は,母親や教師,そして園長たちのこうしたささやかな抵抗を見逃し,表面上は従っている点だけを見て,人々が現在主流となっている文化モデルに同意していると解釈してしまいがちである。しかし権力のバランスが崩れる時には,こうした緊張が解き放たれる場合もある。たとえば,役割重視型幼稚園の園長は,かつて多くの幼稚園が主に用いていた文化モデルから,文部省の方針がどんどん遠ざかっていることにあからさまな不満を表明していた。レブラ(T. S. Lebra)や他の研究者は,調和が尊重され,協調が重んじられる状況においてこそ,矛盾が際立って現れると主張している(Krauss et al., 1984; Lebra, 1984)。われわれ研究者が,表面にはなかなか現れてこない人々のひそやかな声を引き出し理解するには,さらなる忍耐力と集中力と技能が必要なのだろう。

「優れた幼稚園とは何か」についてのさまざまな考え方

アメリカの幼稚園の質を向上させるにはどうすればよいかという論争は,まるでドリトル先生のオシツオサレツ★3のような状態になっている。一方の側へと引っ張るのは,全米のどの地域社会にも等しく適用可能な,教育の基準となるガイドラインを設けるべきだと主張する人々である。この主張は,幼稚園の質を「適切」または「不適切」のいずれかに二分しようとする考え方を反映している。「適切」と判断される要素は全米乳幼児教育協会(NAEYC)によって定義されてきたものであり,子どもの発達に関する研究論文や「民主主義的価値観」(Lubeck, 1994参照)に基づいている。しかし一方で,反対方向に引っ張ろうとする人々もいる。それは,幼児教育関係者と保護者の「協力」や「対話」の必要性を主張する人々であり,両者が互いの教育についての見解や

知識について話し合うべきだと主張する。この立場では，教育者の経験と同様に，保護者の目的や地域社会の価値観も重視されるため，結果として「優れた幼稚園とは何か」に関するさまざまな概念が生じることとなる（Holloway & Fuller, 1999）。

　アメリカの教育関係者は現状に行き詰まり苦悩しているが，筆者が今回収集した日本の32の幼稚園・保育所のデータにより，何らかのヒントが得られるものと考えている。幼児教育の質について検討するにあたり，これまでわれわれアメリカ人は異質な要素を統合し，その場しのぎで幼児教育の質について議論してきた。そのため一部の一般的な指標だけに基づいて，子どもにとって良いものと悪いものを判断し，結果的に根拠のない仮説を多く生み出してきた。たとえば，最近筆者は文化と幼児教育についての学会に出席したのだが，そこでは子どもの発達に応じたふさわしい指導方法について議論されていた。ある参加者が，「ゼリービーンズとイエス様」という名前の教育プログラムが存在していることに懸念を示した上で，全米乳幼児教育協会が提唱するようなガイドラインを設ける必要性を訴えた。筆者はこの短絡的な批判の裏に一体どのような思考がめぐらされたのだろうかと考えた。「ゼリービーンズとイエス様」という名前だけで自動的にそのプログラムの質が悪いという印象を教育者たちに与えてしまうのは，なぜなのだろう。宗教色を前面に押し出した幼稚園に対して反感を抱く教育者がいるためだろうか。宗教色の強いプログラムが与える知的刺激やしつけの方法に対しては偏見があるのだろうか。それとも目に見えない階級意識がはたらいて，威厳のありそうな名前に反する俗っぽい名前に対しては抵抗を感じてしまうのだろうか。保護者が子どもの教育に関してどのような選択を行っているかという点について考える際には，このような問題点に関しても細心の注意をはらわなければならない。筆者が行ってきた日本の幼稚園についての研究が，縄のように複雑に絡み合った現状をときほぐし，理解する手がかりになれば幸いである。

　アメリカ人が日本の教育方法を研究すべき理由のひとつは，アメリカの教育現場においても有益な指導方法を見つけるためである。日本での筆者自身の経験をふり返ってみても，アメリカの教育者が魅力的だと考えるであろう指導方法をいくつか思い浮かべることができる。日本のキリスト教系幼稚園では，個

人の能力を高めることと集団との関係の両方が重視されており，これはアメリカで中心的役割を担っている教育者にとって最も望ましいタイプの幼稚園であるといえるだろう。別のタイプの幼稚園の中にも「アメリカ的価値観」に当てはまる要素が存在しているが，そうした要素の中にはまだアメリカでは十分に発展していないものもある。たとえば，関係重視型幼稚園で行われているように日常生活の決まった手順を教え，円滑にできるようになるまで練習することは，アメリカの保育施設でも実施してみる価値があると思われる。アメリカ社会は自発的行動を好み，決まった手順のような型にはまった行動を避ける傾向があるため，群衆を統治するためには規則が必要であることを認めても，それが好ましいものであるとは考えられないのかもしれない。けれども，日常生活の中の人々の行動や出来事が子どもにとって予測可能であれば，子どもはそうした状況に自分が対処可能であるという感覚を身につけることを，経験豊富な教師ならすでにわかっていることである。アメリカの保育施設でもこうした点に配慮して，日々のスケジュールを組んだり，保育室を模様替えする前に子どもに知らせたりしている。日本の教師の場合はこうしたことがらをもう一歩踏み込んで実行しているだけなのである。たとえば，日本の教師は日常生活の中の決まった活動をする時間を多くとったり，何かをさせる時には系統的に順序だてて教えるようにしたりして，日常生活に必要な多くのことを身につけさせようと努力している。筆者が受けた印象では，日本の園児は自分の服をかばんに入れる前にきちんとたたんだり，給食当番の日にエプロンをつけ，帽子をかぶって給仕するといった具体的な役割をきちんと果たすことに誇りを感じているようだった。

　役割重視型幼稚園の教育はアメリカの代表的な幼児教育関係者が進めてきた指導方法とは根本的に異なるものだが，こうした幼稚園においても筆者にとっては興味深い指導が行われていた。特に印象深かったのは，ある幼稚園の大講堂の客席に座って3歳児のグループがピアニカの演奏をする様子を見ていた時のことだった。演奏が終わり，子どもたちが列になってステージを降りるやいなや，教職員らがステージに集まってすばやく，かつ静かにピアニカをかたづけ，次の4歳児のグループが使用する楽器を準備したのだ。教職員は，発表会の成功は自分たちにかかっているのだと熱心に語った。では，このように教師

によって周到に準備された行事に参加することによって，子どもたちは一体何を学ぶのだろうか。たけのこ幼稚園での音楽の授業に関する考察の中で明らかだったように，このように細部にまでわたって構造化された，緊張感あふれる状況は，子どもたちに多少なりとも不安を感じさせるに違いない。その一方で，子どもたちは自分たちが非常に大切に思われており，大事に扱われているのだというメッセージを受け取るに違いない。さらには，先生が発表会を成功させるために一生懸命働く姿を見て，よい結果を得るためにはみなで努力をすることがいかに大切かということを学び取るだろう。

　教育現場でのこうした実際の様子は大変興味深く，好奇心をかきたてられる。しかし，筆者が今回の調査を通してアメリカの教育関係者に伝えたいことは，単にこうした現場の様子だけではないし，ましてそれが本研究の主たる目的でもない。日本の幼稚園のカリキュラムを支える価値について本当に理解するためには，あるひとつの指導方法を取り上げて，それが望ましいとか適切であるとかを決めるよりも前に，その価値自体について議論し，明確にしなければならない。筆者は，全般的には日本の教育方針に賛成である。子どもたちの基本的要求に沿うよう国の定めた指導要領に基づいている上で，園長にもある程度の自由が容認されている。もちろん，教育関係の専門機関も重要な役割を果たしている。しかし，そうした専門機関は，幼稚園等の保育施設に対して特定の教育プログラムを押しつけるのではなく，教職員や地域社会の掲げる目標と一致するような文化モデルを正しく把握するよう努力すべきなのである。言い換えるならば，専門機関はある特定の指導方法が適切かどうかということばかりにとらわれるのではなく，教職員が自分たちの達成しようとしていることについて正しく理解し，実行に移し，そして評価できるよう手助けしていくべきなのだ。「間違った」教育理論に基づいて指導を行っている保育施設にばかり関心を持つのではなく，まったく理論を持たなかったり，理論にのみこまれてしまっていたり，理論を実践に移したことがないような施設にこそもっと関心を持つべきなのである。

　今回訪問した幼稚園の中には，明確な教育方針を持ち，高い教育水準を保っているさまざまな幼稚園があった。そうした施設を考察した結果，筆者は優れたプログラムの条件を以下の4つの原則にまとめた。これらの原則は，組織と

しての幼稚園の機能に関するものであり，特定の教育内容や社会における幼稚園の役割についての考え方とは関連がないことを断っておく。

原則1：よいプログラムでは目標が明確であり，指導内容の根底にある価値観が明確に言葉で表現されている

　これまで本書を通じて示してきたとおり，ほとんどの園長が自分たちのプログラムの基盤となっている幼稚園自体の性質について非常に深く考えていた。プログラムは，子どもが立派な大人になるために必要な経験とは何かという点について，幼稚園がよりどころとする信念を中心に考えていた。また，価値観が果たす役割については，特に宗教系の幼稚園において明確であった。これはおそらく，宗教的なイデオロギーの中に，価値観やその教育的な意味を探求することについての詳しい枠組みが包含されているからであろう。一方，アメリカの幼稚園に関する文献では，価値観が果たす役割について明確に記述されているものはほとんどない。幼稚園のプログラムと宗教との関係についてはまだ研究が行われていないというのが実情である。研究者や政策立案者の雑談の中では，キリスト教原理主義者が進めているプログラムについて懸念の声が聞かれたりもする。しかし，そうしたプログラムの教育目標や成果について詳しく調査した研究はごくわずかである（これに対し，たとえば幼稚園から高校までのカトリック系教育機関に関する研究は広範囲にわたっており，宗教上の理念が家庭内での人間関係に及ぼす影響についての関心が高まりつつある）。

原則2：よいプログラムでは，高く評価された文化モデルと実際の指導方法とが一致している

　原則1の上に立つこの原則が示しているのは，園の教育方針が明確であれば，指導方法はそれに沿うものであり，また沿うべきものであるということである。プログラムの土台となる価値観が言葉で明確に表現されていれば，教職員は自らの指導方法をめぐって有意義な話し合いができる。しかしながら筆者の観察例では，園長の話と教室での実際の様子がくい違っていることもまれにあった。たとえば，ある小さな私立幼稚園の園長は，発表会では，子どもたちがみなで協力することが大切であると語っていた。しかしいざリハーサルを見学してみ

ると，子どもたちどうしで話をしたり，演出を左右したりするようなことは皆無だった。現実は先生が演技の間中ずっと子どもをせき立て，文字通り押したり引いたりしてステージの決まった位置に移動させ，先生が事前に準備したせりふを読ませるだけだった。

　教育方針と実際の指導方法とが一致していれば，評価の過程も非常に明確になる。子どもとの会話や創意工夫に富んだ調査を行うことによって，プログラムの実践している指導内容が望んだとおりの成果を生み出したかどうかを確認できる。たとえば，役割重視型幼稚園の子どもたちが，伝統的な職人が自分の仕事に誇りを持つように，自分たちの役割にも誇りを感じるようになるのかどうか，筆者はずっと知りたいと思っていた。また，子どもたちは他人が自分の幸せのために貢献してくれていることを理解しているのだろうか，とも考えていた。というのは，子どもに感謝の心を持たせるということは，こうした幼稚園の園長たちにとって重要な課題だったからだ。園長は子どもたちの自立心を伸ばすことも重要だと考えていることから，筆者は子どもたちの自立心についても興味があった。さらに，役割重視型のプログラムに批判的な人々が，こうしたやり方では子どもが身につけることはできないと考えているような能力，たとえば，子どもが生来持っている「学ぶこと」へのやる気を促進することなどについて調べてみることもおもしろいかもしれない。

原則3：よいプログラムでは，教職員は自己分析を行い，保護者を含む関係者と会話し，専門知識を学び続けることで，常に自らの目標と実際の指導方法をふり返る

　日本では，学校から企業に至るまで，多くの組織で**反省**が行われている（例としてHersh & Peak 1998参照）。教育現場では，自らの指導方法をふり返るために**研究授業**が行われている。研究授業では，1人の教師の授業を同じ地域内の他校の教師が観察し，授業後の協議会で授業の長所や短所の分析が行われる。筆者がこうした**研究授業**に参加した際に驚いたのは，授業を行った教師が，20人もの他の教師から厳しく批判されているにも関わらず，冷静かつ客観的でいられたことだった。批判を通して学ぶというこの教師の能力は，おそらく幼稚園時代からの数えきれないほど多くの**反省**の場で培われてきたものに違い

ない。

　筆者が訪問した幼稚園でも，ほとんどの園長が自分たちのプログラムについて批評してもらいたいと筆者に言っていた。筆者は，自分が研究しているまさにその過程に引きずり込まれていくのを感じた。園長は，筆者から幼児教育についての文化モデルを聞き出し，自分たちの持つ文化モデルというプールの中に投げ入れ，さまざまな角度から調べあげた上で徐々に自らのものとしようと（あるいは拒絶しようと）しているのだ。ある時，通訳の女性が，筆者が観察の際に単なる思いつきで言った言葉さえもすべて書きとめていることに気がついた。その通訳の女性は最終的にはこれらのコメントをまとめて記事にし，学術誌に投稿するつもりだと打ち明けた。

　園長は，筆者を含め欧米の研究者の反応に対しては強い興味を示していた。しかし，日本人の教育関係者どうしで対話することに関しては，園長間で関心の程度にかなりの幅があった。たとえば，文部省とほとんど接触を持たない園長もいれば，深い関わりを持つ園長もいた。あるいは仏教系幼稚園に見られるように，似通った教育方針を持った幼稚園の間でネットワークを形成する園長もいた。また教師に関しては，教育に対する新しい考え方や情報を実際の指導の場に生かそうとする教師もいたようだが，筆者の印象では，園長の方針に対し異議を唱えるようなことはないようだった。新入りの教師の場合は，なおさらである。その結果，変化が必要であると考える人々からのプレッシャーからうまく逃れている園長もいるように思われた。筆者は，このように園長が隔離された特別な状態にあるということには疑問を感じる。そのような状態では，園長が極端な考えを持っていても修正されることがないので，結果的に子どもに対して間違った教育が行われることになりかねないからだ。権力がこのように園長の手に集中しているという認識は，保護者が園で行われている指導内容を監視したり意見を述べたりすることに対して，比較的控えめだという事実を知って，ますます強くなった。ある程度発言力を持った保護者や地域住民が積極的に関与し，園の行き過ぎをおさえ，園と保護者らとの間の力関係の均衡を保つことができなければ，権力の濫用や望ましくない指導が行われる可能性が残る。

原則4：よいプログラムに携わる教職員は活気に満ち，子どもたちのために懸命に働く

　息苦しいくらい暑い8月，筆者が初めて幼稚園での観察を行った日のことだった。大勢の4歳児たちがプールで大声を上げてはしゃいでいた。先生もいつものように水着を着て飛び込み，子どもたちの中に入っていく。その様子を見て，筆者は先生の真摯な姿に感動した。全体的に見ると，アメリカで観察した教師たちに比べて，日本の教師の方がみな子どもたちと積極的に関わっていた。日本で書いた観察記録を読み返してみても，子どもたちが遊んでいるのをただ座って見ているような先生など文字通り皆無である。先生は建物の中にいようが，外にいようが，また仕事に直接関係しなくても，座ったままぼうっと見ていることなどはあり得ない。たとえ保育時間の大半が自由遊びの幼稚園でさえ，先生は子どもと活発に遊んでいるか，あるいは教材の準備をしている他の教職員の手伝いをしていた。また，1つのクラスを2人以上の教師で担当するような園は少ないので，子どもといっしょにいる間は他の先生と無駄話をする機会もほとんどなかった。保育室に先生が2人いる場合でも，仕事に関する話を2，3短くかわすだけだった。先生に求められる役割は園によってさまざまだが，全般的に先生は一日中どんな場面においても「勤務中」であった。訪問した数々の園でその教育方針と実際の指導にほとんどずれが見られなかったのは，おそらくこうしたことが要因のひとつになっているのであろう。

　日本の教師が大変熱心であるのは，おそらく日本における教師という職業の社会的地位が関係していると考えられる。日本では，幼稚園の教師になるには一定の規準があり，教師はすべて幼児教育分野における短大卒以上の資格を保有している。給与はアメリカの水準より高く，また人々から尊敬される度合いもアメリカより高い。幼稚園制度は文部省の監督下にあるため，教師はアメリカでいう「ベビーシッター」というよりもむしろ教育者とみなされている。アメリカでは，保育に携わる人々にはより広範囲にわたったさまざまなタイプがある。たとえば，保育施設で働くほとんどの職員が法定最低賃金で働いている。こうした保育者の教育レベルは一般のアメリカ人に比べれば比較的高いが，それでもかなりばらつきがある。また，子育ては親かあるいはその代わりになる家族がすべきであって，教師が行うものではないと考える親も多く，こうした

場合は家庭的保育（ファミリーデイケア）か親戚によって子どもの面倒が見られている。最近では，保育の分野は，就職が困難で生活保護から取り残された女性の職場だと考えられる傾向が強く，その結果，保育という職業には個人の経験だけでなくもっと別の高度な知識や技術が必要だという認識が薄くなっている。こうした要因が納得のいく方法で改善されない限り，日本の子どもが幼稚園で教師から受けているような熱心な教育をアメリカの子どもが受けられる日は遠いだろう。

日本の幼稚園の変貌と多様性を概念化する

　本書の執筆にあたり，日本の幼児教育をうまく表現できるような何かよい比喩はないかとずっと考えていた。園長や教師が，さまざまな信念や指導方法から取捨選択して，首尾一貫したプログラムをつくり上げていくダイナミックな過程を表現できるような比喩である。そうした比喩のひとつとして，**しめ縄**を想起することができるのではないだろうか。**しめ縄**はわらを縒り合わせて作った縄飾りのことで，神社の神聖な場所と俗世間とを区別するために使われる。日本を訪問中のある日，日本最古の神社のひとつである出雲大社で，拝殿に巨大なしめ縄が掛けられているのを見た。それは途方もない大きさで，まるで巨人が置き忘れていったおもちゃのようだった。拝殿の入り口に約40フィート（約12m）にわたって掛けられており，縄は周囲15フィート（約4.5m）もあっただろうか。驚いたことに**しめ縄**からは，強い安定感とともに躍動感が伝わってきた。3本の太い縄が縒り合わされており，見ているとそれぞれの縄が別の縄の中から現れ，またその中に縒り合わされていく様子に引き込まれてしまう。それぞれの縄の端は，**しめ縄**の端とは到底つながっていると思えないようなところから地面に向かって突き刺すように現れ，下から見上げる人々の頭上約3フィート（約90cm）ぐらいのところで突然切れる。

　しめ縄と同様，日本は遠くから見ると統一性と安定感を持っているように

見える。しかし近づいてよく見てみると，絶え間なく変化し続け，社会が自らを変えていっていることがわかる。日本では常に海外から適切なアイデアや方法を求めて取り入れ，常に自己反省を行うことで，こうした変化は勢いを保っている。それぞれの幼稚園も，昔から引き継ぐものを持ちながらも常に変化し続けてゆくアイデンティティを持っているという意味で**しめ縄**に似ている。筆者が訪問した多くの幼稚園では，ひとつの家族の子どもを二代三代にわたって受け入れ続けていた。しかし，園はそれぞれその時どきの幼児教育の流行を取り入れ，出生率の低下や女性の就労率の増加，また保護者の教育や社会化に対する見解の変化といったマクロレベルでの社会の変化に対応してきた。

　そして，**しめ縄**のそれぞれの縄を結い上げている1本1本のわらのように，日本の幼稚園にはさまざまな側面で，明らかな多様性がある。たしかに日本の幼児教育は体系立っており，アメリカのまるでパッチワークさながらの状況とは異なって一貫性がある。しかしながら，日本の幼稚園もそれぞれ独自性を持っていることを理解しなければならない。さらに，それぞれの幼稚園においても，さまざまな要素を取り入れたり組み合わせたりしてプログラムがつくられていることを知ることは重要である。園長はさまざまな情報源から得たさまざまな文化モデルを織り交ぜて組み立て，独自の特色あるプログラムをつくり上げている。仏教や神道，キリスト教の主張，信念，習慣は，多くの園でカリキュラムの作成において重要な影響を与えている。さらに，別の縄は文部省へとつながっている。文部省は公立幼稚園の園長に，欧米の教育理論や発達理論にふれる機会を提供している。さらに，子どもとは何かということについての昔ながらの伝統的な考え方も幼稚園のプログラムの重要な要素である。

　出雲大社を訪れる人々の間には，ある言い伝えがある。巨大な**しめ縄**の下に立ち，垂れ下がった大縄の先端のわら束に硬貨を投げ，うまくはさまると願いがかなうというものだ。神聖なしめ縄に硬貨をうまくはさむのは容易ではない。ほとんどの場合，硬貨はきつくしばられたわらの堅い切り口にあたって人々の頭の上にはね返ってくる。しかしあきらめず何度も挑戦していると，縄と縄の間に硬貨がひっかかることもある。日本の幼稚園について本書を執筆している間，筆者は時どき自分がきつく結われた**しめ縄**の間に硬貨をもぐり込ませようと必死になっている参拝者のような気がした。最後に　（ショア（Shore, 1996）

の言葉を借りて述べるならば）日本の幼稚園の園長たちがもはや「仮想上の日本人，あるいは平均的な日本人」ではなく，独自の経験や関心，社会的地位に基づいて論争をくり返しながら多様な幼児教育の教育方針を展開している生身の人間であることがわかっていただければ，本書の目標は達成されたといえるだろう。

【第9章・注】

★1 （原注）実際，筆者の日本人の同僚は本書のタイトルを「文部省なんてくそくらえ！」としたらどうかと提案したぐらいだ。

★2 （原注）アメリカでも幼児教育の専門家は，子どもの保護者のことを無能で無知であるとみなす傾向がある（たとえばHolloway & Fuller, 1999）が，こうした風潮を批判してきた者として，筆者は日本の教育関係者の保護者に対するこうした態度にも不満を感じる。筆者は視野を広く持って日本の教職員の考え方を理解しようと努めてきたが，時にはいらだちの感情を押さえる必要もあったことは認めなければならない。

★3 （訳注）ドリトル先生に出てくるラマに似ている想像上の動物で，頭が2つあり，互いが反対方向を向いている。

引用文献

◇は日本語文献
◆は邦訳が出版されている文献（p. 223・224参照）

Allison, A. (1996). Producing mothers. In A. E. Imamura (Ed.), *Re-imaging Japanese women* (pp. 135–55). Berkeley, CA: University of California Press.

◇1　Azuma, H. (1994a). *Nihonjin no shitsuke to kyōiku: Hattatsu no nichibei hikaku ni motozuite* [*Education and socialization in Japan: A comparison between Japan and the United States*]. Tokyo: University of Tokyo Press.

――――. (1994b). Two modes of cognitive socialization in Japan and the United States. In P. M. Greenfield & R. R. Cocking (Eds.), *Cross-cultural roots of minority child development* (pp. 275–85). Hillsdale, NJ: Erlbaum.

――――. (1996). Cross-national research on child development: The Hess-Azuma collaboration in retrospect. In D. W. Shwalb and B. J. Shwalb (Eds.), *Japanese childrearing: Two generations of scholarship* (pp. 220–40). New York: Guilford Press.

Barth, F. (1989). The analysis of culture in complex societies. *Ethnos, 3–4*, 120–42.

Baumrind, D. (1989). Rearing competent children. In W. Damon (Ed.), *Child development today and tomorrow* (pp. 349–78). San Francisco: Jossey Bass.

Beatty, B. (1995). *Preschool education in America: The culture of young children from the colonial era to the present.* New Haven, CT: Yale University Press.

Benjamin, G. (1997). *Japanese lessons: A year in a Japanese school through the eyes of an American anthropologist and her children.* New York: New York University Press.

Bond, M. H., & Hwang, K. (1986). The social psychology of Chinese people. In M. H. Bond (Ed.), *The psychology of the Chinese people* (pp. 213–66). Oxford, England: Oxford University Press.

Boocock, S. S. (1989). Controlled diversity: An overview of the Japanese preschool system. *Journal of Japanese Studies, 15* (1), 41–65.

———. (1991). Childhood and childcare in Japan and the United States: A comparative analysis. *Sociological Studies of Child Development: Vol. 4. Perspectives on and of children* (pp. 51–88). Greenwich, CT: JAI Press.

Bornstein, M. H., Haynes, O. M., Azuma, H., Galperin, C., Maital, S., Ogino, M., Painter, K., Pascual, L., Pecheux, M., Rahn, C., Toda, S., Venuti, P., Vyt, A., & Wright, B. (1998). A cross-national study of self-evaluations and attributions in parenting: Argentina, Belgium, France, Israel, Italy, Japan, and the United States. *Developmental Psychology, 34,* 662–76.

◆1 Bredekamp, S., & Copple, C. (Eds.) (1997). *Developmentally appropriate practice in early childhood programs* (Rev. ed.). Washington, DC: National Association for the Education of Young Children.

Center for the Child Care Workforce. (1999). *Current data on child care salaries and benefits in the United States.* Washington, DC: Center for the Child Care Workforce.

Chao, R. (1994). Beyond parental control and authoritarian parenting style: Understanding Chinese parenting through the cultural notion of training. *Child Development, 65,* 1111–19.

Children's Defense Fund. (1998). *The state of America's children: Yearbook 1998.* Washington, DC: Children's Defense Fund.

◇2 *Christianity Almanac.* (1990). [Kirisutokyo Nenkan]. Tokyo: Kirisuto Shinbusha.

Clancy, P. M. (1986). The acquisition of communicative style in Japanese. In B. B. Schieffelin & E. Ochs (Eds.), *Language socialization across cultures* (pp. 213–50). New York: Cambridge University Press.

Cleverley, J., & Phillips, D. C. (1986). *Visions of childhood: Influential models from Locke to Spock.* New York: Teachers College Press.

Conroy, M., Hess, R. D., Azuma, H., & Kashiwagi, K. (1980). Maternal strategies for regulating children's behavior: Japanese and American families. *Journal of Cross-Cultural Psychology, 11,* 153–72.

◆2 Coontz, S. (1992). *The way we never were: American families and the nostalgia trap.* New York: Basic Books.

D'Andrade, R. G. (1992). Schemas and motivation. In R. A. D'Andrade & C. Strauss (Eds.), *Human motives and cultural models* (pp. 23–44). New York: Cambridge University Press.

DeCoker, G. (1993). Japanese preschools: Academic or nonacademic? In J. J. Shields (Ed.), *Japanese schooling: Patterns of socialization, equality, and political control* (pp. 45–58). University Park, PA: Pennsylvania State University Press.

DeVos, G. A. (1996). Psychocultural continuities in Japanese social motivation. In D. W. Shwalb & B. J. Shwalb (Eds.), *Japanese childrearing: Two generations of scholarship* (pp. 44–84). New York: Guilford Press.

◇3 Doi, T. (1986). *The anatomy of dependence.* Tokyo: Kodansha.

Dore, R. P. (1978). *Shinohata: A portrait of a Japanese village.* New York: Pantheon Books.

Dumoulin, H. (1994). *Understanding Buddhism: Key themes.* New York: Weatherhill Inc.

Efron, S. (1997, February 16). Battle for best schools reaches age 2 in Tokyo: Baby boomers shell out big yen to prep children for careers. *San Francisco Sunday Examiner and Chronicle,* p. C15.

◆3 Feiler, B. S. (1991). *Learning to bow: Inside the heart of Japan.* New York: Ticknor & Fields.

Fujita, M., & Sano, T. (1988). Children in American and Japanese day-care centers: Ethnography and reflective cross-cultural interviewing. In H. T. Trueba & C. Delgado-Gaitan (Eds.), *School and society: Learning content through culture* (pp. 73–97). New York: Praeger.

Fukuzawa, R. I. (1994). The path to adulthood according to Japanese middle schools. In T. P. Rohlen & G. K. LeTendre (Eds.), *Teaching and learning in Japan* (pp. 295–320). New York: Cambridge University Press.

Fuller, B., & Holloway, S. D. (1996). When the state innovates: Interests and institutions create the preschool sector. *Research in Sociology of Education and Socialization, 11,* 1–42.

◆4 Geertz, C. (1983). *Local knowledge.* New York: Basic Books.

Greenfield, P. M. (1994). Independence and interdependence as developmental scripts: Implications for theory, research, and practice. In P. M. Greenfield & R. R. Cocking (Eds.), *Cross-cultural roots of minority child development* (pp. 1–37). Hillsdale, NJ: Erlbaum.

Haase, B. (1998). Learning to be an apprentice. In J. Singleton (Ed.), *Learning in likely places* (pp. 107–33). Cambridge, England: Cambridge University Press.

Hara, H., & Minagawa, M. (1996). From production dependents to precious guests: Historical changes in Japanese children. In D. W. Shwalb & B. J. Shwalb (Eds.), *Japanese childrearing: Two generations of scholarship* (pp. 9–30). New York: Guilford Press.

Hendry, J. (1986). *Becoming Japanese: The world of the pre-school child.* Honolulu: University of Hawaii Press.

Hermans, H. J. M., & Kempen, H. J. G. (1998). Moving cultures: The perilous problems of cultural dichotomies in a globalizing society. *American Psychologist, 53,* 1111–20.

Hersh, S., & Peak, L. (1998). Developing character in music teachers: A Suzuki approach. In J. Singleton (Ed.), *Learning in likely places: Varieties of apprenticeship in Japan* (pp. 153–71). Cambridge, England: Cambridge University Press.

Hess, R. D., & Azuma, H. (1991). Cultural support for schooling: Contrasts between Japan and United States. *Educational Researcher, 20,* 2–8, 12.

Ho, D. Y. F. (1994). Cognitive socialization in Confucian heritage cultures. In P. M. Greenfield & R. R. Cocking (Eds.), *Cross-cultural roots of minority child development* (pp. 285–313). Hillsdale, NJ: Erlbaum.

Hofstede, G. (1994). Foreword. In U. Vikim, H. Triandis, C. Kağitçibaşi, S. Choi, & G. Yoon (Eds.), *Individualism and Collectivism* (pp. ix–xiii), Thousand Oaks, CA: Sage Publications.

Holland, D., Lachiotte, W. Jr., Skinner, D., & Cain, C. (1998). *Identity and agency in cultural worlds.* Cambridge, MA: Harvard University Press.

Holloway, S. D. (1988). Concepts of ability and effort in Japan and the United States. *Review of Educational Research, 58,* 327–45.

Holloway, S. D., & Fuller, B. (1999). Families and child-care institutions: Divergent research and policy viewpoints. In S. Helburn (Ed.), *The silent crisis in U.S. child care. Annals, American Academy of Political and Social Science* (Vol. 563, pp. 98–115). Thousand Oaks, CA: Sage Publications.

Holloway, S. D., Kashiwagi, K., Hess, R. D., & Azuma, H. (1986). Causal attributions by Japanese and American mothers about performance in mathematics. *International Journal of Psychology, 21,* 269–86.

Holloway, S. D., & Minami, M. (1996). Production and reproduction of culture: The dynamic role of mothers and children in early socialization. In D. W. Shwalb and B. J.

Shwalb (Eds.), *Japanese childrearing: Two generations of scholarship* (pp. 164–76). New York: Guilford Press.

Holloway, S. D., Fuller, B., Rambaud, M. F., & Eggers-Piérola, C. (1997). *Through my own eyes: Single mothers and the cultures of poverty.* Cambridge, MA: Harvard University Press.

Hori, G. V. S. (1996). Teaching and learning in the Rinzai Zen monastery. In T. P. Rohlen and G. K. LeTendre (Eds.), *Teaching and learning in Japan* (pp. 20–49). New York: Cambridge University Press.

Horio, T. (1988). *Educational thought and ideology in modern Japan: State authority and intellectual freedom.* Tokyo: University of Tokyo Press.

Hunter, J. E. (1989). *The emergence of modern Japan: An introductory history since 1853.* London and New York: Longman.

Ishigaki, E. H. (1991). The historical stream of early childhood pedagogic concepts in Japan. *Early Child Development and Care, 75,* 121–59.

———. (1992). The preparation of early childhood teachers in Japan (part 1): What is the goal of early childhood care and education in Japan? *Early Child Development and Care, 78,* 111–38.

———. (1994). *Lower birth rate and children's rights: The present condition of Japanese family.* Paper delivered at the 1994 OMEP World Council and Seminar. Warwick University, UK.

Japan briefing December 1–7: Education Ministry. (1997, December 1–7). *Japan Times Weekly International Edition,* p. 2.

◇4 Japan Buddhist Nursery and Kindergarten Association [Nihon Bukkyo Hoiku Kyokai] (1998). *Outline of the Japan Buddhist Nursery and Kindergarten Association.* Tokyo.

Japanese National Committee of OMEP (1992) . *Education and care of young children in Japan* [Brochure]. Tokyo: Author.

Japan's education dilemma. (1998, May 25–31). *Japan Times Weekly International Edition.*

Japan's lingering recession creates generation of lost youth. (1999, February 12). *San Francisco Chronicle,* p. A16.

Joffe, C. (1977). *Friendly intruders: Child care professionals and family life.* Berkeley, CA: University of California Press.

Kağitçibaşi, C. (1989). Family and socialization in cross-cultural perspective: A model of change. In J. Berman (Ed.), *Nebraska symposium on motivation* (pp. 135–200). Lincoln, NE: University of Nebraska Press.

Kim, U. (1994). Individualism and collectivism: Conceptual clarification and elaboration. In U. Kim, H. Triandis, C. Kağitçibaşi, S. Choi, & G. Yoon (Eds.), *Individualism and collectivism: Theory, method and applications* (pp. 19–40). Thousand Oaks, CA: Sage Publications.

Kitagawa, J. M. (1987). *On understanding Japanese religion.* Princeton, NJ: Princeton University Press.

Kojima, H. (1986a). Becoming nurturant in Japan: Past and present. In A. Fogel & G. F. Melson (Eds.), *Origins of nurturance: Developmental, biological and cultural perspectives on caregiving* (pp. 123–39). Hillsdale, NJ: Erlbaum.

———. (1986b). Japanese concepts of child development from the mid-17th to mid-19th century. *International Journal of Behavioral Development, 9,* 315–29.

———. (1988). The role of belief-value systems related to child-rearing and education: The case of early modern to modern Japan. In D. Sinha & H. S. R. Kao (Eds.), *Social values and development: Asian perspectives* (pp. 227–53). Newbury Park, CA: Sage Publications.

Kondo, D. K. (1990). *Crafting selves: Power, gender, and discourses of identity in a Japanese workplace.* Chicago: University of Chicago Press.

Kontos, S., Raikes, H., & Woods, A. (1983). Early childhood staff attitudes toward their parent clientele. *Child Care Quarterly, 12,* 45–58.

Kontos, S., & Wells, W. (1986). Attitudes of caregivers and the day care experience of families. *Early Childhood Research Quarterly, 1,* 47–67.

Kotloff, L. J. (1993). Fostering cooperative group spirit and individuality: Examples from a Japanese preschool. *Young Children, 48,* 17–23.

Kozu, J. (1999). Domestic violence in Japan. *American Psychologist, 54,* 50–54.

Krauss, E. S., Rohlen, T. P., & Steinhoff, P. G. (1984). Conflict and its resolution in postwar Japan. In E. S. Krauss, T. P. Rohlen, & P. G. Steinhoff (Eds.), *Conflict in Japan* (pp. 41–60). Honolulu: University of Hawaii Press.

Kumagi, F. (1986). Filial violence: A peculiar parent-child relationship in the Japanese family today. In G. Kurain (Ed.), *Parent-child interaction in transition* (pp. 357–69). New York: Greenwood Press.

Kuper, A. (1999). *Culture: The anthropologists' account.* Cambridge, MA: Harvard University Press.

Lanham, B. B., & Garrick, R. J. (1996). Adult to child in Japan: Interaction and relations. In D. W. Shwalb and B. J. Shwalb (Eds.), *Japanese childrearing: Two generations of scholarship* (pp. 97–124). New York: Guilford Press.

Lareau, A. (1989). *Home advantage: Social class and parental intervention in elementary education.* London: Falmer Press.

Lebra, T. S. (1984). Nonconfrontational strategies for management of interpersonal conflict. In E. S. Krauss, T. P. Rohlen, & P. G. Steinhoff (Eds.), *Conflict in Japan* (pp. 41–60). Honolulu: University of Hawaii Press.

———. (1992). Self in Japanese culture. In N. R. Rosenberger (Ed.), *Japanese sense of self* (pp. 105–20). Cambridge, England: Cambridge University Press.

LeTendre, G. K. (1996). Shidō: The concept of guidance. In T. P. Rohlen & G. K. LeTendre (Eds.), *Teaching and learning in Japan* (pp. 275–94). New York: Cambridge University Press.

———. (1999). The problem of Japan: Qualitative studies and international educational comparisons. *Educational Researcher, 28,* 38–45.

LeVine, R. A. (1974). Cultural values and parental goals. *Teachers College Record, 76,* 226–39.

Lewis, C. C. (1995). *Educating hearts and minds: Reflections on Japanese preschool and elementary education.* Cambridge, England: Cambridge University Press.

———. (1996). The contributions of Betty Lanham: A neglected legacy. In D. W. Shwalb and B. J. Shwalb (Eds.), *Japanese childrearing: Two generations of scholarship* (pp. 125–38). New York: Guilford Press.

Lubeck, S. (1994). The politics of developmentally appropriate practice: Exploring issues of culture, class, and curriculum. In B. L. Mallory & R. S. New (Eds.), *Diversity and developmentally appropriate practices* (pp. 17–43). New York: Teachers College Press.

Markus, H. R., & Kitayama, S. (1991). Culture and the self: Implications for cognition, emotion and motivation. *Psychological Review, 98,* 224–53.

McKinstry, J. A., & McKinstry, A. N. (1991). *Jinsei Annai, "life's guide": Glimpses of Japan through a popular advice column.* Armonk, NY: M. E. Sharpe Inc.

Miyoshi, M. (1994). *As we saw them: The first Japanese embassy to the United States.* New York: Kodansha International.

◇5 Moriue, S. (1993). *Saishin hoiku shiryo shu* [The latest child-care materials]. Kyoto: Minerva.

◇6 ———. (1996). *Saishin hoiku shiryo shu* [The latest child-care materials]. Kyoto: Minerva.

◇7 ———. (1999). *Saishin hoiku shiryo shu* [The latest child-care materials]. Kyoto: Minerva.

Mouer, R., & Sugimoto, Y. (1986). *Images of Japanese society: A study in the social construction of reality.* London: Kegan Paul International.

Nakano, M. (1995). *Makiko's diary.* Stanford, CA: Stanford University Press.

Nation of "little emperors" creating chaos in schoolrooms of Japan. (1999, January 30). *San Francisco Chronicle,* p. A11.

Nelson, J. K. (1996). *A year in the life of a Shinto shrine.* Seattle, WA: University of Washington Press.

New, R. S. (1994). Culture, child development and developmentally appropriate practices: Teachers as collaborative researchers. In B. L. Mallory & R. S. New (Eds.), *Diversity and developmentally appropriate practices* (pp. 65–83). New York: Teachers College Press.

Nine percent of moms abuse kids, survey says. (1999, April 16–30). *Japan Times Weekly International Edition,* p. 4.

Okano, H. (1995). Women's image and place in Japanese Buddhism. In K. Fujimura-Fanselow & A. Kameda (Eds.), *Japanese women: New feminist perspectives on the past, present, and future* (pp. 15–28). New York: Feminist Press.

One-third of women are physically abused. (1998, June 1–7). *Japan Times Weekly International Edition,* p. 4.

Peak, L. (1991). *Learning to go to school in Japan: The transition from home to preschool life.* Berkeley, CA: University of California Press.

———. (1992). Formal pre-elementary education in Japan. In R. Leestma & H. J. Walberg (Eds.), *Japanese educational productivity* (Michigan Papers in Japanese Studies, No. 22) (pp. 35–68). Ann Arbor, MI: Center for Japanese Studies.

Philip, L. (1989). *The road through Miyama.* New York: Vintage Books.

Powell, D. R. (1994). Parents, pluralism, and the NAEYC statement on developmentally appropriate practice. In B. L. Mallory & R. S. New (Eds.), *Diversity and developmentally appropriate practices: Challenges for early childhood education* (pp. 166–82). New York: Teachers College Press.

Quinn, N., & Holland, D. (1987). Culture and cognition. In D. Holland and N. Quinn (Eds.), *Cultural models in language and thought* (pp. 3–40). New York: Cambridge University Press.

◆5 Reischauer, E. O. (1981). *Japan: The story of a nation* (3rd ed.). Rutland, VT: Tuttle.

◆6 Rohlen, T. P. (1983). *Japan's high schools.* Berkeley, CA: University of California Press.

———. (1989). Order in Japanese society: Attachment, authority, and routine. *Journal of Japanese Studies, 15*(1), 5–40.

Rosenberger, N. R. (1996). Fragile resistance, signs of status: Women between state and media in Japan. In A. E. Imamura (Ed.), *Re-imaging Japanese women* (pp. 12–455). Berkeley, CA: University of California Press.

◆7 Rosenstone, R.A. (1988). *Mirror in the shrine: American encounters with Meiji Japan.* Cambridge, MA: Harvard University Press.

Sato, N. (1996). Honoring the individual. In T. P. Rohlen & G. K. LeTendre (Eds.), *Teaching and learning in Japan* (pp. 119–53). Cambridge, England: Cambridge University Press.

Sato, M. (1998). Classroom management in Japan: A social history of teaching and learning. In N. Shimahara (Ed.), *Political life in the classroom* (pp. 189–214). New York: Garland Press.

Sayle, M. (1998, June). Japan's social crisis: The bad economic news is a symptom of a worse problem. *Atlantic Monthly,* pp. 84–94.

Shand, N. (1985). Culture's influence in Japanese and American maternal role perception and confidence. *Psychiatry, 48,* 52–67.

Shigaki, I. S. (1983). Child care practices in Japan and the United States: How do they reflect cultural values in young children? *Young Children, 38,* 13–24.

Shimizu, K. (1992). *Shido*: education and selection in a Japanese middle school. *Comparative Education, 28,* 109–29.

Shirakawa, Y. (1996). Culture and the Japanese kindergarten curriculum: A historical view. *Early Child Development and Care, 123,* 183–92.

Shore, B. (1996). *Culture in mind: Cognition, culture, and the problem of meaning.* Oxford, England: Oxford University Press.

Shwalb, D. W., & Nakazawa, J. (1999, April). Japanese mothers' ideas about preschool children: Sources of parenting information, confidence and anxiety. Paper presented at the biennial meeting of the Society for Research in Child Development, Albuquerque, NM.

Shwalb, D. W., Shwalb, B. J., Sukemune, S., & Tatsumoto, S. (1992). Japanese nonmaternal child care: Past, present, and future. In M. E. Lamb, K. J. Sternberg, C. Hwang, & A. G. Broberg (Eds.), *Child care in context: Cross-cultural perspectives* (pp. 331–53). Hillsdale, NJ: Erlbaum.

Shweder, R. A., Goodnow, J. J., Hatano, G., LeVine, R. A., Markus, H., & Miller, P. (1998). The cultural psychology of development: One mind, many mentalities. In W. Damon (Ed.), *Handbook of child psychology* (5th ed.), Vol. 1. (pp. 865–937). New York: Wiley & Sons.

Smith, H. W. (1994). *The myth of Japanese homogeneity: Social-ecological diversity in education and socialization.* Commack, NY: Nova Science Publishers.

◆8 Smith, R. J., & Wiswell, E. L. (1982). *The women of Suye Mura.* Chicago: University of Chicago Press.

◆9 Spodek, B., Saracho, O., & Davis, M. (1991). *Foundations of early childhood education* (2nd ed.). Englewood Cliffs, NJ: Prentice Hall.

◆10 Stevenson, H. W., & Stigler, J. (1992). *The learning gap: Why our schools are failing and what we can learn from Japanese and Chinese education.* New York: Summit.

◆11 Sugimoto, E. I. (1925). *A daughter of the samurai.* Garden City, NY: Doubleday, Doran & Co.

◆12 Tobin, J. J. (1992a). Introduction: Domesticating the west. In J. J. Tobin (Ed.), *Re-made in Japan: Everyday life and consumer taste in a changing society* (pp. 1–41). New Haven, CT: Yale University Press.

———. (1992b). Japanese preschools and the pedagogy of selfhood. In N. R. Rosenberger (Ed.), *Japanese sense of self* (pp. 21–39). Cambridge, England: Cambridge University Press.

———. (1995). The irony of self-expression. *American Journal of Education, 103,* 233–58.

Tobin, J. J., Wu, D. Y. H., & Davidson, D. H. (1989). *Preschool in three cultures: Japan, China, and the United States.* New Haven, CT: Yale University Press.

Trudeau, G. (1992, June 29). Learning curves [op-ed]. *New York Times.*

Tsuda, A. W. (1994, December). Cultural values in Japanese preschools and international preschools in Japan. Bulletin of Seiwa College, Nishinomiya, Japan.

Tsuda, S. (1966). The idea of *Kami* in Ancient Japanese Classics. *T'oung Pao*, 52, chaps. 4–5, 294.

Turiel, E. (1999). Conflict, social development, and cultural change. In E. Turiel (Ed.), *Development and cultural change: Reciprocal processes*. New directions for Child and Adolescent Development (No. 83) (pp. 77–92). San Francisco: Jossey-Bass.

United States Department of Education, National Center for Education Statistics. (1998). *Characteristics of children's early care and education programs: Data from the 1995 National Household Education Survey* (NCES 98–128), by S. L. Hofferth, K. A. Shauman, R. R. Henke, and J. West. Washington, DC.

Uno, K. A. (1987). *Day care and family life in industrializing Japan, 1868–1926*. Unpublished dissertation, History Department, University of California, Berkeley.

Uno, K. S. (1991a). Japan. In J. M. Hawes & N. R. Hiner (Eds.), *Children in historical and comparative perspective: An international handbook and research guide* (pp. 389–419). New York: Greenwood Press.

———. (1991b). Women and changes in the household division of labor. In G. L. Bernstein (Ed.), *Recreating Japanese women, 1600–1945* (pp. 17–41). Berkeley, CA: University of California Press.

Valsiner, J., & Litvinovic, G. (1996). Processes of generalization in parental reasoning. In S. Harkness & C. M. Super (Eds.), *Parents' cultural belief systems: Their origins, expressions, and consequences* (pp. 56–82). New York: Guilford Press.

◆13 Vogel, E. F. (1963). *Japan's new middle class: The salary man and his family in a Tokyo suburb*. Berkeley, CA: University of California Press.

Vogel, S. H. (1996). Urban middle-class Japanese family life, 1958–1996: A personal and evolving perspective. In D. W. Shwalb & B. J. Shwalb (Eds.), *Japanese childrearing: Two generations of scholarship* (pp. 177–200). New York: Guilford Press.

Walthall, A. (1991). The life cycle of farm women in Tokugawa Japan. In G. L. Bernstein (Ed.), *Recreating Japanese women, 1600–1945* (pp. 42–70). Berkeley, CA: University of California Press.

West, J,. Hausken, E. G., & Collins, M. (1993). *Profile of preschool children's child care and early education program participation*. (National Household Education Survey; NCES 93-133). Washington, DC: National Center for Education Statistics, U.S. Department of Education.

White, M. (1987). *The Japanese educational challenge*. New York: Free Press.

White, M., & LeVine, R. A. (1987). What is an "*ii ko*" (good child)? In H. Stevenson, H. Azuma, & K. Hakuta (Eds.), *Child development and education in Japan* (pp. 55–62). New York: Freeman.

Whitebook, M., Howes, C., & Phillips, D. (1998). *Worthy work, unlivable wages: The National Child Care Staffing Study, 1988–1997*. Washington, DC: Center for the Child Care Workforce.

◆14 Whiting, B. B., & Whiting, J. W. M. (1975). *Children of six cultures: A psycho-cultural analysis*. Cambridge, MA: Harvard University Press.

Wikan, U. (1991). Towards an experience-near anthropology. *Cultural Anthropology, 6*, 285–305.

Wollons, R. (1993). The black forest in a bamboo garden: Missionary kindergartens in Japan, 1868–1912. *History of Education Quarterly, 33*, 1–35.

Zinsser, C. (1991). *Raised in East Urban: Child care changes in a working-class community*. New York: Teachers College Press.

Zipangu (1998). *Japan made in U.S.A.* New York: Zipangu [on-line]. Available: www.tiac.net/users/zipangu.

日本語文献の邦題

◇1　Azuma, H.／東 洋（1994a）日本人のしつけと教育：発達の日米比較にもとづいて　東京：東京大学出版会

◇2　Christianity Almanac.／キリスト教年鑑1990版（1990）キリスト教年鑑編集部　東京：キリスト新聞社

◇3　Doi, T.／土居健郎（1980）「甘え」の構造　弘文堂

◇4　Japan Buddhist Nursery and Kindergarten Association.／日本仏教保育協会要覧（1998）日本仏教保育協会

◇5　Moriue, S.／森上史朗（1993）最新保育資料集1993　京都：ミネルヴァ書房

◇6　Moriue, S.／森上史朗（1996）最新保育資料集1996　京都：ミネルヴァ書房

◇7　Moriue, S.／森上史朗（1999）最新保育資料集1999　京都：ミネルヴァ書房

邦訳が出版されている文献

◆1　Bredkamp, S., & Copple, C.（Eds.）（1997）／S. ブレデキャンプ，C. コップル（編）（2000）　乳幼児期の発達にふさわしい教育実践：誕生から小学校低学年にかけて：21世紀の乳幼児教育プログラムへの挑戦　白川蓉子・小田豊　日本語版（監修）　DAP研究会（訳）東洋館出版社

◆2　Coonts, S.（1992）／家族という神話：アメリカンファミリーの夢と現実（1998）ステファニー・クーンツ（著）岡村ひとみ（訳）　筑摩書房

◆3　Feiler, B. S.（1991）／お辞儀の秘密：アメリカ人教師の日本呆然日記（1995）ブルース・S. ファイラー（著）山本俊子（訳）　早川書房

◆4　Geertz, C.（1983）／ローカル・ノレッジ—解釈人類学論集（1999）クリフォード・ギアーツ（著）梶原景昭（訳）　岩波書店

◆5　Reischauer, E. O.（1981）／ライシャワーの日本史（2001）エドウィン・O. ライシャワー（著）國弘正雄（訳）　講談社

◆6　Rohlen, T. P.（1983）／日本の高校：成功と代償（1988）トーマス・ローレン（著）友田泰正（訳）　サイマル出版会

◆7　Rosenstone, R. A.（1988）／ハーン，モース，グリフィスの日本（1999）R. A. ローゼンストーン（著）杉田英明・吉田和久（訳）　平凡社

◆8 Smith, R. J., & Wiswell, E. L. （1982）／須恵村の女たち：暮らしの民俗誌（1987）ロバート・J. スミス，エラ・ルーリィ・ウィスウェル（著）河村　望・斎藤尚文（訳）御茶ノ水書房

◆9 Spodek, B., Saracho, O., & Davis, M.. （1991）／B. スポデック博士の幼児教育（1992）バーナード・スポデック他（著）　佐藤喜代・川村登喜子（訳）明治図書出版

◆10 Stevenson, H. W., & Stiegler, J. （1992）／小学生の学力をめぐる国際比較研究：日本・米国・台湾の子どもと親と教師（1993）ハロルド・W. スティーブンソン，ジェームズ・W. スティグラー（著）北村晴朗・木村　進（監訳）金子書房

◆11 Sugimoto, E. I. （1925）／武士の娘（1967）杉本鉞子（著）大岩美代（訳）筑摩書房

◆12 Tobin, J. J. （1992a）／文化加工装置ニッポン：「リ＝メイド・イン・ジャパン」とは何か（1995）ジョーゼフ・J. トービン（著）武田　徹（訳）時事通信社

◆13 Vogel, E. F. （1963）／日本の新中間階級：サラリーマンとその家族（1968）E. F. ボーゲル（著）佐々木徹郎（訳編）誠信書房

◆14 Whiting, B. B., & Whiting, J. W. M. （1975）／六つの文化の子供たち：心理─文化的分析（1978）ベアトリス・B. ホワイティング，ジョン・W. M. ホワイティング（著）名和敏子（訳）誠信書房

索引

■あ
足場づくり　95, 100
東　洋（Azuma, H.）　44, 111, 128, 162
甘え　20
アメとムチ　10, 76
アリソン，アン（Allison, A.）　153, 197

■い
いい子アイデンティティ　44
家　76, 187
家制度　110
石井　勲（Ishii, I.）　62
依存性　20
いたわりの心　150

■う
ヴァルシナー，ヤーン（Valsiner, J.）　35
ウィスウェル，エラ（Wiswell, E. L.）　75
ヴォーゲル，エズラ（Vogel, E. F.）　111
内　104
内と外　105
ウノ，キャサリン（Uno, K. S.）　76

■え
エミック（emic）　34

■お
お集まり　135
同じであること（sameness）　54
思いやり　106, 192

■か
階級制度　110
カイチバシ，チデム（Kağitçibaşi, C.）　127, 192
階層構造　127
拡大家族　79
型　78
学級崩壊　7
家庭的保育（ファミリーデイケア）　207
カトリック系幼稚園　137
神　140
がらくた製作　135
カリキュラム　178
カルバン派　146
関係重視型　18, 182
関係重視型（の）幼稚園　18, 40, 66, 92, 103, 126, 191, 201
関係モード　53, 85
がんばる　101

■き
ギアーツ，クリフォード（Geertz, C.）　16

225

儀式的形式主義　154
「儀式の乏しい」文化　43
規則に従った異種混交　35
キタガワ，ジョセフ（Kitagawa, J. M.）　161
厳しいしつけ　77
キム，ユイチョル（Kim, U.）　53, 85
教育目標　178
教育要領　66
共感　106
共感性　50, 95
「共存」型社会関係　191
共存モード　85
協調性　50, 192
キリスト教系（の）幼稚園　91, 132, 179
キリスト教原理主義　203
キンダーガーテン　27
勤労者階級　24, 111, 126

■く
クーパー，アダムス（Kuper, A.）　16
クラーク，グレゴリー（Clark, G.）　10
倉橋惣三（Kurahashi, S.）　189
グリーンフィールド，パトリシア（Greenfield, P. M.）　23
グリフィス，ウィリアム（Griffis, W. E.）　129

■け
経験の剥奪　11
K-12レベル　13
けがれ　146
けじめ　105
権威主義　32, 191
権威主義的な統制　47
研究授業　204
権力の「多中心主義」システム　47

■こ
構成主義　31, 138
公立幼稚園　25, 28, 163, 179
心の教育　10

小嶋秀夫（Kojima, H.）　68
個人主義　8, 23, 51, 85, 90, 104, 127, 130, 190
個人の能力の育成　92
個性　91
個性化　17, 31, 51, 91, 170
個性化教育　123
子育て　186
子ども重視型　135
子ども重視型のプログラム　119
子ども重視型（の）幼稚園　19, 90, 92
コトロフ，ローレン（Kotloff, L. J.）　136
個別化した指導　65
個別指導　17
コンドウ，ドリーン（Kondo, D. K.）　67, 85, 112

■さ
サトウ，ナンシー（Sato, N.）　92

■し
慈愛　151
ジェンダー　87
自己志向的目標　54
氏族　141
しつけ　118, 167
質的な分析　22
児童中心主義　139
滲み込み（osmosis）　128
志水宏吉（Shimizu, K.）　128
しめ縄　207
社会階層　24, 110
社会性　139, 167
社会的技能　50, 95
自由遊び　100, 132, 175
宗教　24,
宗教系幼稚園　132
自由主義　130,
集団コミュニティの育成　92
集団志向の教育　66
集団主義　8, 23, 24, 54, 104, 181, 190

集団主義的価値観　126
シュエーダー，リチャード（Shweder, R. A.）
　　23
儒教　141，160
ショア，ブラッド（Shore, B.）　　5，22，
　　193，208
頌栄幼稚園保姆伝習所　130
私立幼稚園　25，28，163
神道　140
神道系（の）幼稚園　132，143

■す
杉本鉞子（Sugimoto, E. I.）　　161
杉本良夫（Sugimoto, Y.）　　24
鈴木鎮一（Suzuki, S.）　　62，189
スミス，ロバート（Smith, R. J.）　　75

■せ
世間　73
戦時託児所　131
全米乳幼児教育協会（NAEYC）　　15，
　　199

■そ
外　104

■た
体罰　74
託児室（ファミリーデイケア）　　27
建前　105
ダンドレード，ロイ（D'Andrade, R. G.）
　　15

■ち
知恵　154
チャータースクール　13
チャイルドケアセンター　27，29
「中心が空虚」な統制　47
中流階級　111
長老派教会　133

■て
デヴォス，ジョージ（DeVos, G. A.）　　61
デューイ，ジョン（Dewey, J.）　　131
デュモリン，ハインリッヒ（Dumoulin, H.）
　　161
寺子屋　154

■と
東京女子師範学校附属幼稚園　164
トゥルードー，ゲーリー（Trudeau, G.）
　　6
トービン，ジョセフ（Tobin, J. J.）　　105，
　　106
ドーマン，グレン（Doman, G.）　　62

■な
ナーザリースクール　29

■に
日常生活の決まった手順　48，201
認知的技能　155
認知的刺激　126，127，155

■ね
ネルソン，ジョン（Nelson, J. K.）　　161

■は
ハース，B.（Haase, B.）　　87
バース，フレドリック（Barth, F.）　　22
ハウ，アニー（Howe, A.）　　130
恥　73
発表会　168
原　ひろ子（Hara, H.）　　11
藩校　154
ハンター，ジャネット（Hunter, J. E.）
　　161

■ひ
ピアジェ，ジャン（Piaget, J.）　　155
ピーク，ロイス（Peak, L.）　　7，44，69
非権威主義　32
ひとつになること（oneness）　　54

CONTESTED CHILDHOOD

■ふ
ファイラー，ブルース（Feiler, B. S.）
　50，74
フィリップ，レイラ（Philip, L.）　87
フェミニスト　159
フクザワ，レベッカ（Fukuzawa, R. I.）
　73
仏教系（の）幼稚園　132，149，151
仏教・神道系幼稚園　179
フレーベル，フィリードリヒ（Fröbel, F.）
　130，138，189
プレリテラシー　138
文化的多元論　22
文化モデル　4，15，67，107，132，160，
　194

■へ
ベビーシッター　28，206
ベンジャミン，ゲイル（Benjamin, G.）
　9

■ほ
保育園　28
保育要領　131，165
ボームリンド，ダイアナ（Baumrind, D.）
　20
保守主義　131
本音　105

■ま
マウアー，ロス（Mouer, R.）　24

■み
皆川美恵子（Minagawa, M.）　11

■も
モンテッソーリ，マリア（Montessori, M.）
　183，189
モンテッソーリ・メソッド　131，137

■や
役割重視型　160，182
役割重視型（の）幼稚園　19，58，66，
　77，92，190，201，

■よ
幼稚園教育要領　17，31，57，163，165，
　174
幼稚園保育及設備規定　164
幼稚園令　131，164
幼稚園令施行規則　164

■ら
ラロウ，アネット（Lareau, A.）　16
ランハム，ベティー（Lanham, B. B.）　87

■る
ルイス，キャサリン（Lewis, C. C.）　44，
　49，103
ル・タンドル，ジェラルド（LeTendre, G. K.）　77

■れ
レブラ，タキエ（Lebra, T. S.）　65，199

■ろ
ローゼンバーガー，ナンシー
　（Rosenberger, N. R.）　198
ローレン，トーマス（Rohlen, T. P.）　47，
　77

◆著者略歴◆

スーザン・D・ハロウェイ (Susan D. Holloway)

1976年	カリフォルニア大学サンタクルーズ校（心理学専攻）
1981年	スタンフォード大学（教育評価専攻）　修士学位取得
1983年	スタンフォード大学（児童発達・幼児教育専攻）　博士学位取得
1983 - 1989年	メリーランド大学人間発達学部　講師
1989 - 1993年	メリーランド大学人間発達学部　助教授
1990 - 1992年	ハーバード大学教育大学院　研究員
1992 - 1996年	ハーバード大学教育大学院　客員助教授
1996～	カリフォルニア大学バークレイ校　教育学部　準教授　現在に至る

【主書・論文】

Hess, R. D., Azuma, H., Kashiwagi, K., Dickson, W. P., Nagano, S., Holloway, S., Miyake, G., Hatano, G., & McDevitt, T. (1986) Family influences on school readiness and achievement in Japan and the United States: Overview of a longitudinal study. In H. Stevenson, H. Azuma & K. Hakuta (Eds.), *Child development and education in Japan* (pp. 147-166). New York: W. H. Freeman.

Holloway, S. D. (1999) The role of religious beliefs in early childhood education: Christian and Buddhist preschools in Japan. *Early Childhood Research and Practice*, 1 (2). [On-line journal: http://ecrp.uiuc.edu/v1n2/index.html]

Holloway, S. D., & Fuller, B. (1999) Families and child care institutions: Divergent research and policy viewpoints. In S. Helbrun (Ed.), *The silent crisis in U.S. child care. Annals of the American Academy of Political and Social Science*, **563**, 98-115. Thousand Oaks, CA: Sage Publications.

Holloway, S. D., Fuller, B., Rambaud, M. F., & Eggers-Pierola, C. (1997) *Through my own eyes: Single mothers and the cultures of poverty*. Cambridge, MA: Harvard University Press. (Second printing, 2001.)

Holloway, S. D. (2000) *Contested childhood: Cultural models of early schooling in Japan*. New York: Routledge.

Holloway, S. D. (2000) Accentuating the negative: Views of preschool staff about mothers in Japan. *Early Education and Development*, **11** (5), 618-632.

Holloway, S. D., & Behrens, K. Y. (2002) Parenting self-efficacy among Japanese mothers: Qualitative and quantitative perspectives on its association with childhood memories of family relations. In J. Bempechat & J. Elliot (Eds.), *Learning in culture and context: Approaching the complexities of achievement motivation in student learning. New Directions for Child Development*. No. 96. (pp. 27-43). San Francisco: Jossey-Bass.

Holloway, S. D., & Yamamoto, Y. (2003) Sensei: Early childhood education teachers in Japan. In O. Saracho & B. Spodek (Eds.), *Studying teachers in early childhood education settings [A volume in the Contemporary perspectives in early childhood education series]* (pp. 181-207). Greenwich CT: Information Age Publishing.

◆訳者略歴◆

髙橋　登（たかはし　のぼる）　　第2・6・7章担当
東京都出身
1986年　京都大学大学院教育学研究科博士後期課程中途退学
　　　　大阪教育大学教育学部助手を経て
現　在　大阪教育大学教育学部教授，博士（教育学）
連絡先　noborut@cc.osaka-kyoiku.ac.jp
主　著　『子どもの読み能力の獲得過程』　風間書房　1999年
　　　　『入門コース・ことばの発達と障害1』（分担執筆）　大修館　2001年
　　　　『言語発達とその支援』（分担執筆）　ミネルヴァ書房　2002年
主論文　髙橋　登（1997）幼児のことば遊びの発達——"しりとり"を可能にする条件の分析　発達心理学研究，8, 42-52.
　　　　髙橋　登（2001）学童期における読解能力の発達過程——1-5年生の縦断的な分析　教育心理学研究，49, 1-10.
　　　　Takahashi, N. (in press) Learning of disabled children in Japan: Simultaneous participation in different activity systems. *Mind, Culture, and Activity*.

南　雅彦（みなみ　まさひこ）　　第1・8・9章担当
大阪府出身
1995年　ハーバード大学博士課程修了
　　　　マサチューセッツ州立大学ローエル校心理学部講師を経て
現　在　サンフランシスコ州立大学人文学部教授ならびに日本語学科長，日本語・日本文化教育センター所長
　　　　教育学博士（人間発達と心理学）
連絡先　mminami@sfsu.edu
主　著　『Language Issues in Literacy and Bilingual/Multicultural Education』（編）Harvard Educational Review, 1991年
　　　　『言語学と日本語教育 II, III, IV, V: New Directions in Applied Linguistics of Japanese』（編）くろしお出版　2001, 2004, 2005, 2007年
　　　　『文化と心理学-比較文化心理学入門』（共監訳）北大路書房　2001年
　　　　『Culture-Specific Language Styles: The Development of Oral Narrative and Literacy』Multilingual Matters, 2002年
　　　　『Studies in Language Sciences, 3, 4, 5』（共編）くろしお出版　2004, 2005, 2006年
主論文　南　雅彦（2006）語用の発達—ナラティヴ・ディスコース・スキルの習得過程—心理学評論，49, No.1, 114-135.

砂上史子（すながみ　ふみこ）　　第3・4・5章担当
石川県出身
2001年　お茶の水女子大学大学院人間文化研究科博士後期課程中途退学
現　在　千葉大学教育学部准教授
連絡先　sgfk@faculty.chiba-u.jp
主　著　『新・保育講座① 保育原理』（分担執筆）ミネルヴァ書房　2001年
　　　　『保育原理　子どもと共にある学びの育み』（分担執筆）光生館　2002年
　　　　『保育実践のフィールド心理学』（分担執筆）北大路書房　2003年
主論文　砂上史子・無藤　隆（2002）幼児の遊びにおける場の共有と身体の動き　保育学研究，40, 64-74.
　　　　砂上史子（2003）ていねいに見ること・書くこと・伝えること——子どもの行為の具体性への注目と，保育実践とのつながり　発達，95, ミネルヴァ書房　18-25.
　　　　砂上史子（2007）幼稚園における幼児の仲間関係と物との結びつき——幼児が「他の子どもと同じ物を持つ」ことに焦点を当てて　質的心理学研究，6, 6-24.

ヨウチエン
―日本の幼児教育,その多様性と変化―

2004年5月10日初版第1刷発行　　　　　　　定価はカバーに表示
2007年7月20日初版第2刷発行　　　　　　　してあります。

著　　者	S・D・ハロウェイ
訳　　者	高　橋　　　登
	南　　　雅　彦
	砂　上　史　子
発　行　所	㈱北大路書房

〒603-8303　京都市北区紫野十二坊町12-8
　　　　　　電　話　(075) 431 - 0361㈹
　　　　　　F A X　(075) 431 - 9393
　　　　　　振　替　01050 - 4 - 2083

ⓒ2004　　　　制作／T.M.H.　　印刷・製本／創栄図書印刷㈱
　　　　　　検印省略　落丁・乱丁はお取り替えいたします

ISBN978-4-7628-2381-7　　Printed in Japan